이제는 체질이다

CQ를 알면 자녀교육이 즐겁다

이제는 체질이다

CQ를 알면 자녀교육이 즐겁다

룩스문디 KHUP
Lux Mundi

이제는 체질이다
CQ를 알면 자녀교육이 즐겁다

펴 낸 날 초판 1쇄 발행 2007년 8월 13일
지 은 이 신광호
기획편집 정은기
디 자 인 한다디자인

발 행 인 조인원
펴 낸 곳 경희대학교 출판국
임프린트 룩스문디
출판등록 1960년 9월 16일 제5-8호
전　　화 (02) 961-0106, 7
팩　　스 (02) 962-8840
이 메 일 khup@khup.com
홈페이지 http://www.khup.com

ISBN 978-89-8222-317-4(03510)

※ **룩스문디(Lux Mundi)**는 경희대학교 출판국의 임프린트입니다. 룩스문디는 세상의 빛을 뜻하며, 문화세계의 창조를 위해 교양서 보급을 목표로 책을 만들고 있습니다.

비법 전수, 체질별로 알아보는 자녀교육 지침서

이제는 체질이다
CQ를 알면
자녀교육이 즐겁다

룩스문디 KHUP
Lux Mundi

추천사

자아성찰의 진귀한 지침서

20년 전 봄 어느 날 식사를 모시겠다고 찾아온 제자가 하나 있었다. 성이 같아서 본관을 물어보니 고령 신씨라고 했다. 같은 집안이라는 동질성 때문인지 곁에서 모시고 싶었고 앞으로도 가르침을 받는 제자가 되겠다고 말했던 것 같다. 하지만 아쉽게도 본초학을 전공하여 대학원에서는 인연이 없었다.

대학원 재학 중에는 하고자 하는 일에 말없이 실천하고 꾸준히 연구하는 모습을 보여준 제자였다. 대학원을 마친 후에는 한동안 소식이 없었는데, 어느 날 학계에서 한의외치제형학회를 창립하고 외용약을 개발, 홍보하며 끊임없이 연구하는 고집스러운 모습을 보여주어 선생으로써 고마운 생각이 들었다. 그러던 어느 날 책을 하나 출판하려고 하는데 이에 대한 추천사를 부탁해왔다.

오운육기학을 그 소재로 삼았는데, 한의계에서 선택하는 오운육기학의 임상기법과는 전혀 다른 해석법으로 접근하고 있었다. 한의학을 통해 인간교육, 건강관리, 대인관계 등 인간의 심리를 파악하는 새로운 분야를 열고 있었던 것이다. 사상의학에도 체질에 따른 정서의 변화에 대한 편중성을 언급하고 있지만 오운육기학에서 구체적으로 심리적 변화를 읽을 수 있다는 사실에 대해서 한의학의 또 다른 장을 열었다고 생각한다.

정신에도 생리적인 변화가 발생할 수 있으니 이것을 정신생리라 하고, 체질에 따라서 심리적 변화가 일정한 패턴을 가지고 변화할 수 있으니 이것을 체질심리라 이름 붙일 수 있을 것이다. 그렇다면 서구적 접근으로는 전혀 생각할 수 없는 한의학적인 독특한 학문체계라 할 수 있다. 지금까지의 한의학은 구체적으로 실생활에 어떻게 이익을 제공할 수 있을 지에 대해서는 막연했다. 한의학적 이론은 충분하지만 사회적으로 소통될 수 있는 언어를 충분하게 갖추지 못한 것이 사실이다. 한의학의 이론은 아름답게 빛나는 구슬과 같으나 이것을 꿰어서 세상에 내놓는 실이 없었다. 하지만 이 책은 모든 사람들이 쉽게 이해할 수 있는 연결고리를 마련했다. 즉, 어린 아이가 자라서 성인이 되는 과정에서 겪을 수 있는 정신적 충돌을 조절할 수 있게 하는 지혜가 들어 있으며 자신의 타고난 성격에 대한 이해를 통해 자아성찰의 기회를 가질 수 있는 지침서라고 말 할 수 있다.

향후, CQ는 심리상담 영역에서 일반 대중에게 다가감으로써 많은 사람들을 행복하게 할 것으로 기대된다. 끝으로 한의학 전공자는 물론 정신의학 및 심리학 분야의 학자들에게 일독과 비평을 권고한다.

2007년 6월

신 민 규

한의학 박사

전 경희대학교 한의과대학 학장

현 경희대학교 한의과대학 교수

추천사

입시생을 위한 쉽고 재미있는 오운육기학

기후와 인간의 관계를 설명한 오운육기(五運六氣)학은 이미 오래 전부터 있었다. 동의보감에도 오운육기학이 있고 「朝鮮醫學史 及 疾病史」를 쓴 일본인 삼목영(三木榮)도 조선에는 운기의(運氣醫)로 명성이 있는 자가 상당수 있었다고 적고 있다. 이 학문이 생겨난 지 상당히 오래되었고 기후의 변화와 질병의 관계를 설명하려 했기에 당시 달력을 만들어 쓴 것이 오늘날과 크게 다르지 않은 것을 보면 상당한 관찰력과 논리가 있었음을 알 수 있다.

오운육기학이 중국에서 만들어졌다고 하나 막상 중국에서는 이를 이용해 질병을 고치는 법을 알지는 못했다. 다만 계절적인 큰 기간 중 예방적인 면에서 이용한 정도였다. 그러나 우리나라에서는 이를 이용해 개인의 질병을 치료하고 예방하는 방법을 알고 있었던 것이다. 사상의학보다 훨씬 먼저 나왔던 우리나라만 가지고 있는 고유한 의학이었던 것이다.

오운육기학은 생일로 환자의 커다란 기준을 설정하는 부분에 있어 사주와 같이 미신적인 면이 있다고 생각하여 배척받아 왔다. 하지만 짧은 시간에 환자에 대한 정보를 최대한 알아내야 한다는 점에서 본다면 매우 좋은 방법 중 하나가 될 수 있고 정보에 대한 뛰어난 분석과정은 커다란 장점이 된다.

필자는 운기의학을 임상에 적용하면서 실제로 좋은 결과를 많이 얻었다. 불임, 천식, 알러지 질환 등 오랜 기간 동안 치료하여도 쉽게 효과를 얻지 못하는 병에 대해 특히 효과가 좋았다. 육체적인 문제로 인한 심리적 변화로 성적 저하를 보이는 운동선수에 대한 처방이나 피아노 연주 시 자신도 모르게 박자가 빨라지는 경우를 개선하는 등에 대해서도 효과적인 지침이 되고 있다. 이런 종류의 불편사항은 정신병도 아니면서 검사상 이상을 발견하지 못하므로 혼자만 괴로움을 당하는 경우다. 이에 대한 치료법도 환자의 운기체질을 알면 쉽게 파악할 수 있다.

이 책은 오운육기학을 바탕으로 진단하고 치료하고 있다. 필자도 같은 경험을 많이 하여 이 방법이 매우 좋다는 것을 이미 알고 있었다. 어려운 이론을 쉽게 펼친 것도 대단한 일인데다 특히 입시를 준비하는 학생들에게 도움을 주는 방법을 다각적으로 만들었다니 더욱 반가운 마음이 든다. 학생들의 심리적 변화는 단순한 심리상태 이상이나 부모의 역할 부족에서 일어나는 것이 아닌 부분도 많다. 체질을 알면 쉽게 교정될 수 있고 성적을 올리는 데도 도움이 된다.

이 책을 통해 많은 학생들과 학부모들이 서로의 역할에 대해 고민하고 많은 도움을 받았으면 하는 마음이 간절하다.

2007년 6월

김 태 희

한의학박사

경원대학교 부속 서울한방병원장

대한한의진단학회장

추천사

동서양을 넘나드는 한의학계의 휴머니스트

신광호 박사는 끊임없이 연구하는 한의사이다. 그는 병든 사람을 낫게 하려고 수많은 약품도 개발했으며, 이제 그 결실의 하나로 이 책을 상정했다. 내용을 쉽고 재미나게 대중적으로 풀어 설명했지만 이 글을 꼼꼼히 읽으면 오운육기학에 대해 매우 전문적인 지식을 배울 수 있다. 그리고 세상 읽는 방법을 새롭게 함으로써 우리의 인식체계를 신선하게 만들어 준다.

학문이란 해석학이다. 해석은 그가 축적한 지식과 경험을 기반으로 한다. 그 해석은 경우에 따라서 당대에 맞지 않아 기괴하게 보일 때도 있다. 그러나 이 친숙하지 않은 기괴성이 새로운 장을 여는 뉴패러다임이다. 대체로 사람들은 기존의 패러다임에 친숙하기 때문에 뉴패러다임을 배척하는 경향이 있다. 그러나 진보는 뉴패러다임을 탄력적으로 흡수할 때 가능하다.

한의학은 참으로 오래된 동양의학이다. 그러나 서양의학과 대치되는 존재가 아니라 서로 보완하는 뉴패러다임으로 의술을 열어야 한다. 우열의 논리가 아니라 상생의 논리 또는 통합의 축으로 함께 맞물려 나아가야 한다. 그 가운데 신광호 박사가 서 있다. 그의 임상실험은 동서양을 넘나든다. 사람을 건강하게 하고 죽어가는 자를 살리는 것이 목적이지 동서양의 구분이 없다. 그리하여 그의 임상실험에는 적지 않은 서양인이 다수 포함되어 있다. 그럼에도 묘하게 오운육기학에 딱 들어맞다. 그렇다면 이를 전개한 신광호 박사는 대단한 한의사이다. 이는 그의 해박한 독서와 그의 태생적인 체질에 기인한다. 연구하고 끊임없이 사색하는 그만의 독특한 매력이 이 책을 낳게 했다. 아마도 이 책은 그간 연구한 서설에 처해 있을 것이다. 이제 본격적으로 그의 번뜩이는 예지와 하해 같은 학문의 노도가 이어져 우리들의 마음을 질주할 것이다. 그의 눈부신 학문적 성과를 괄목하며….

2007년 6월

안 영 길

문학박사

성결대학교 인문대학 교수

목차

추천사

자아성찰의 진귀한 지침서 (신민규 | 경희대 한의과대학 교수)

입시생을 위한 쉽고 재미있는 오운육기학 (김태희 | 경원대학교 부속 서울한방병원장)

동서양을 넘나드는 한의학계의 휴머니스트 (안영길 | 성결대학교 인문대학 교수)

저자의 말

CQ의 바다로 흘러드는 작은 물줄기

프롤로그

이 책을 읽기 전, 이것만은 반드시 !

CQ 1. 자녀교육, 이제는 CQ가 대세다

너, CQ라고 들어봤니?

CQ의 등장 – 30 | IQ, EQ, SQ, ……, 넘쳐나는 Q-지수 – 31

도대체 CQ가 뭐죠? – 33

CQ와 자녀교육

부모의 사랑이 만든 착각 – 36

CQ로 알아보는 우리 아이 체질

부모의 눈에 비친 산만한 아이 – 41 | 내성적인 우리 아이 – 43

상처받은 신념 그리고 난폭한 아이 – 46 | 소를 끌고 지붕으로 올라가는 아이 – 48

착한 아이와 미운 아이 – 50 | 순한 아이와 거역하는 아이 – 53

손재주가 있는 아이 – 54 | 배짱이 큰 아이와 용감한 아이 – 56

왕따를 당하는 아이 – 57 | 친구를 잘 사귀는 아이 – 60

CQ 2. 나의 CQ 계산법

알기 쉬운 체질 계산법

주기와 객기 – 65 | 출생체질과 입태체질 – 68 | 운기속견표 – 74
나의 출생체질은? – 74 | 나의 입태체질은? – 77 | 체질의 이해 – 79

CQ 3. 여섯 가지 체질유형: 그 심리와 인물들 이야기

태양객기, 강력한 통솔력

아들 부시, 토니 블레어, 고이즈미의 우정 – 88 | 카네기의 기업통솔 – 90
실버스타 스텔론과 조디 포스터 – 91 | 펄 벅의 통솔력 – 96

소양객기, 높은 사교력의 발현

사교와 지혜의 충돌, 맥아더 – 102 | 호리에 다카후미의 친화적 기업경영 – 103
더스틴 호프먼과 마릴린 먼로 – 105 | 코폴라와 우디 알렌 – 108
하인스 워드의 친화성 – 111

양명객기, 강한 신념 혹은 꿈틀대는 독재자의 기운

꿈틀대는 독재자의 기운 – 118 | 양명객기를 가진 기업가, 빌 게이츠 – 119
케빈 코스트너와 우피 골드버그 – 123 | 플라시도 도밍고의 완벽한 기교 – 127
아가사 크리스티의 가치 추구 – 129 | 엔리코 페르미 – 132

소음객기, 꼼꼼한 그러나 소심한

꼼꼼한 대통령, 소심한 지도자 – 139 | 헨리 포드 – 142
연기파 배우, 클린트 이스트우드, 잭 니콜슨, 해리슨 포드 – 145
스티븐 킹의 섬세한 봉사 – 148 | 칼 구스타프 융의 섬세한 연구 – 150

태음객기, 은근과 끈기의 리더십
은근과 끈기, 숨어서 봉사하는 카리스마 – 155 | 이소룡과 그레이스 켈리 – 157
파바로티와 엘비스 프레슬리 – 161 | 아서 코난도일의 논리적 추리 – 167
칼 루이스 – 168

궐음객기, 지혜로운 실천력
스티브 잡스의 기술적 기획 – 174 | 폴 뉴먼의 지혜 – 179
마이클 잭슨과 로드 스튜어트 – 181 | 살만 루시디의 친화적 기교 – 183
베르너 폰 브라운과 마리 퀴리 – 185

CQ 4. 체질별 맞춤 학습법

체질 분석을 통한 자녀교육
만인을 위한 껌 – 193 | 이제는 교육에 대한 인식전환이 필요한 때 – 193
우리 선조들의 교육법과 육예 – 195

체질별 맞춤 학습법
수학을 잘하는 아이 – 201 | 과학을 좋아하는 아이 – 205
언어 표현을 잘하는 아이 – 210 | 체육을 좋아하는 아이 – 213
기술을 좋아하는 아이 – 219 | 미술을 잘하는 아이 – 222 | 음악을 잘하는 아이 – 230

이럴 땐, 이렇게!
같은 체질은 같은 체질끼리 – 235 | 체질별 페이스메이커 설정하기 – 236

CQ 5. 보다 높은 차원의 CQ의 세계

보다 높은 CQ의 세계로

개개인에게 적합한 예방의학적 체계로의 접근 - 245

체질에 따라 먹는 맞춤 식단 - 246 | 체질에 맞는 자녀교육법 - 252

체질을 상담하며 - 253 | CQ를 연구하며 - 256

부록

CQ, 이것이 궁금해요 - 264

오운육기 체질의 절기별 특성 - 276

CQ 클리닉 - 286

저자의 말

CQ의 바다로 흘러드는 작은 물줄기

한의사가 되어 임상에 임한 지 벌써 20년이 되었다. 그간 많은 것을 배우고 익혔으며 또 그만큼 많은 것을 잃었다. 돌이켜보면 한의사 생활은 성과에 대한 자부심이 아니라 구하지 못한 환자들에 대한 아픔이 회한으로 다가오는 삶이었다. 때문에 많은 것을 줄 수 있는 의사가 되고 싶었으며 좋은 길을 제시할 줄 아는 의사로 남으려했다.

한의학을 연구하고 탐구하는 세상은 다른 분야보다 험난했다. 그 과정에서 길을 잃고 헤맬 때 우연히 C 선생과 H 선생을 만났다. 그분들은 당시에 산중의 오두막과 같은 존재였다. 그분들이 주신 가르침을 배우고 익히는 시간은, 마치 보석 창고에서 보석을 한줌씩 나의 구멍 난 주머니에 집어넣는 것과 같이 가슴 벅차고 통쾌한 일이었다. 하지만 구멍 난 주머니에 마지막 남은 것은 고작 작은 금강석 하나였다. 작지만 바지 주머니에 뚫린 구멍으로는 빠져나가지 못할 정도의 존귀한 가치를 가진 것이었다.

그것이 바로 오운육기학이었다. 과거 대학시절 황제내경(黃帝內經) 속에서 공부할 때에는 다락방의 케케묵은 먼지처럼 느껴지던 것이 이제는 오묘한 광채를 불러일으키는 금강석과 같은 존재로 필자에게 다가온 것이다.

사실 필자는 오늘날 사회 전 영역을 지배하고 있는 서구적인 문화의 압도적인 권위에 억눌려 질식당할 정도로 답답한 상황이었으며, 이러한 것들이 인간의 영혼을 얼마나 피로하게 만드는 지에 대해 고민하고 있었다. 이러한 무거운 분위기에서 한의학적 사유는 바다로 흘러들기 위한 작은 물줄기처럼 필자에게 흘러들었다. 특히 이를 통해 교육, 육아, 예방의학, 심리학, 보건의학 등 다양한 분야에 한의학적인 참여가 큰 역할을 할 수 있다는 사실도 알았다. 그리고 이것이 서구적 생활 패턴에서 발행하는 많은 문제점에 대한 대안으로서 충분한 가능성을 가지고 있다는 사실에도 주목하기 시작했다.

이제 오운육기학(五運六氣學)이라는 낯선 영토에서 아주 작은 티끌 하나를 선보이고자 한다. 이를 통해 너와 나 자신을 알아보고 더 나아가 인간을 총체적으로 이해하는 데 작은 실마리를 제공할 수 있을 것이다.

현대의 과학은 인간의 존엄성과 자아에 대해 망각을 불러오기 쉬울 뿐 아니라 사람의 감성을 쉽게 마비시키는 경향이 있다. 이에 대한 대안으로 유력한 것이 동양적 사유 체계이며 그 중에서도 오운육기학은 인간이 가지는 존귀한 가치와 자아에 대한 성찰을 유도할 수 있다.

이러한 단계에 이른 것은 난해한 동양철학을 알기 쉬운 현대의 언어로 재구성하는 과정에서 이뤄졌으며 이 과정에서 CQ(체질지수)라는 현대적인 용어를 만들어 냈다. 이와 함께 체질심리라는 개념을 고안해 냈으며 그것을 설명하기 위한 작업을 진행했다. 그리고 아무도 개척하지 않았던 분야에 이정표를 세우고 영역을 설정하는 작업은 통쾌한 일이며 행복한 작업이었다.

이 책은 연구하는 과정에서 수집했던 자료를 상당부분 인용하고 있다. 익히 알만한 유명인들의 체질을 분석하고 CQ(체질지수)의 이론을 정리하는 작업은 자신을 돌아보는 소중한 시간이었다. 이제 독자에게 권하고 싶다. 다른 유명 인사들의 자료를 살펴보면서 자신을 반추하는 시간은 매우 유익하고 흥미로운 시간이 될 것이라 확신한다.

그 과정에서 자신을 돌아보고 자신의 가족을 돌아보고 자녀들과의 갈등이 왜 생겨야 했는지 다시 생각해 보자. 그리고 사랑하는 남편과 왜 갈등해야 했으며 사랑하는 부인과 왜 못할 소리를 했는지 돌이켜 볼 필요가 있다. 나를 사랑하는 어머니와 아버지는 어떠한 사람이었으며 그 사랑이 나의 자식에게 어떻게 베풀어지고 있는지 헤아리는 것은 매우 흥미롭고 유익한 시간이 될 것이다. 그리고 나를 이해하고 부인을 이해하고 남편을 이해하고 자식을 이해하고 부모를 이해할 수 있으며, 더 나아가 이웃을 이해하고 사회를 이해할 수 있는 여유로운 사람이 될 것이다. 이 과정에서 행복과 가슴 벅찬 사랑을 느낄 수 있다면 필자는 더 바랄 것이 없다.

끝으로 독자분들께 이 책을 읽고 오운육기의 다양한 가능성과 수준 높은 삶의 의미를 깨닫는 유익한 시간이 되기를 간절히 기원하며 머리말을 갈음한다.

2007년 봄

신 광 호
한의학박사
대한한의사협회 부회장
한의외치제형학회 회장
연승한의원 원장

프롤로그

이 책을 읽기 전, 이것만은 반드시!

이 책을 이해하는 데 도움이 되는 용어들

여기에서는 이 책을 읽기에 앞서 이 책에서 주로 언급하고 있는 용어와 그 개념들을 간략하게 정리해보겠다. 전체의 내용을 한눈에 알아볼 수 있을 것이며, 체질분석에 대한 보다 확장된 이해를 얻고 싶다면 각 장마다 자세하게 소개하고 있는 인물별 체질 이야기를 읽어보길 바란다.

CQ

Constitutional Quotient(체질지수)의 약자이다. 이 용어는 IQ(지능지수)와 EQ(정서지수)에 대응할 수 있는 개념이다. 한의학은 인간의 개인적 능력차를 체질로 구분하고 있으나 구체적인 수치 비교가 없다. 이러한 점을 보완하기 위해서 CQ란 용어로 인간 능력을 수치로 표현하기 위해서 오운육기학을 바탕으로 신광호박사가 창안하였다.

인간의 능력을 수치로 구별하려는 서양적 사고방식이 만든 지수가 IQ, EQ라면 한의학적이며 동양적인 사상으로 인간 능력을 판단하는 지수를 CQ로 표현한다는 점에서 그 상징적 의미가 크다.

오운육기

오운육기(五運六氣)는 흔히 운기(運氣)로 약칭한다. 한의학 기초 이론의 중요한 분야이며, 황제내경(黃帝內經)에서 비교적 많은 비중을 차지하고 있는 중요한 내용이다. 이것은 자연의 기후와 인체가 서로 잠시라도 분리될 수 없는 관계라고 말한다. 특히, 오운육기는 모든 것이 오행이 변화하여 이루어지므로 천간(天干)과 지지(地支)는 오운육기를 파악하고 활용함에 있어서 중요한 도구가 된다. 합리적인 자연의 법칙을 파악함으로써 자연의 변화와 함께 호흡하고 자연의 변화에 순응하고자 하였던 고대 동양인들의 지혜로운 자연관이 반영되었다는 점과 이의 활용을 통해 파악한 자연법칙을 다른 분야에도 적용함으로써, 결국 자연의 법칙과 동떨어진 세계를 생각하지 않고 실제 존재하는 자연 속에서 인간사를 해석했다는 점에서 그 의의가 크다고 할 수 있다.

출생체질

출생과 관련하여 형성되는 체질로 출생시의 환경이 아이의 성격 형성에 커다란 영향을 끼친다는 생각에 기인한다. 특히 출생은 세상과 연결되는 가장 최초의 경험이기 때문에 신생아에게는 커다란 자극으로 잠재하게 된다. 가령 추운 날씨에 태어난 신생아는 아무리 따뜻한 환경에서 태어났다고 해도 추운 날씨에 대한 잠재적 인식을 가지고 있다고 보는 것이며 아이는 성장과정에서 알게 모르게 잠재적 인식의 영향을 받고 있다는 것이다. 이는 2장의 '나의

출생체질이란?

출생과 관련하여 형성되는 체질로 아이의 성장과정에서 잠재되어 있다가 영향을 끼친다.

체질지수 계산법' 중 '운기속견표'를 통해 쉽고 간편하게 알아볼 수 있다.

입태체질이란?

입태와 관련하여 형성되는 체질로 정자와 난자가 수정된 시점의 기운이 어떠한 영향을 끼치는지 알 수 있게 한다.

입태체질

입태와 관련하여 형성되는 체질로 부부의 성행위시 환경의 변화가 태아에게 영향을 미친다는 생각에 기인한다. 이것은 엄마와 아빠의 성관계로 인하여 난자와 정자가 수정된 시점의 기운이 어떠한가를 추정하는 것으로 출생일로부터 임신기간 266일을 거슬러 올라가 입태일을 산출하고 이를 '운기속견표'에 적용하여 입태체질을 얻을 수 있다.

여섯 가지 체질이란?

태양, 소양, 양명, 소음, 태음, 궐음

CQ의 지수들

통솔지수, 사교지수, 신념지수, 추리지수, 논리지수, 지혜지수

태 양

강한 '양'의 기운으로 체질에 태양기운이 있으면 비교적 통솔력이 강하며 자존심이 세다는 소리를 듣는다. 이것은 CQ 중 인간의 통찰, 직관, 예술 능력 등을 포함하고 있는 통솔지수에 많은 영향을 준다. 24절기 중 동지를 가운데 두고 소설에서 대한에 만연하는 기운으로 두뇌가 발달하고 관찰을 잘하며 자존심이 강한 장남을 연상하면 될 것이다.

태양의 기운이 강한 사람은?

통솔력이 강하며 자존심이 세다. 직관력이 강해 예술적인 일이나 사업적인 일에 좋은 성과를 올릴 수 있다.

친구관계 친구관계는 비교적 좋은 편이나 자존심과 통솔을 앞세워 굽히고 동의하는 사람만 편애하는 경향이 있다.

가정생활 가정에서도 인간관계를 중시하여 장남처럼 자신을 중심으로 통솔하려고 노력한다.

성향 두뇌가 발달했으며 관찰을 예리하게 하며 순간적인 판단을 내리고 그 결과를 자신에게 유리한 방향으로 이끄는 사고의 전환이

빠르다. 또한 자기홍보에 매우 적극적이며 남이 나를 알아주는 상황을 만들어 자신의 자존심을 회복하고자 한다. 명예에 대한 욕구도 강하고 자기를 과시하고자 하는 의도도 강해서 자랑하기를 좋아하나 남을 속일 의도는 없다.

직업 사물을 있는 그대로 마음에 담는 능력이 탁월하여 느낀대로 표현하고자 하는 본능을 가지고 있다. 또한 겉으로는 온화하나 속으로는 냉정하고 통솔력이 뛰어나 사업수완이 있다. 직관력이 강해 예술적인 일이나, 사업적인 일에 뛰어들면 성과를 올릴 수 있다.

소 양

절기별로 살펴본다면 소만에서 대서 사이에 만연하는 기운이며 하지에 가장 강하게 작용한다. 이 기운이 강한 사람은 감정의 기복이 심해 성급한 면이 있지만 비교적 정직한 선비기질을 가지고 있다. CQ 중 사교지수에 많은 영향을 주고 있다.

친구관계 봉사정신과 자상한 심성이 많은 사람에게 호감을 가지게 하여 다양한 분야에 많은 친구를 사귈 수 있으나 의리를 바탕으로 하지 않기 때문에 깊이 사귀지 않는다.

가정생활 자상하며 가정 내 작은 일에 대해서 헌신적으로 임하나 성급한 관계로 부부관계가 좋은 편은 아니다.

성향 의문에 대해서 세심하게 관찰하며 매사에 온후하고 자상하고 헌신적인 모습을 보이려고 한다. 그러나 경우에 따라서 매우 신경질적으로 돌변하여 감정을 앞세우는 경향이 있다. 자신에 대한 표현에 능동적이며 말을 매우 잘해서 자신의 많은 생각을 정직하게 쏟아내는 편이며 긍정적인 면을 부각시키는 능력이 탁월하여 주변

소양의 기운이 강한 사람은?

사교적이고 자상한 심성을 가지고 있다. 외향적이며 사교성을 발휘할 수 있는 일이나 남을 가르치는 일에 소질이 있다.

사람에게 인기가 좋은 편이다.

직업 사물의 현상을 기억하는 능력이 탁월하며 기억에 따른 정보를 바탕으로 분위기를 주도하는 능력이 탁월하다. 논리적인 사고보다는 기억에 의존하며 유머 감각이 탁월해 외향적이며 사교성이 발휘되면 사람들과 쉽게 친해진다. 때문에 남을 가르치는 일에 소질이 있지만 전문적인 분야에서 깊은 사고 및 관찰을 요하는 일에는 부적합하다.

양 명

양명기운은 24절기 중 추분에서 소설 사이에 만연하는 기운이다. 인간이 가지는 절도, 의리, 약속 등을 지키는 능력을 포함하고 있으며, 때에 따라서는 인색하다는 평가를 받을 수도 있다. CQ 중 신념지수에 많은 영향을 주고 있으며 완벽에 대한 집착으로 결벽증이 있다는 소리를 들을 수도 있다. 하지만 일단 형성된 가치판단의 기준이 완벽한 신념을 제공할 때에는 항상 긍정적인 선택을 위해 노력하는 힘을 가지고 있다.

양명의 기운이 강한 사람은?

신념이 강하고 항상 긍정적인 선택을 위해 노력한다. 사학이나 언어학자, 변호사, 변리사, 법무사 등의 직업이 유리하다.

친구관계 의리와 협동심이 강하고 정직해서 친구관계를 원만하게 하며 친구와 친구 사이를 조율하여 협동을 이끌어내는 힘이 탁월하다. 그러나 금전적인 면에 매우 인색하여 고독해질 수 있다.

가정생활 가정에 대해서 매우 우호적이며 좋은 마음을 가지고 있으나 권위적인 경향이 있다.

성향 매사에 명쾌하고 정직하며 꾸밈이 없는 사고를 좋아한다. 마음에 뜻한 바가 있으면 이에 대해서 절대적으로 맹신하는 경향이 있으며, 이것을 지키려는 마음이 강해서 다른 생각을 품지 않는다.

직업 마음 속의 뜻을 세워 지키기를 좋아하여 고전의 난해한 뜻을 파악하는 사학이나 언어학자, 법조문의 뜻을 분별하여 판단하는 법관, 변호사, 변리사, 법무사 등의 직업이 유리하다.

소 음

'음'의 기운으로 소음기운이 있는 사람은 소심하여 마음에 떠오르는 생각이 많다. 하지만 매사를 꼼꼼하게 생각해서 추진하는 경향이 있다. 춘분에서 소만에 만연하는 기운으로 CQ 중 인간이 가지는 세심함, 자상함, 관찰력, 예측 능력을 관장하는 추리지수에 영향을 주는 기운이다.

친구관계 의리를 중시하며 많은 친구를 만들지만 마음에 둔 친구는 많지 않다.

가정생활 자기위주의 생각으로 가정을 이끌려는 성향이 강하다.

성향 마음에 떠오르는 생각이 많고 매사를 꼼꼼하게 생각해서 추진하는 경향이 있다. 집중적이고 전문적인 사고보다는 다양한 관점의 사고에 유연하다. 또한 의심이 많아서 의문나는 현상에 대해서는 관찰을 통하여 꼼꼼하게 따지는 유형이다.

직업 관찰을 잘하며 관찰한 바를 해석하고 의미를 다는 일에 적합해 물리, 화학, 생물 등 기초 자연과학에 강하며 정신분석, 심리학 등의 연구에 탁월한 능력을 발휘한다. 또한 발명, 탐구, 고안 등의 일에 성과를 올릴 수 있으며, 매사에 말을 앞세우지 않으며 신중하게 생각한다.

소음의 기운이 강한 사람은?

꼼꼼하며 관찰력이 강하다. 정신분석, 심리학 등의 연구에 탁월한 능력을 발휘한다. 발명, 탐구 등의 일에 성과를 올릴 수 있다.

태 음

24절기 중 대서에서 추분에 만연하는 기운이다. CQ 중 인간이 지니고 있는 논리적인 집중력, 전문적이며 합리적인 사고 등을 포함하는 논리지수에 많은 영향을 주고 있다. 태음 기운이 강한 사람은 마음에 담은 바를 집중적인 사고를 통해 연구하며 관심 외의 일에 대해서는 소홀하나 관심을 가지면 대단한 집중력을 발휘하는 강점을 가지고 있다.

태음의 기운이 강한 사람은?

논리적이고 합리적이며 집중력이 강하다. 공무원, 사무원, 기술직에 종사하는 것이 유리하다.

친구관계 자상하며 정직하고 의리와 협동심이 있어서 친구를 사귐에 매우 적극적이고 친구에게 헌신하는 경향이 있다.

가정생활 매사에 가족적인 경향이 있으나 헌신적이며 자존심을 내세워 통솔하려고 하며 권위적인 성격을 가지고 있다.

성향 자신을 표현하는 것을 말로 하기 보다는 의리와 협동심을 바탕으로 자기를 과시하는 경향이 있다. 호의적인 것과 비관적인 것에 대해서는 명확하게 감정적으로 표현한다. 이것을 바탕으로 융화할 것인지 아닌지 상대방이 인식하도록 하며 이러한 성향이 권위적이고 독선적이라는 평가를 받게 한다.

직업 마음에 담은 바를 집중적인 사고를 통하여 연구한다. 관심 외의 일에 대해서는 소홀하나 관심을 가지면 집중력을 보인다. 다양한 관점으로 접근하기 보다는 집중적이고 전문적인 접근을 한다. 전문적인 분야에서 연구하고 교육하는 일에 탁월한 능력을 발휘하고 공무원, 사무원, 기술직에 종사하는 것이 유리하다.

궐 음

대한에서 추분에 만연하는 기운으로 궐음의 영향을 받는 사람은 매우 예민하여 신경질적인 면이 있기도 하지만 매우 근면하고 성실하다. CQ 중 지혜지수와 직접 연관이 있는데 인간이 가지는 기술, 기획, 실천, 모사, 꾀, 꿈 등을 관장하며 마음에 담은 바를 궁리를 통하여 실천하는 힘을 가지고 있다. 특히 꿈을 꾸길 좋아하며 다양한 시도를 통하여 이루고자 노력을 아끼지 않는다.

친구관계 의리를 중시여기며, 많은 친구를 사귀지 못하는 대신 한 번 사귄 친구는 깊게 사귄다.

가정생활 가정적이며 부부관계가 좋은 편이다.

성향 자신에 대한 꾸밈이 있으며 이상과 야망을 드러내지 않으려고 하나 마음 속에 가득 담고 있다. 자기 과시의 방법을 카리스마 넘치는 사무 처리 및 근면 성실함에 두고 있으며 이로 인한 주변의 칭송을 좋아한다. 말로서 자기 과시를 하지 않는 편이다.

직업 마음에 담은 바는 궁리를 통하여 실천하는 성격으로 꿈꾸길 좋아하며 다양한 시도를 통하여 이루고자 노력한다. 시행착오를 통하여 얻은 지혜를 바탕으로 목표한 바를 이룬다. 때문에 예술, 게임, 스포츠, 군사 분야에서 능력을 발휘할 수 있으며 사업, 도박, 주식 등의 분야에서 성공할 수 있으나 실패할 경우 그 피해가 매우 클 수 있다.

궐음의 기운이 강한 사람은?

근면하고 성실하며 기획력이 강하다. 예술, 게임, 스포츠, 군사 분야에서 능력을 발휘할 수 있고, 사업, 도박, 주식 등의 분야에서 성공할 수 있으나 실패할 경우 그 피해가 매우 클 수 있다.

CQ 1

자녀교육, 이제는 CQ가 대세다

너, CQ라고 들어봤니?

CQ의 등장

역사를 거슬러 올라갈 것까지도 없이 근래에 유행한 각종 Q-지수만 살펴보더라도 사람들이 인간을 이해하기 위해 얼마나 많은 잣대와 기준을 고안해냈는지 알 수 있다. IQ는 이미 널리 알려져 있는 지수로 사람들의 능력을 측정하는 기준으로 활용되고 있으며, EQ는 IQ에 비해 상대적으로 가려져 있던 감정, 정서의 중요성을 강조하며 세인들의 주목을 받기도 했다.

이후 SQ(Social Intelligence Quotient, 사회성지수), NQ(Network Quotient, 공존지수), SQ(Spiritual Quotient, 영성지수), MQ(Moral Intelligence Quotient, 도덕지수), CQ(Creative Intelligence Quotient, 창조지수), TQ(Total Quotient, 태교지수), AQ(Analogy Quotient, 유추지수), 심지어 잔머리 지수라는 JQ까지, 유행처럼 많은 개념이 만들어지기도 했다. 하지만 위에서 언급한 많은 지수들은 인간이 무엇인지에 대한

객관적 기준이 되지 못했다. 심층적인 이해가 있다기보다는 오히려 수치가 그대로 서열화 되어 인간을 대상화하거나 순간적인 유행으로 번졌다 사그라들어 사람들로 하여금 혼란만 가중시킬 뿐이었다.

이러한 문제는 비단 위에서 예로든 Q-지수에만 해당하는 것이 아니다. 우리 사회는 이미 서구적 전통에 의한 자본주의의 생활 방식, 눈에 보이는 것만 믿으려 하는 합리적 사고, 일방주의적 개발지향의 자연관 등의 부작용으로 많은 문제를 야기해 왔다. 그리고 이와 아울러 동양의 전통사상, 고대 동양의 세계관이 현재의 문제에 대한 새로운 대안으로 부상하고 있는 것도 사실이다.

이에 한의학적 인간관이 주목받고 있으며 새로운 대안으로 자리잡은 지 이미 오래다. 한의학에서는 단순한 수치로 인간을 이해하는 것이 아니라 총체적인 개념 속에서 인간을 이해하려는 노력을 진행하고 있다. 이제부터 만나게 될 CQ(Constitutional Quotient, 체질지수)도 이런 한의학적이며 동양적인 사상에 바탕을 둔 개념이라 할 수 있을 것이다. 이를 통해 보다 총체적이며 근본적인 차원에서 한 인간을 온전하게 이해할 수 있는 세계를 만나게 될 것이다.

CQ란?

CQ는 Constitutional Quotient의 약자로 체질지수라 번역할 수 있다. 한의학은 인간의 개인적 능력차를 체질로 구분하고 있으나 구체적인 수치 비교가 없다. 이러한 점을 보완하기 위해서 오운육기학을 바탕으로 인간의 능력을 수치화해 저자 신광호박사가 창안하였다. 인간의 능력을 수치로 구별하려는 서양적 사고방식이 만든 지수가 IQ, EQ라면 한의학적이며 동양적인 인간 능력을 판단하는 지수를 CQ로 표현한다는 점에서 그 상징적 의미가 크다.

IQ, EQ, SQ, ……, 넘쳐나는 Q-지수

필자는 중학교에 입학해서 처음으로 IQ검사라는 것을 해보았다. 당시 강원도 홍천이라는 시골에서 자랐기 때문에 초등학교 시절에는 IQ라는 것이 무엇인지 알지도 못했다. 그냥 주어진 시간동안 몇 개의 항목에 걸쳐 문제를 풀었던 것으로 기억하는데, 그렇

IQ란?

IQ는 지능지수라고 부르며 프랑스 비데에 의해 최초로 측정되었으며, 현재 많은 사람들이 학생 시절의 학습능력을 평가하는 지수로 인식하게 되었다. 그러나 IQ는 전체 지능은 언어성 지능과 동작성 지능으로 구성되고 세심한 원칙이 준수돼야 하며 일대일로 검사를 해야 정확한 결과를 얻을 수 있다. 따라서 집단검사를 통한 지능 검사 자체는 신뢰성이 떨어진다.

EQ란?

EQ는 정서지수로서 심리학자인 대니얼 올먼이 만든 것으로 타인의 감정을 읽어내고 그 감정에 맞춰 대화하고 타협하는 능력을 말한다. 이것은 자신의 감정을 읽는 능력, 자신을 관리하는 능력, 동기를 부여하는 능력, 타인의 감정을 읽어내는 능력, 대인 관계의 능력으로 구성되며 사회적으로 이 능력을 잘 발휘하는 사람은 성공할 확률이 높지만 저조한 사람은 성공할 확률이 적어진다는 주장이나 이러한 정서지수는 정형화된 테스트 방법이 없다.

게 해서 나의 지능지수가 130정도 된다는 사실을 알았다. 이후 춘천고등학교에 진학하기 위해 춘천으로 유학을 해서 다시 IQ검사를 받았는데 중학교 때보다 높은 140으로 측정되었다. 어린 마음에 우쭐하기도 했던 것으로 기억이 되는데, IQ는 이렇게 '변하기도 하는구나' 하고 생각했다. 그 시절 선생님께서는 'IQ 100인 학생이 IQ 130짜리 학생보다 집중력도 뛰어나고 성적도 더 좋으니 IQ에 너무 연연해하지 말라' 고 하셨다.

지금 생각해봐도 IQ는 단순히 머리가 좋고 나쁨을 수치로 서열화 지어 조금 높은 학생들은 작은 환상에, 좀 낮게 나온 학생들은 자괴감에 빠지게 만들기도 한 것 같다. 교육자료로 활용한다는 긍정적인 면이 있긴 했지만 다양한 가치를 인정하고 가꾸어주어야 하는 전인교육의 입장에서는 바람직한 지표는 아니었던 것 같다.

또 필자가 CQ라는 개념을 고안하기 얼마 전까지만 해도 EQ라는 개념이 유행이던 때가 있었다. 정서지수라는 말로, 자신과 다른 사람의 감정을 이해하는 사람과 삶을 풍요롭게 하는 방향으로 감정을 통제할 줄 아는 사람이 사회적으로 성공할 수 있다는 분위기 속에서 세인의 주목을 받았던 개념이다. 하지만 EQ는 IQ와 같이 정형화된 테스트 방법이 존재하지 않는다. 개념으로만 존재할 뿐이다.

이렇듯 IQ와 EQ는 일종의 문화현상처럼 대중들 사이에서 유행을 타다 없어졌다. 하지만 복잡하고 여러 가지 가능성과 다양한 국면을 가지고 있는 인간을 총체적으로 이해하는데, 얼마나 효과적일까?

어쩌면 인간을 온전하게 이해하는 일은 불가능한 일인지도 모른다. 그만큼 인간이 복잡하고 미묘한 존재이기 때문이다. 그렇다고 인간을 이해하기 위한 노력을 게을리 해서도 안 될 것이다. 너와 나를 이해하고, 우리를 이해하는 과정에서 인간에 대한 총체적인 안목이 생길 것이다. 그리고 이것을 통해 사람의 성향, 특성에 맞춰 자신을 계발하고 건강관리 또는 교육에 활용할 수 있을 것이다. CQ는 그러한 과정의 일환이며 인간을 이해하기 위해 만들어 놓은 다양한 지수들의 단편적인 한계를 넘어 총체적인 인간 능력을 가리키는 한의학적 개념이 될 것이다. 그렇다면 CQ는 어떠한 방법으로 인간에 접근하고 있을까?

Point

CQ는 검사자에 따른 편차가 없다는 점에서 IQ보다 우위에 있고 EQ와 달리 정형화된 판단기준을 가지고 있다. 이러한 이유로 인간 능력의 편차를 효율적으로 표현할 수 있다.
또한 인간을 이해하기 위해 만들어 놓은 다양한 지수들의 단편적인 한계를 넘어 총체적인 인간 능력을 가르키는 한의학 개념이다. 이것은 인간에 대한 총체적인 안목을 통해 사람의 성향, 특성에 맞춰 자신을 계발하고 건강관리 또는 교육에 활용할 수 있는 새로운 지표가 될 것이다.

도대체 CQ가 뭐죠?

자녀교육만큼 어려운 것이 없다. 한 배에서 태어났어도 어쩌면 그렇게 개성이 강하고 성격이 다른지 알 길이 없다. 가정을 꾸리고 세 아이를 키우면서 필자가 깨달은 사실은 저마다의 개성을 파악하고 각각의 대응법이 필요하다는 사실이었다. 물론 인간에게 보편적으로 적용되는 교육의 의미를 벗어나지 않는 범위에서의 대응법이었다.

하지만 아이들의 교육을 위하여 무엇을 하고 있는지, 또 올바르게 하고 있는지 회의가 드는 일은 어쩔 수가 없었다. 어떻게 하는 것이 아이들을 돕는 것인지 알지 못했기 때문이다. 그저 자녀교육에 대해 바람직한 기준과 잣대가 필요하다는 생각과 우리 아이들이 무엇을 생각하고 무엇을 고민하는 지에 대해 막연한 고민을 늘어놓을 수밖에 없었다.

기존에는 지능지수와 정서지수라는 것이 있어 아이들의 능력과 적성을 파악할 수 있었다. 이러한 지수를 보면 서구의 교육학자들도 필자보다 더 많은 고뇌에 시달렸을 것으로 짐작된다. 그러나 사람의 능력을 간단한 지수로 쉽게 설명할 수 없다는 사실을 겸손하게 받아들여야 했다. 그 어떤 이론이나 능력지수, 자녀교육 관련서적도 필자의 이러한 고민을 해결해 줄 수가 없었다.

그러던 중 필자의 전공분야인 한의학에 '체질'이라는 독특한 의학이론 체계가 있다는 데 생각이 모아졌다. 사실 체질과 관련된 한국한의학계에는 두 개의 산맥이 있으니 하나는 가장 많이 알려진 이제마 선생의 사상체질 개념이고 또 하나는 내경에서 근거하는 오행인론과 오태인론이다.

그러나 여기에서는 숨겨진 또 다른 체질 개념으로 오운육기학에서 파생되는 체질이론이 있다는 사실을 언급하고 싶다. 필자가 직접적으로 체질지수에 대한 실마리를 얻었던 분야도 바로 오운육기학에 기초하고 있는 체질이론이며 이 책의 가장 최초의 모티브를 얻었던 분야이기도 하다.

CQ
(Constitutional Quotient)

체질지수, 인간의 개인적 능력차를 체질로 구분하고 있는 한의학의 개념을 수치로 나타내어 인간에 대한 좀 더 합리적이고 분석적 이해를 돕고 있다.

이렇게 얻어진 CQ는 Constitutional Quotient의 약자이다. '체질'이란 문자를 영문으로 표기하면 'C'자로 시작하니 체질지수는 'CQ'라는 표기가 적당하다. 이 용어는 IQ와 EQ에 대응할 수 있는 개념이기도 하며 보다 근본적이고 총체적인 설명이 가능한 개념이다. 또한 한의학은 인간의 개인적 능력차를 체질로 구분하고 있으나 이해하기 어려운 문제가 있어 이를 해결하기 위해서 수치로 고안한 개념임을 밝혀둔다.

인간의 능력을 수치로 구별하려는 서양적 사고방식이 만든 지수가 IQ, EQ라면 한의학적이며 동양적인 인간 능력을 판단하는 지수는 CQ로 표현한다는 점에서 그 상징적 의미가 크다. 또한 CQ분석은 통솔 · 사교 · 신념 · 추리 · 논리 · 지혜지수라는 여섯 가지 능력에 대한 다단 분류로 구성되어 있는데 인간의 능력을 체계적으로 이해하기 위한 범주로 설정된 것이다. 그러니 프롤로그에서 설명한 용어들은 반드시 기억해두자. 앞으로 이 책을 읽어나가면서 꼭 필요한 개념들이며 CQ를 이해하는 데 핵심적인 용어들이다.

CQ의 구성

- **통솔지수**
인간이 가지는 통찰, 직관, 예술능력을 포함하는 지수
- **사교지수**
인간이 가지는 기억능력, 친화력, 오락, 언어표현 능력을 포함하는 지수
- **신념지수**
인간이 가지는 절도, 의리, 약속을 지키는 능력을 포함하는 지수
- **추리지수**
인간이 가지는 세심함, 자상함, 관찰력, 예측능력을 포함하는 지수
- **논리지수**
인간이 가지는 논리적 집중력, 전문적, 합리적, 관념적 능력을 포함하는 지수
- **지혜지수**
인간이 가지는 기술, 기획, 실천, 모사, 꾀, 꿈을 포함하는 지수

CQ와 자녀교육

그렇다면 이러한 CQ를 어떻게 활용할 수 있을까? 그리고 왜 하필이면 이 CQ를 자녀교육에 관련지을 수 있겠는가? 자녀교육에 활용했을 경우 특별한 이점이 있는 것인가? 먼저 CQ는 검사자에 따른 편차가 없다는 점에서 IQ보다 우위에 있다고 할 수 있으며 EQ와 달리 정형화된 판단기준도 있다. 이러한 이유로 인간 능력의 편차를 효과적으로 표현할 수 있다. 때문에 한의학에서는 질병예방 및 치료를 위한 체질 판단의 기준으로 활용할 수도 있다. 뿐만 아니라 정신적 심리적 개인 차이를 분석할 수도 있다. 이런 이유로 자녀교육에 활용도가 높은 지수이다.

CQ의 체질지수 활용

질병예방 및 치료를 위한 체질 판단의 기준으로 활용되고 정신적 심리적 개인 차이를 분석할 수 있어 자녀교육의 올바른 방향성에 길잡이가 된다.

부모의 사랑이 만든 착각

"성적이 안 올라서 미치겠어요. 수학성적이 이대로라면 수능까지 서울에 있는 학교에 응시할 수 없을 거예요."

필자의 딸아이가 고3 여름방학이 지나는 시점에서 아내에게 건넨 말이었다. 집안일에 무심한 필자는 그냥 듣고 넘어갔는데, 그날 저녁 아내는 필자에게 "이 일을 어떻게 해야 하느냐"라고 이야기를 꺼냈다. 대부분 고3 부모의 입장에서는 이러한 경우 어쩔 도리가 없을 것이다. 필자도 달리 뾰족한 방법이 없이 집사람에게 아이의 응석을 다 받아준다는 책망과 함께 화를 냈지만 내심 걱정이 되었다.

그래서 이러한 고민을 필자가 자문을 구하는 H 선생에게 물었다. 이때 H 선생은 딸아이의 생년월일로 체질을 분석해 보시더니 "이 아이는 대단한 능력을 가지고 있지만 지금 고민이 많고 스트레스를 많이 받고 있다. 어떤 공부를 시키려고 하느냐?"라고 되물었다. 그래서 필자는 "필자가 한의사이니 적어도 한의과대학이나 약학대학 혹은 관련 학문을 익히도록 하고 싶다."라고 하였다. 그러자 H 선생은 "절대로 그러한 공부를 할 사람이 아니다." 라고 대답하셨다.

왜냐하면 이 아이는 소양객기, 소음주기의 체질이기 때문에 자기를 표현하는 능력이 발달되었고 매우 꼼꼼하며 추리력이 강하고 관찰력이 뛰어난 심리적 특성을 갖고 있다는 것이다. 이런 경우 한의학이나 의 · 약학관련 공부에는 맞지 않다는 것이다. 그래서 과거 중학교 시절과 그 이전에 아이가 좋아했던 과외 공부 중 미술과 음악에 관련된 분야에 대해서 물어 왔다. 그리고 그 분야가 수학이나 과학적으로 접근하는 공부보다는 훨씬 적성에 맞을 것이며 경쟁력이 있다고 대답하셨다.

그래서 지금 전공을 바꿔서 공부하면 대학에 갈 수 있는가에 대해서 물었다. 그랬더니 H 선생은 차라리 재수를 하는 한이 있어도 옳지 않은 방향이면 바꾸는 것이 옳은 것이며, 필경 좋은 결과를 얻을 것이라고 격려의 말을 덧붙였다. 그 시절 이러한 결정에 대해 반신반의했지만 딸아이는 기적적으로 그 해의 수능을 보고 서울시내 대학의 디자인학부에 입학할 수 있었다. 불과 3개월 남짓한 기간에 자신의 적성에 맞는 공부를 집중적으로 파고든 결과, 미술학원 선생님들도 혀를 내두를 정도의 놀라운 성취도를 보였다. 힘든 상황이지만 어느 정도 가능성을 인정받으면서 대학에 진학할 수 있었던 것이다.

그 일로 필자는 오운육기학에 대해 직접적으로 관심을 가지게 되었다. 오운육기학의 체질 개념을 통한 접근이 심리적인 특징을 절묘하게 간파하고, 체질적인 질병을 찾아내는 놀라운 적중력이 있음을 확인하기도 했다. 그러면서 한의학에는 숨겨진 보배가 많다는 사실을 또 한 번 실감할 수 있었다.

어째서 이러한 일이 일어날 수 있었던 것일까? 딸아이는 1987년 5월 13일 생이다. 이 시기의 운기를 보면 주기가 소음이며 객기는 소양이다. 소양은 상화라는 기운으로 설명한다. 불은 불인데 빛을 밝히는 불이다. 이러한 불빛은 에너지를 밖으로 표출하는 힘이 강하다. 소음은 불은 불인데 감춰진 불이다. 화롯불속의 재처럼 빛은 없지만 따뜻한 불이다. 이것이 지배하는 운기의 특성은 불로 가득 찬 기운이니 미루어 짐작할 수 있다. 이러한 기운을 타고난 아이는 구별되는 기운을 타고난 아이와 다른 특성을 가지고 있었던 것이다.

이 대목에서 독자는 이 글이 마치 점성술이나 사주와 관련된 글이 아닐까 생각할 수도 있다. 또 한편으로는 동양의 철학이 이렇게 함축적인 단어를 통하여 전체를 설명하려는 경향이 있어서 독자들은 매우 거부감을 느낄 것이다. 그러나 이 글을 읽는 동안에 아마도 동양적인 사고방식에 매료될 것이라 확신하는데 지금은 조금 현학적이고 말도 안 되는 억측이라고 생각하더라도 조금만 참고 읽어

CQ 분석사례
1987년 5월 13일

출생 체질		입태 체질	
객기	주기	객기	주기
소양	소음	양명	태음

통솔	사교	신념	추리	논리	지혜
36	67	59	46	33	26

소양객기, 소음주기의 체질

소양의 기운은 사교적이며 소음의 기운은 추리력이 강하다. 사교적인 능력은 언어표현이나 감정의 표현을 통해 상대방에게 자신의 존재를 쉽게 표현할 수 있는 능력이다. 이러한 기운이 많은 사람은 가만히 앉아 집중하거나 끈기를 가지고 매달려 논리적으로 결론을 내는 일에 어려움이 있다. 그보다 자신의 내면을 밖으로 표현하는 작업과 함께 다른 사물과 교감하며 공감하는 일에 적합하다.

주기 바란다.

추후에 발달심리학적인 접근을 시도하면서 소양의 기운은 사교적인 능력과 관련이 있고, 소음의 기운은 추리능력과 관련이 있다는 점을 알았다. 사교적인 능력은 언어표현이나 감정의 표현을 통하여 상대방에게 자신의 존재를 알기 쉽게 표현할 수 있는 능력이다. 그러니 소양의 기운을 가진 아이는 사교적인 능력이 커질 수밖에 없는 것이다. 추리 능력은 현실적인 사실을 관찰하여 그 이치에 따라 미래를 추측하는 능력으로 세심하고 꼼꼼한 성격으로 나타난다는 사실을 알았다. 이러한 기운이 많은 사람은 가만히 앉아서 오랜 시간 집중하거나 끈기를 가지고 매달려 논리적으로 결론을 내리는 일에 어려움이 있다. 그보다는 자신의 내면을 밖으로 표현하는 작업과 함께 다른 사물과 교감하며 공감하는 일에 적합하고 이것을 아주 세심하게 이끌어내는 일에 매우 높은 능력을 발휘하는 것이다.

그런데 이전에는 왜 이것을 알지 못했을까? 필자의 생년월일로 체질을 분석해보면 주기는 궐음이고 객기는 소음이다. 이것을 발달심리학적인 측면에서 분석해보면 소음은 추리적인 성격이 강하고 궐음은 지혜 및 기획적인 성격이 강하다. 필자는 매우 꼼꼼하고 세심하며 소심한 시야를 가지고 관찰하고 계산하는 두뇌가 발달하였다. 또 관찰한 것을 기획하고 기술적인 방면으로 승화시키는 힘이 강하게 발현되는 성격의 소유자이다. 이러한 성격을 가진 사람은 세상을 보는데 있어서 원리와 원칙에 집착하고 자신의 세계를 잘 관찰하고 구축하며 현실적인 참여를 통하여 현명한 판단을 내리는 것을 좋아한다. 이러한 성격이 한의사가 되었으니 매사에 기획적이고 기술적이며 세심하고 꼼꼼하나 마음 속으로 전전긍긍하는 태도로 업무를 보게 되는 특성을 보였던 것이다.

Point

소음객기, 궐음주기의 체질

소음은 추리력이 강하고 궐음은 지혜 및 기획력이 강하다. 따라서 필자는 매우 꼼꼼하고 세심하며 관찰하고 계산하는 두뇌가 발달했다. 또 관찰한 것을 기획하고 기술적인 방면으로 승화시키는 힘이 강한 소유자다. 이런 성격이 한의사가 되었으니 매사에 기획적이고 기술적이며 세심하고 꼼꼼하나 마음 속으로 전전긍긍하는 태도로 업무를 보이는 것이 특징이다.

이런 관점으로 딸을 보았으니 딸의 학습이 아비의 마음에 들기 위해서는 당연히 아비와 같은 방향으로 가야만 옳다고 본 것이다. 이것이 딸을 사랑하는 필자의 방식이며 행복하게 만드는 길이라 생각한 것이다.

그래서 중학교 3학년 때 딸아이가 예고에 진학하고자 하는 것을 인문계 고등학교에 진학시켜 한의사나 약사, 한약사가 되라고 권했던 것이다. 그러니 딸의 입장에서 이러한 부모의 사고와 신념이 얼마나 답답했을까? 사실 딸은 고등학교 1, 2학년 시절 비교적 착하게 공부하려고 노력했으며 차분하게 따라가려고 애썼던 것 같다. 아마도 그 아이의 사교적인 성격이 작용했을 것이다. 그러나 모든 경우 부모가 지적하는 방향으로 한결 같은 태도를 보이는 것은 매우 어려운 것이다.

보다 많은 경험이 있는 부모가 앞으로 자녀가 살아가야 할 삶의 방향에 대해 조언해 줄 수는 있으나 결정해 주어도 괜찮다는 생각은 큰 착각일 것이다. 부모나 아이는 저마다의 체질에 따른 특성이 발현된다. 그리고 그 관점의 차이에 의해서 갈등하고 충돌하며 서로의 에너지를 교환하고 순화시킨다. 그래서 그 특성을 이해하지 못하면 자신의 생각만이 옳다고 독선을 부리고 먼 길을 돌아 목적지에 도달했음을 뒤늦게 깨닫게 된다.

이제 체질에 따른 아이의 특성에 대해 좀 더 구체적으로 알아보자.

CQ로 알아보는 우리 아이 체질

부모의 눈에 비친 산만한 아이

"우리 아이는 주의가 산만해요."
"우리 아이의 집중력을 키울 수 없나요?"

엄마의 입장에서 아이가 집중력도 떨어지고 산만하며 말도 듣지 않는다면 큰 걱정이 아닐 수 없다. 이것이 엄마의 마음이고 부모의 마음일 것이다. 그런데 여기에도 많은 함정이 있다.

독자들도 이러한 경우를 많이 겪었을 것이다. 왜 우리 아이는 다른 아이들과 달리 집중력도 떨어지고 어리바리한 것인지 분통이 터지는 경우가 있을 것이다. 왜 남들처럼 집중력 있게 공부하지 못하는가? 그러면서도 아는 체는 다하고 말하는 것을 들어보면 멀쩡한 안목을 가지고 있을 뿐아니라 뱃속에 100년 묵은 구렁이가 들어 앉아있는 것 같기도 하니 말이다. 더욱이 시키는 것은 죽어도 안하고

CQ 분석사례
1990년 3월 7일

출생 체질		입태 체질	
객기	주기	객기	주기
태양	궐음	궐음	소양

통솔	사교	신념	추리	논리	지혜
87	55	16	12	45	88

태양객기, 궐음주기의 체질

태양기운이 주로 작용하는 아이로 통솔능력이 높다. 통솔능력이 강한 아이는 어려서부터 감각이 발달하여 자신을 중심으로 통솔하려는 의지를 강하게 가진다. 감각적으로 신기함으로 느끼게 하는 사물에 집중하며 복합적이고 예기치 못한 자극에 예민하게 반응하는 특성이 있다.

자기가 하고자 하는 일에 대해서만 집착하는 경향이 강하다.

우리 둘째 아이는 1990년 3월 7일 생이다. 이때의 주기는 궐음이고 객기는 태양이다. 태양기운이 주로 작용하는 체질이라는 뜻이다. 발달심리학의 입장에서 볼 때 태양은 통솔능력과 관계가 있다. 통솔능력이 강한 아이는 어려서부터 감각이 발달하며 자신을 중심으로 통솔하려는 의지를 가지고 있다.

그래서 감각적으로 신기함을 느끼게 하는 사물에 집중한다. 또 복합적이고 예기치 못한 자극에 대해서도 예민하게 반응하는 특성을 발휘하면서 정신적인 발육이 진행된다. 이러한 발육은 행동을 통하여 발전하지만 성숙하기 이전에는 주변의 사물을 통솔하기보다 허둥대는 모습으로 보일 수 있다. 이런 경우가 부모의 눈에는 산만한 모습으로 판단되거나 집중력이 부족한 사람으로 보이게 된다.

필자의 체질이 소음과 궐음이니 둘째 아이의 궐음 특성이 지혜, 기획 능력에 관계된다는 점에서는 일견 이해가 간다. 이때 소음의 특성은 집중적이고 세심하며 꼼꼼한 추리적 측면을 가지고 있다. 이런 소음의 측면에서 바라보면 통찰과 직관에 의존하는 즉흥적인 판단의 통솔력은 매우 어리석게만 느껴진다.

그러니 둘째 아이는 산만하고 집중력과 의지가 약하며 무엇을 하더라도 끝장을 보지 못하는 사람으로 여기게 되었을 것이다. 이 때문에 아버지의 입장에서 어려서부터 아이가 성장하는 모습을 지켜보는 것은 글자 그대로 고문에 가까웠다. 그래서 분노를 느끼게 하고 아이를 난폭하게 다루거나 체념하는 눈으로 보게 된 것이다.

여기까지 설명하면 독자들은 필자가 무엇을 설명하고자 하는지 대충 짐작할 것이다. 아이가 산만하고 집중력이 없는 모습이 눈에 띈다면 부모 스스로가 어떠한 관점에서 그렇게 보고 있는지를 먼저 관찰하는 것이 우선이다. 왜 내 눈에 아이가 그렇게 보인 것인가? 나의 관점이 어느 쪽에 있는지, 번지수를 잘 찾아놓고 관찰하고 있는지, 이해할 필요가 있다.

필자의 경우 둘째 아이는 캐나다로 유학을 보냈다. 직접 아이를 관찰하고 교육하고 잔소리하는 것은 매우 고역이었다. 그래서 유학을 보내놓고 1년이 지났다. 가만히 살펴보니 캐나다에서 이 아이의 교육은 긍정적으로 이뤄지는 것 같다. 왜냐하면 그곳에서는 이 아이의 통솔력을 무시하지 않기 때문이다. 그리고 스스로를 통솔할 기회를 준 것이니, 아이에게는 자신의 의식과 주변의 사물을 통제하려는 능력이 스스로 발동하게 되는 것이며 또 이것은 긍정적인 모습으로 부모의 눈에 관찰되는 것이다.

아쉽게도 CQ를 모르는 상태에서 아이를 보냈다. 이제 다시 아이의 태도를 보니 비로소 긍정적인 모습으로 보인다. 따라서 아이의 잘못이 눈에 띄는 것은, 부모의 잘못된 관점일 수도 있다는 사실을 명심해야 한다.

Point

아이의 잘못이 눈에 띄는 것은 부모의 관점이 잘못될 수도 있다는 사실을 명심하자.

내성적인 우리 아이

"우리 아이는 말이 없고 물어도 모르는 것이 너무 많아요."

"우리 아이는 느려터지고 혼자 방구석에 앉아서 무얼 하는지 모르겠어요."

이렇게 푸념하는 엄마들을 가끔 본다. 그래서 어떤 점이 마음에 들지 않는지 물어 보면 대부분 다음과 같이 대답한다. 우리 아이는 과외를 시켜도 공부를 잘하지 못하고, 시험을 보아도 성적이 오르지 않으며, 무엇을 배웠는지 물어보면 신경질을 내거나 대답하지 않는다고 한다. 어떤 아이는 방에 틀어박혀서 컴퓨터를 하거나 책 읽는 데만 집중해서 부모와의 대화를 거부하고 언제나 말없이 무표정하다고 한다. 또 공부를 시키려고 책상에 앉힌 후 하나하나 지적하며 학습을 시키려 하면 신경질을 내고 아무것도 안 하려고 한다는 것이다. 이 경우 우리 아이가 무언가 부족하고 정신적으로 문제가 있는 것이 아닌지 의심이 든다는 것이다. 또 신경정신과에 데려가서 물어보면 우울신경증이라고 하니 어떻게 해야 하는가?

Point

우선 부모의 체질을 먼저 알아야 한다. 부모와 아이의 체질을 확인하고 둘 중 아이의 체질을 더 잘 이해할 수 있는 체질의 부모가 아이 양육에 적극적으로 나서야 한다.

이 경우 독자들이라면 무엇부터 살펴볼 것인가? 물론 앞의 글을 읽어 보았다면 부모의 체질을 먼저 살펴야 한다고 대답할 것이다. 그렇다. 왜 아이가 느려터지게 보이고 말수가 적다고 생각하는지, 우선 부모의 번지수가 어디인지 살펴야 할 것이다. 그래야 아이의 번지수를 알 수 있기 때문이다.

엄마의 체질을 분석해 보니 사교지수와 신념지수가 매우 높은 사람이었다. 사실 엄마는 붙임성이 좋고 언변이 좋아 요리 강사라는 직업을 가지고 있었다. 그래서 주변의 엄마들에게 인기가 높았다. 또 사리분별이 명확하고 판단력이 빠르며, 정확한 사람이었다. 이런 경우 아이가 말주변이 없으면 아이를 매우 시달리게 하는 경향이 있는데, 이 아이가 그러했다.

그런데 아이는 1992년 1월 21일생이며 주기는 궐음이고 객기는 소음이었다. 보다 정밀하게 아이의 체질지수를 뽑아보니 추리지수 172, 논리지수 102, 통솔지수 34, 사교지수 26, 신념지수 88, 지혜지수 50이었다. 이 아이는 추리와 논리, 신념지수가 주로 작용하는 성품을 가지고 있다. 특히 공부할 시기에는 추리에 의존하는 공부를 한다. 이 경우 아이의 성격은 매우 내성적이고 말수가 없으나 생각이 많고 깊으며 꼼꼼하다. 또한 세심한 관찰을 바탕으로 매사를 연산하는 성격을 가지고 있다. 합리적이고 공정하며 논리적인 사고의 특성을 발휘하고 책읽기를 좋아한다. 하지만 잠이 많은 특성 때문에 게으르다는 평을 받을 수 있다. 친구를 사귀는 일에 소질이 없으며 자신의 생각을 나타내고 주변을 통솔하고 제어하는 힘이 부족하다는 인상을 받을 수 있다.

이러한 엄마와 아이의 체질적인 차이는 많은 문제를 만들 수 있다. 엄마는 아이의 능력에 대해 이해할 수 없으며 아이가 무엇을 좋아하고 있는지 무엇이 긍정적인 능력인지 무엇이 나쁜 버릇인지 이해할 수 없다. 다행인 것은 아버지의 체질지수를 살펴보니 추리지수가 작용하고 있어서 아버지와는 대화를 하며 속내를 비치고 있고, 엄마가 아버지를 통하여 아이의 속마음을 추측하고 있었던 것이다.

이 경우 엄마가 아이를 교육하고 양육하면 많은 문제점이 나타날 수 있다. 이제 독자들은 어떻게 아이를 이해해야 할지 대충은 짐작할 것이다.

그런데 이 경우 필자는 엄마에게 아이를 애써 이해하려 하지 말라고 한다. 왜냐하면 엄마가 아이를 이해하려고 노력하면 할수록 엄마가 혼란에 빠지게 되며 아이의 관점에서 이해할 가능성이 점점 더 희박해지기 때문이다. 만약 엄마가 추리지수가 높고 아이가 사교지수가 높은 상황이라면 엄마가 아이를 이해하기 쉬웠을 것이다. 그런데 엄마가 사교지수가 높다면 애초에 심사숙고해서 아버지의 의견을 듣고 판단을 내리는 것이 더 안전하고 정확할 것이다.

가족은 서로 돕고 서로 사랑하는 관계이다. 그런데 엄마이기 때문에 모든 것을 관장하고 관리해야 한다는 생각은 잘못된 것이다. 즉,

CQ 분석사례
1992년 1월 21일

출생 체질		입태 체질	
객기	주기	객기	주기
소음	궐음	소음	소음

통솔	사교	신념	추리	논리	지혜
34	26	88	172	102	50

소음객기, 궐음주기의 체질

이 아이는 추리와 논리, 신념지수가 강하다. 이럴 경우 매우 내성적이고 말수가 없으나 생각이 많고 깊으며 꼼꼼하다. 또한 세심한 관찰을 바탕으로 매사를 연산하는 성격을 가지고 있다. 합리적이고 공정하며 논리적인 사고의 특성을 발휘하고 책읽기를 좋아한다. 하지만 잠이 많은 특성 때문에 게으르다는 평을 받을 수 있다. 친구를 사귀는 일에 소질이 없으며 자신의 생각을 나타내고 주변을 통솔하고 제어하는 힘이 부족하다는 인상을 받을 수 있다.

아버지도 역할을 분담할 필요가 있다. 그래서 가족 모두가 협동하여 가족의 화목과 평화 그리고 발전을 도모하는 것이 옳은 선택이다.

상처받은 신념 그리고 난폭한 아이

"나는 남이 옳지 못한 말을 하면 참을 수 없어."
"나는 내 맘에 들지 않은 것을 보면 때려주고 싶어."

이렇게 혼자 말을 되뇌는 사람을 종종 본다. 또 겉으로 말은 하지 않지만 속으로 이러한 생각을 가지고 있는 사람들도 있다. 자신만의 독특한 잣대로 상대를 평가하고 성급한 판단을 내리곤 하는데, 우리는 인터넷 게시판의 댓글문화에서 이러한 모습을 자주 보게 된다.

아마 많은 독자분들이 경험했을 것이다. 인터넷 게시판에 자신과 다른 의견을 가진 글이나 기사의 댓글에 수도 없이 붙어있는 안티성 글들을 보면서 등골이 오싹한 느낌을 받을 정도니 말이다.

내가 이 상황이 되면 어떻게 될 것인가? 나라면 어떻게 대답할 것인가? 나라면 이러한 상황에서 무엇이라고 내 마음을 표현할 것인가? 추리지수가 높고 소심한 필자의 경우는 이 정도의 생각을 하고 있을 뿐이다. 하지만 필자는 사교지수가 작용할 수 있는 체질이다. 그래서 마음에 맞지 않는 글을 보면 반드시 댓글을 올려놓아야 직성이 풀리는 성질이 있다. 그러나 강하게 작용하지 않을 뿐이다. 그런데 신념이 강한 사람은 그렇지 않다. 자신의 마음에 대해서 솔직하기 때문에 좋고 나쁨에 대해서 확실하게 반응한다. 이러한 모습이 때로는 난폭하게 보일 수 있으며 주관이 강하고 고집이 세다고 비춰질 수 있다. 이러한 면이 다른 이들에겐 난폭하게 보일 수 있는 것이다.

1980년 8월 29일 생일을 가진 B씨가 기억난다. 신념지수 104, 사교지수 75, 통솔지수 65, 논리지수 51, 추리지수 66, 지혜지수 47이다. 이러한 지수를 가진 사람은 매우 경우가 바르고 도덕적이며 친구 사귀기를 좋아하고 자신의 주장이 강하다. 그런데 B씨는 그렇지 못했다. 그 이유는 학습기에 좋은 신념 및 도덕적인 관점에서 충격을 받은 경험이 있었기 때문이다. 성장기에 부모의 사이가 좋지 않았으며 아버지의 바람과 그로 인한 어머니의 충격, 우울증 등으로 정신적인 고통을 겪어야 했다. 그리고 이 과정에서 증오와 도덕적인 강박관념이 B씨에게 작용했던 것이다.

어린 시절에 상처받은 신념으로 신념지수가 올바르게 발달해야 함에도 옳고 그름에 대한 가치판단은 왜곡될 수밖에 없었다. 이런 태도는 B씨를 극도의 흥분과 분노를 일으키고 난폭한 상태로 몰고 갔다. 이로 인하여 신경정신과의 약물 투여를 통해야만 겨우 진정시킬 수 있는 상황에 직면하게 되었다. 신경정신과에서 얻은 병명은 자폐증 혹은 정신분열증이었다.

필자가 B씨를 진찰하고 치료하면서 느낀 것은 정신적 상처가 너무 컸다는 사실이다. 또 내면적으로 그 아픔에서 헤어나기 위한 노력은 눈물겨운 아픔으로까지 다가왔다. 이때 정신적인 상처는 정체성 혼돈, 친구와의 사교적인 문제, 선후배간의 통솔과 통제에 대한 이해 등 많은 갈등을 불러왔다. 그는 세상의 한가운데에서 자기중심적인 사고를 무너뜨리고 적응하려고 발버둥치고 있었다. 하지만 몸이 따라주지 않고 충동적으로 발생하는 흥분과 폭발적인 감정표

CQ 분석사례
1980년 8월 29일

출생 체질		입태 체질	
객기	주기	객기	주기
양명	태음	태음	소양

통솔	사교	신념	추리	논리	지혜
65	75	104	66	51	47

높은 신념지수

신념이 강한 사람은 도덕적인 경향이 있어 불의를 보면 참지 못한다. 자신의 마음에 대해 솔직하기에 좋고 나쁨에 대해 확실하게 반응한다. 이런 모습이 때론 난폭하게 보일 수 있으며 주관이 강하고 고집이 세게 비춰질 수 있다.

Point

지수가 높다고 해서 그 사람의 인성이 그렇게 발달되는 것만은 아니다. 후천적인 교육과 환경이 커다란 영향을 미친다는 것을 잊어서는 안된다. 신념지수가 높은 범씨의 경우 도덕적이고 예의바른 성향을 보여야 하지만 불안정한 가정환경에 의해 성장과정에서 증오와 도덕적인 강박관념이 생겨나서 난폭한 성격이 나타나게 된다.

현이 주변의 친구를 쫓아 버리고 말았다. 또 부모와 주변 친지의 치료 포기로 더 이상 연락이 되지 않고 있었다. 이 경우 처음부터 체질적인 특성을 이해하지 못하고 치료하려 했던 것이 문제를 더욱 키웠다는 사실을 알 수 있었다.

여기서 관심을 가져야 할 것은 난폭한 아이의 특성이다. 지금까지는 아이들의 난폭한 특성이 심리적으로 문제에 부딪혔을 때 어떤 양상으로 발현되는가에 대한 정확한 인식이 없었다. 그냥 아이의 정서 불안이 폭력적 특성을 불러온다고 생각하는 경향이 있다. 그러나 필자의 경우 난폭한 성격의 근원은 신념에 있다고 본다.

신념을 보다 넓게 생각해 보면 옳고 그름에 대한 가치판단과 연계된다. 이러한 판단이 실제 몸과 마음의 작용으로 강하게 나타나는 사람을 도덕적인 사람이라고 할 것이다. 그리고 이것을 지키기 위해서 극단적인 상황에 직면하면 폭력적인 수단을 동원하게 되는 것이다.

그런데 도덕적인 판단, 이념적인 판단, 종교적인 판단은 평화적이고 합리적인 것처럼 보인다. 하지만 같은 생각을 하지 않는 부류에 대해서는 지극히 편협하고 폭력적이며 비도덕으로 대처하는 경향이 세계 곳곳에서 발견되고 있다. 앞으로도 이러한 문제 때문에 많은 충돌이 유발될 것이다.

소를 끌고 지붕으로 올라가는 아이

"소를 끌고 지붕으로 올라가 보아라."

고등학교 시절 선친께서 무심코 하신 말씀이셨다. 그리고 이어서 다음과 같이 물으셨다.

"네가 어른이 되어 객지에 나가 살 때 내가 불시에 호출을 할 경우 너는 어떻게 할 것이냐?"

당시 동생에게도 같은 질문을 하셨는데 필자와는 다른 답변을 했던 것으로 기억한다. 필자의 경우 부르실 때의 상황에 따라서 대처하겠다는 우회적인 대답을 했고, 필자의 동생은 만사를 제쳐두고 아버지의 명에 따르겠다고 대답했다. 그리고 그 후에 필자는 아버지에게 심한 꾸중을 들었던 것으로 기억한다. 모든 일에 있어서 선후가 있으며 그 중에서도 가족의 일이 최우선이어야 하고 그 중에서도 부모의 명이 가장 앞에 있어야 한다는 말씀도 덧붙이셨다.

필자 또한 상황에 따라서 다른 일들이 발생할 것이며, 이것에 따라서 부모의 명이 아무리 지엄해도 더 가치 있는 일이 있다면 그것을 먼저 하는 것이 옳다는 주장을 굽히지 않았다. 이러한 태도는 아버님을 더욱 분노하게 만들었다. 후에 어머니께서 "어리석은 질문 하나로 아이 잡는다."며 말리신 후에야 그만두셨던 것으로 기억한다.

아버님께서 돌아가신 지금도 이러한 기억이 그 시절의 향수에 젖게 하며 필자의 마음을 애잔하고, 한편으론 후회하게 만든다. 그 시절 나도 동생처럼 아버지의 명을 최우선으로 한다고 했더라면 더욱 기뻐하셨을 것을 그렇게 하지 못했다는 생각이 죄스럽게 느껴진다.

그런데 여기에서도 가족들 간의 체질적인 특성이 작용하고 있었다는 생각을 지울 수 없다. 아버지의 체질은 필자와 같이 주기가 궐음이고 객기가 소음이다. 어머니는 주기가 소음이고 객기가 태음이었다. 동생은 주기가 소음이고 객기가 소양이었다. 여기서 주된 기운은 객기이다.

그렇다면 생각해 보자. 아버지께서 생각하시는 질문에 대한 대답은 소음의 작용에서 비롯된 것이다. 그리고 기술적인 재주는 궐음에서 비롯된 것이다. 소음은 추리의 능력이다. 적어도 이끌어내고 싶은 대답이 있으실 것이며 이에 대한 대답을 끌어내기 위해서 평소 필자에게 가르침을 내리셨던 것이다. 필자의 입장에서는 이것을 모두 이해하지 못하고 너무 꼼꼼하고 소심하게 대처하였으며 솔직하게 현실에 맞게 대답을 찾아 표현한 것이다. 사실 이것이 무조건 일치해야 하는 이유는 없다.

동생의 경우 소양이 강하게 작용하기 때문에 사교적인 능력이 작용했다. 그러므로 아버님의 의도를 잘 파악하고 사교적인 선택을 하게 된 것이다. 어머니께서는 태음이 주로 작용하는 심리이므로 합리적이고 공평하며 논리적으로 생각하셨을 것이고, 누구의 편도 들지 않는 선택을 하셨던 것이다.

착한 아이와 미운 아이

"우리 아이는 착해서 좋아요."
"댁의 아이는 착해서 좋겠습니다."

이러한 말은 부모라면 누구나 한번쯤 해보았을 얘기다. 그만큼 부모들은 말을 잘 듣는 자녀를 선호한다. 하지만 '착하다'는 말에는 많은 함정이 있음을 알아야 한다.

필자의 친구 중에 J씨가 있다. 이 친구는 고등학교 친구인데 지금 연극배우로 활동 중이다. 그런데 이 친구가 필자에게 푸념하기를 나는 참 착하게 살았다고 생각했는데 아직 생활기반도 잡지 못하고 어렵게 생활하고 있다고 했다. 술도 먹지 않고 성실하게 일했으며 열심히 공부했다고 했다. 남에게 피해를 주지 않기 위해 법 없이도 살 수 있는 사람이라는 이야기를 들을 정도로 양심적으로 살았으며 후배들에게 인간적으로 잘해 주었다고 했다.

그래서 필자는 그 친구에게 무엇이 착한 것인지 알기는 아느냐고 물었다. 착한 것에 대한 관점의 문제인데 이것을 일깨워줄 필요가 있어서 물었더니, 도덕적으로 옳다는 것으로 알고 있는 것 같았다.

착하다는 것은 말을 잘 듣는 다는 것이다. 부모가 착한 아이를 좋아하는 것은 부모의 말을 잘 듣는 아이를 좋아하는 것과 같다. 도덕적으로 옳고 바르게 판단하고 윤리적으로 문제없는 아이가 좋은 것이 아니라, 부모의 말을 잘 듣는 아이가 착한 것이라는 필자의 관점이 그 친구를 매우 당황시켰던 것으로 기억한다. 그 친구는 부모의 말을 듣지 않았다. 하라는 공부는 하지 않고 연극에 젊음을 허비했으며 결혼하라는 부모의 권유도 듣지 않았다. 직업을 가지라는 말도 듣지 않았다. 고교시절 비교적 공부를 잘했으나 부모의 말을 듣지 않았으니 착하지 않다고 했다. 친구나 선배와 어울려 술잔이라도 기울이는 노력을 하지 않았으니 친구와 선배에게도 착하지 않은 것이라 했다. 그 친구는 이후 필자의 앞에서는 자신이 착한 사람이라고 표현하지 않았는데 아마도 순한 사람을 내가 너무 몰아세우지 않았나 싶다.

이 친구의 생년월일은 1961년 8월 6일인데 주기는 태음이고 객기는 소양이다. 당연히 자신의 마음을 표현하는 힘이 강하니 연극

Point

부모가 착한 아이를 좋아하는 것은 부모의 말을 잘 듣는 아이를 좋아하는 것과 같다. 도덕적으로 옳고 바르게 판단하고 윤리적으로 문제없는 아이가 좋은 것이 아니라 부모의 말을 잘 듣는 아이가 착한 것이라고 생각하는 부모들은 다시 생각해봐야 한다.

CQ 분석사례
1961년 8월 6일

출생 체질		입태 체질	
객기	주기	객기	주기
소양	태음	소양	양명

통솔	사교	신념	추리	논리	지혜
50	86	51	26	38	38

소양객기, 태음주기의 체질

자신이 마음을 표현하는 힘이 강하여 연극배우가 되고자 한 친구가 있다. 그러나 태음이 있어 논리적이고 합리적이며 공평하고 판단이 느긋하여 때를 놓치기 쉬워 연극배우로 성공하기는 쉽지 않다.

Point

부모의 입장에서 착한 아이를 기르고 싶은 것은 두 가지 목적이 있다고 봐야 한다. 하나는 사교적인 아이이길 바라는 것이며 다른 하나는 지혜로운 아이이길 바라는 것이다.

배우가 되고 싶었을 것이다. 그러나 태음이 있으니 논리적이고 합리적이며 판단이 느긋하여 때를 놓치기 쉬워 연극배우로 성공하기는 쉽지 않을 것이다.

사교의 특성은 겉보기에는 착한 것으로 보인다. 그래서 상대방에게 착하게 보이는 모습을 통하여 호감을 가지게 만들고 이에 순응하는 모습을 보이는데 이것이 아주 큰 에너지로 작용할 것이다. 그러나 실제로 작용하는 것은 배우와 같으니 진면목을 보이는 것이 아니다. 솔직하여 맑고 깨끗한 사람의 풍모를 보이는 것이 아니라 상대방에게 긍정적이고 호감이 가도록 보이는 풍모인 것이다.

그래서 필자는 착한 사람은 착한 척하기를 잘하는 사람이라고 생각한다. 하는 척하기를 잘하는 사람은 상대방에게 잘 보인다. 그리고 호감이 가도록 말을 하고 표현이 풍부하다. 부모 입장에서 척하기를 잘하는 사람을 좋아할 리 없으나 착한 아이이기를 바라는 사람은 많다. 이 얼마나 어리석은 관점이란 말인가?

대체로 아이가 사교적인 경우 그 아이는 착한 아이일 것이다. 그러나 항상 착한 것이 아니다. 상황에 따라서 착한 아이가 난폭하고 공격적인 아이로 바뀔 수 있거나 항상 도덕적인 성인군자같이 보이려고 노력하는 아이일 것이다. 물론 정말로 착한 아이가 있을 것이다. 그러나 이때에도 지혜지수가 높은 아이가 착한아이로 보일 것이다. 그것은 지혜지수가 높은 아이의 경우 어른들에게 착하게 보일 이유가 발생하기 때문이다. 그러니 부모의 입장에서 착한 아이를 기르고 싶은 것은 두 가지 목적이 있다고 보아야 한다. 하나는 사교적인 아이이길 바라는 것이며, 다른 하나는 지혜로운 아이이길 바라기 때문이다.

순한 아이와 거역하는 아이

"아이가 참으로 순하네요."
"이런 아이라면 열 명이라도 키울 수 있겠네요."

이러한 이야기를 종종 듣는다. 힘들이지 않고 아이를 돌볼 수 있기 때문에 이르는 말일 것이다. 그러나 이것이 전부일까?

대체로 순하다는 표현은 행패를 부리지 않는 아이에게 할 것이다. 울지 않고 참을성이 많으며 잠을 잘 자고 잘 먹는 아이이다. 스스로 알아서 할 일을 챙기고 익히는 습성이 배어 있는 아이이다. 그래서 잔소리 많이 하지 않아도 된다. 하지만 이렇게 참을성이 많으며 자신의 표현을 삼가는 아이가 체질적으로 존재할 수 있는가?

물론이다. 예를 든다면 1990년 5월 16일 태어난 아이의 경우 궐음 객기에 소음주기인 체질이 있다. 이 사람의 체질 지수를 분석하면 논리지수 90에 추리지수 91이다. 지혜지수 87이며 나머지는 지수가 낮다. 이러한 경우 성격이 음적이기 때문에 매우 순응을 잘한다. 논리지수가 높은 아이의 경우 합리적이고 끈기가 있으며 생각이 깊고 침착하다. 추리지수가 높은 사람의 경우 세심하고 꼼꼼하게 따져가며 미래를 준비한다. 지혜지수가 높은 사람은 계획을 하여 실천하고 그 과정에서 기술적인 습득이 빠르다.

이러한 아이의 경우 자기 일은 자기가 알아서 잘하며 생각을 통해 터득하고 학습하는 능력이 있다. 다만 남의 눈에 띌 정도로 요란하지 않고 조용히 활동하는 습성이 몸에 배어 있는 것이다. 그러나 이러한 판단을 내리는 것도 항상 같지는 않다.

왜냐하면 이러한 아이를 관찰하는 사람이 신념이나 사교 지수가

CQ 분석사례
1990년 5월 16일

출생 체질		입태 체질	
객기	주기	객기	주기
궐음	소음	소음	태음

통솔	사교	신념	추리	논리	지혜
36	23	35	91	90	87

궐음객기, 소음주기의 체질

논리지수가 높은 아이의 경우 합리적이고 끈기가 있으며 생각이 깊고 침착하다. 추리지수가 높은 아이의 경우 세심하고 꼼꼼하게 따져가며 미래를 준비한다. 지혜가 높은 사람은 계획하여 실천하고 그 과정에서 기술적인 습득이 빠르다.

높은 사람이라면 긍정적인 판단보다 말수가 적고 답답하며 어둡다고 평가할 가능성이 높기 때문이다. 그래서 자신이 남을 판단하기 위해서는 스스로의 번지수를 알고 있어야 한다. 남의 번지수를 파악하는 것은 그 다음의 일이다. 그렇지 않고 남을 판단하는 것은 한 순간의 느낌에 지나지 않으며 그 사람에게 진정으로 필요한 판단을 내려주는 것이 아니다.

손재주가 있는 아이

"우리 아이는 손재주가 있어서 못하는 것이 없어요."
"우리 아이는 기계라면 일단 분해해 봐야 직성이 풀리나 봐요"

이러한 이야기를 하는 엄마들이 가끔 있다. 요즘에는 공부하는 것이 우선이어서 이러한 현상을 자랑삼아 이야기하는 부모가 거의 없지만 과거 10여 년 전에만 해도 이렇게 자랑하는 부모들을 종종 보았다.

손재주라면 기술을 성취하는 힘이 강하다는 뜻으로 해석해도 무방할 것이다. 그렇다면 이것은 무엇을 의미하는 것인가? 한번 생각해 보자. 기술력이 무엇이기에 자랑거리에서 지금은 아무것도 아닌 것이 되었을까? 아마도 IT가 지배하는 지금과 같은 시점에서 기술적인 힘보다는 정보를 취합하는 힘이 더욱 큰 힘을 발휘하기 때문일 것이다. 기술적인 성취를 위해서는 피나는 노력이 필요한데 그러려면 많은 시간과 노력이 필요하다. 하지만 요즘에는 기계의 도움으로 아주 짧은 시간에 웬만한 일들을 해낼 수 있기 때문에 기술적 성취에 대한 생각이 예전과 달라졌다.

1961년 2월 5일경 출생한 사람의 경우 대부분 궐음객기, 궐음주기의 기운을 타고 났다. 이러한 사람의 경우 지혜지수가 100을 넘기는 경우가 많으며 논리와 통솔지수가 높게 나타난다. 이러한 사람의 성격은 매우 냉철하며 일을 함에 있어서 기획을 잘하고 주변의 정보를 취합하여 실제 현실에 적용하기를 좋아한다. 그러나 일견 냉철하게 판단하는 모습이 상대방을 자극하여 깐죽거리는 태도와 지나친 호기심을 가지고 접근하는 모습으로 관찰되기 때문에 좋은 느낌을 주지 못한다. 더욱이 빈틈없이 관찰하고 기획하는 모습과 그러한 행위에 대한 적절한 논리적인 대응, 그리고 이것에 대한 자부심이 강하기 때문에 언뜻 건방져 보이거나 오만해 보이기도 한다. 또한 자신의 판단에 대한 자부심이 강하기 때문에 쉽게 비판하기 어려우며 상황에 따라서 덜렁대는 모습으로 비춰지기도 한다.

그래서 이러한 지수를 가진 아이들은 순탄한 과정을 거치지 않는 경향이 있다. 마음 속으로 하고자 하는 일들이 정해지면 조바심을 내는 특성이 작용하고 매사에 적극적이며 근면하되 신경질적인 경향이 있다. 또한 그 결과에 대해서 마음의 상처를 받고 항상 새로운 일거리를 찾아내는 경향이 있다. 그래서 재주가 많은 사람은 예민하고 과감하며 근면하고 조심스러운 성격으로 인해 방광이나 심장에 많은 무리를 주기도 한다. 이러한 사람의 경우 지혜의 관점으로 본다면 다양한 직업에서 자신의 기능을 발휘할 수 있지만 사업적인 면에서는 실패를 경험할 가능성이 높다.

CQ 분석사례
1961년 2월 5일

출생 체질		입태 체질	
객기	주기	객기	주기
궐음	궐음	궐음	소음

통솔	사교	신념	추리	논리	지혜
56	44	30	40	62	100

궐음객기, 궐음주기의 체질

자기 일은 자기가 알아서 잘하며 생각을 통해 터득하고 학습하는 능력이 있다.

배짱이 큰 아이와 용감한 아이

"댁의 아이는 배짱이 큰 것 같아요."
"댁의 아이는 용감하고 심지가 굳은 것 같군요."

이상과 같은 표현은 남자 어른들이 손자나 자식뻘 되는 아이들에게 주는 덕담일 경우가 많다. 그런데 이러한 배짱을 가진 사람은 타고나는 것이지 그냥 만들어지는 것이 아니다.

사실 자신의 앞에 시퍼런 칼을 들고 찌르려고 위협을 한다면 소스라치게 놀라며 까무러치지만 않아도 다행일 것이다. 그런데 배짱이 있는 사람은 이러한 경우 대담하게 배를 내 놓으며 찔러 보라고 들이대는 경우가 있을 수 있다. 그런데 이렇게 찔러 보라고 들이대면 실제로 찔러댈 사람은 많지 않다. 대부분 홧김에 칼을 든 것뿐이지 실제로 찌르지는 못하기 마련이다.

즉 칼을 들고 찌를 수 있는 사람도 배짱이 있는 사람이며 찔러 보라고 들이대는 사람도 배짱이 있는 것이다. 이러한 사람이라면 용감하고 심지가 굳은 사람이라는 소리를 들을 가능성이 높다. 그런데 이러한 사람이 얼마나 될까?

문제는 요즘의 부모는 이러한 아이를 전혀 달가워하지 않는다는 것이다. 객기부리다가 비명횡사할 가능성이 높기 때문이다.

필자의 친구 중에 1961년 11월 11일 생이 있다. 주기가 양명이고 객기도 양명이다. 이러한 체질의 경우 체질지수는 신념지수가 100을 넘는다. 추리지수와 사교지수가 작용하는 구조인데 이 친구의 지수는 매우 독특해서 예를 들고자 한다. 이 친구는 성격이 명랑하고 자신감이 넘치며 옳고 그름에 대한 인식이 확실한 사람이다.

CQ 분석사례
1961년 11월 11일

출생 체질		입태 체질	
객기	주기	객기	주기
양명	양명	궐음	궐음

통솔	사교	신념	추리	논리	지혜
36	70	104	63	50	55

양명객기, 양명주기의 체질

양명객기에 양명주기의 사람은 신념지수가 100을 넘는다. 하지만 이 사람의 경우 추리와 사교도 상대적으로 많이 작용하고 있어 성격이 명랑하고 자신감이 넘치며 옳고 그름에 대한 인식이 확실하다.

변호사 사무실에서 사무장 일을 하며 주식에 대해서 공부를 하다가 개인 투자가로 활동하여 많은 돈을 벌었는데, 이러한 성과는 아마도 신념지수에서 비롯된 것이 아닌가 싶다. 또한 주식의 경우 자금 회수가 중요한데 배짱이 너무 커서 많은 돈을 벌려고 시도하다 갑자기 악재가 터져 깡통을 차게 되었다. 그 이후 친구는 깨끗하게 손을 씻더니 다시는 주식투자를 하지 않았다. 이러한 선택을 보면 역시 신념지수에서 비롯된 것이라는 확신이 든다.

왕따를 당하는 아이

"우리 아이가 왕따를 당해서 속상해 죽겠어요."
"왕따를 당하지 않도록 하려면 어떻게 해야 하나요?"

이러한 하소연을 하는 엄마들을 가끔 본다. 당하는 입장과 당하지 않는 입장에서 본다면 이것은 매우 다른 견해로 볼 수 있다. 하지만 왕따를 당하는 아이의 엄마는 두 가지 관점에서 피해를 보게 된다.

하나는 '얼마나 아이의 사회성이 부족하면 왕따를 당하느냐'는 질책성 관점으로 보기 때문에 쉽게 해결책을 모색하기 어렵다는 것이고, 둘째는 아이의 어떤 부분이 문제가 되어 왕따를 당하게 되는지, 해결책을 알 수 없다는 점이다.

독자들은 이러한 경우 어떻게 처신하는 것이 좋을 것인가 한번쯤 시뮬레이션을 해볼 필요성이 있다. 그래야 자신의 친지나 사랑하는 가족에게 같은 일이 발생했을 경우 슬기롭게 대응할 수 있을 것이다.

필자의 견해로 왕따는 오운육기 체질심성상 음적인 특성을 가진 아이에게서 많이 발견된다. 그중에서도 상대를 제압할만한 능력이 부족한 아이에게 많이 발생한다. 예를 든다면 1994년 9월 26일생인 아이를 들 수 있다. 이 아이는 주기는 양명, 객기는 소음이다. 이러한 특성을 가진 아이는 대체로 세심하고 소심하며, 꼼꼼한 관찰력을 가진 덕택에 핵심을 파악하고, 옳고 그름에 대해서 그 관점이 뚜렷하여 상대방의 기분에는 별로 아랑곳하지 않고 자신만을 살피는 특성을 가지고 있다.

이러한 체질 특성을 가진 경우 몇 가지 구별점이 존재할 수 있다. 일단 사교적인 능력인데 이것이 인성에 영향을 줄 수 있을 정도냐 아니냐를 잘 구별해야 한다. 이 아이의 경우, 사교지수가 낮아서 친구와 친하게 지내지 못하는 경향이 있으며 자신의 주장을 똑똑하게 상대방에게 표현하지 못하고 있었다. 추리지수가 높은 관계로 인해 수리 및 추리 영역이 발달하여 수학이나 과학적인 영역에서는 좋은 성적을 가지고 있으며, 말수가 적고 수줍음을 잘 타는 성격이었다. 또한 논리지수 역시 높아서 생각이 깊고 뚝심과 끈질긴 성격이 반영되고 있었다.

CQ 분석사례
1994년 9월 26일

출생 체질		입태 체질	
객기	주기	객기	주기
소음	양명	소음	태양

통솔	사교	신념	추리	논리	지혜
22	26	78	124	62	18

양명주기에 소음객기를 가진 아이는 대체로 세심하고 소심하며 꼼꼼한 관찰력을 가진 덕택에 핵심을 파악하고 옳고 그름에 대해 관점이 뚜렷하여 상대방의 기분에는 별로 아랑곳하지 않고 자신만을 살피는 특성을 가지고 있다. 그리고 자신의 주장을 관철시키기 위해 감정적인 표현을 서슴지 않기에 상대방에게 불쾌감을 주고 충돌을 불러일으킬 가능성이 높아진다.

그런데 이 아이는 학교생활에서 따돌림을 당하는 것 때문에 마음고생이 심했다. 하지만 비슷한 시기에 태어난 1994년 10월 30일생인 아이의 경우는 주기가 양명, 객기는 소음으로 추리지수가 높고 신념지수가 작용하는 체질이었는데 왕따를 당하지 않았다. 이 두 가지 경우를 비교해보면 후자의 아이에게는 사교지수가 인성에 충분히 영향을 줄 정도로 높았으며 자기 신념도 강하고 역시 추리지수 또한 높았다.

CQ 분석사례
1994년 10월 30일

출생 체질		입태 체질	
객기	주기	객기	주기
소음	양명	소양	궐음

통솔	사교	신념	추리	논리	지혜
34	56	84	103	54	32

양명주기에 소음객기를 가진 아이더라도 사교지수가 상대적으로 높으면 왕따를 당할 가능성이 낮아진다.

두 아이는 객기가 소음이고 주기가 양명으로 같은 체질적인 특성을 가지고 있어서 그런지 서로 왕따를 시키지 않았으며, 후자의 아이가 전자의 아이를 보호하고 도와주는 태도를 취하여 마음으로 의지하는 사이가 되어 관계가 돈독했다.

이 경우 생각해볼 것은 추리지수나 논리지수가 높다는 점에서 볼 수 있듯이 음적인 성격을 가진 사람은 자기를 표현하는 능력이 부족하여 자신을 이해해주는 사람이 많지 않다는 사실을 추론할 수 있다. 신념지수가 높다는 것은 자기주장이 강하며 그것을 관철시키기 위해서 감정적인 표현을 서슴지않는 것이 결점이 되며, 이 때문에 상대방에게 불쾌감을 주고 충돌을 불러일으킬 가능성이 높아진다.

또한 사교지수가 낮은 이유 때문에 상대방에게 자신의 존재를 확인시키고 인정하도록 만드는 힘이 약하다. 대체로 이러한 심리적 체질 특성이 반영된다면 이 사람은 많은 사람에게서 좋은 소리를 듣지 못하는 사람으로 인지될 것이며 함께 하기 어려울 정도로 많은 문제를 가지고 있다고 보아야 한다.

따라서 이러한 경우 왕따를 방지하기 위해서는 우선 이 아이의 사교성을 높이기 위한 교육이 진행되어야 한다. 자신의 정서적인 상황을 유연하게 표현할 수 있는 능력을 키워주기 위해서 구연동화나 웅변 혹은 성악이나 노래 부르기를 취미로 하는 교육이 필요할 것이다. 또 친구 중에서 이해심이 높은 친구를 선택하는 방법으로 생일의 차이가 1개월 이내의 동갑내기를 친구로 사귀도록 유도하는 방법이 있을 것이다.

왕따를 방지하는 방법

사교성을 높이는 교육이 필요하다. 자신의 정서적인 상황을 유연하게 표현할 수 있는 능력을 키워주기 위해 구연동화나 웅변 혹은 성악이나 노래 부르기를 취미로 하는 교육이 필요하다. 또 친구 중 이해심이 높은 친구를 선택하는 방법으로 생일의 차이가 1개월 이내의 동갑내기를 사귀도록 유도한다.

물론 이것은 체질지수를 파악해 보아야 하지만 같은 시기에 태어난 아이는 비슷한 성격을 가지고 있기 때문에 의기투합할 가능성이 높다. 또 다른 방편으로 아이의 신념에 관련된 인자로서 도덕적 윤리적인 교육 혹은 의리와 우정에 관련된 표현에 대해서 보다 폭넓은 이해를 할 수 있도록 유도하는 방법이다. 대체로 추리지수가 높은 아이는 도덕적, 윤리적 또는 사회적 관점의 시야가 좁기 때문에 이해의 폭이 좁고 쉽게 감정을 내세우는 경향이 있으므로 상대를 이해할 기회가 부족하다.

친구를 잘 사귀는 아이

손자삼우(損者三友) 익자삼우(益者三友)

나에게 손해를 끼치는 친구가 셋이 있는데 편벽한 벗, 말만 잘하고 성실하지 못한 벗, 너무 착하기만 하고 줏대가 없는 벗, 이러한 친구는 멀리해야 할 친구이며, 나에게 이익을 주는 친구가 셋이 있는데 정직하고, 거짓이나 허위가 없으며, 보고 들은 것이 많은 벗이니 더욱 열심히 사귀어야 할 친구라는 뜻이다.

어린 시절에 아버님께서 다음과 같은 가르침을 주신 기억이 난다. 그것은 손자삼우(損者三友)요 익자삼우(益者三友)라는 구절이었다. 그런데 필자에게 가르치신 뜻은 원래의 뜻과 달랐다. 친구를 많이 사귀되 나에게 손해를 끼치는 친구 셋을 사귀고 나에게 이로운 친구 셋을 사귀라는 해석을 달아 주신 것이다.

이 글귀는 원래 나에게 손해를 끼치는 친구가 셋이 있는데 편벽한 벗, 말만 잘하고 성실하지 못한 벗, 너무 착하기만 하고 줏대가 없는 벗이니 이러한 친구는 멀리하여야 하며, 그리고 나에게 이익을 주는 친구가 셋이 있는데 정직하고, 거짓이나 허위가 없으며, 보고 들은 것이 많은 벗이니 이러한 친구는 더욱 열심히 사귀어야 할 친구이다.

왜 이렇게 다른 뜻으로 필자를 깨우쳐 주시고 싶어 하셨을까? 필자는 아버님의 뜻에 따라서 중학교 시절 명심보감을 공부했다. 그리고 고지식한 보수주의자처럼 행세하려고 노력했으며 그것이 삶의 가치라고 생각했었다. 그러던 필자가 고등학교 진학을 하게 되어 춘천으로 유학을 떠나기 전에 이런 글귀를 주셨던 것이다.

사실 필자의 고지식함은 다양한 친구를 친하게 사귀지 못하게 했으며 그래서 필자는 항상 외로운 존재로 보였을 것이다. 필자의 사교지수는 전술한 바와 같이 매우 낮다. 이런 사람은 친구를 사귀는 폭이 아주 좁으며 쉽게 사귀지 못하고 쉽게 우정에 금이 간다. 왜냐하면 자기중심적인 사고가 강하며 나에게 충실하듯이 친구에게 충실해야 하고 상대방도 그렇게 필자에게 대하길 기대한다. 그러니 이것을 맞춰줄 친구가 있을리 없었다. 아마도 비슷한 생각을 하는 친구를 아주 어렵게 만날 것이며 오랜 시간 지속적으로 우정을 교환할 기회가 적을 것이다.

이러한 필자의 모습이 아버님의 눈에는 정말로 염려가 되었을 것이며 그래서 필자에게 손해를 끼치는 친구라도 세 명은 있어야 하며 이익을 주는 친구 또한 세 명은 있어야 한다는 가르침을 주신 것이다. 사실 아버님 당신도 사교지수가 높지 않으셨다. 소음객기 궐음주기에 입태가 소음객기에 소음주기였으니 필자보다 더 높은 추리지수를 가지신 분이셨다. 가족과 형제 부모의 사랑을 받을 수 없으셨던 아버님은 아마도 친구의 우정이 무엇보다 중요하셨을 것이다. 필자의 어린 시절 기억으로 아버님은 친구가 꽤 많았었는데 손자삼우가 훨씬 많았던 것으로 기억한다. 학창시절에 아버지를 친구라고 하셨던 분들이 많았으며 그것도 아주 친한 것이 아니라 아버님의 도움을 받으셨던 분들이 많았던 것이다. 그런데 그분들이 필자에게는 아주 절친하게 대해 주셨으며 음으로 양으로 많은 도움을 주셨던 것이다.

자 그러니 이제는 생각해 보아야 한다. 사교란 사람이 사람을 사랑하는 것이다. 우정이라는 이름으로 사랑하는 것이다. 그리고 거기서 이익을 따지고 손해를 따지는 것은 좁은 시야의 친구를 사귀는 것이며 이것을 초월하는 것이야 말로 진정한 우정을 나누는 일일 것이다.

Point

사교란 사람이 사람을 사랑하는 것인데 우정이라는 이름으로 사랑하는 것이다, 거기서 이익을 따지고 손해를 따지는 것은 좁은 시야의 친구를 사귀는 것이며 이것을 초월하는 것이 진정한 우정을 나누는 것이다.

CQ 2

나의 CQ 계산법

알기 쉬운 체질 계산법

지금까지 아이들의 성향과 체질에 대해서 살펴보았다. 눈치 빠른 독자들은 이미 체질의 특성과 그에 따른 체질지수, 태양, 태음, 궐음, 주기, 객기 등 낯선 개념의 단어들이 등장하고 있음을 눈치 챘을 것이다. 그로 인해서 당혹스러워하는 사람들도 있을 것이고 또 그 뜻이 복잡하다고 성급하게 책을 덮어버리거나 그 내용을 의심하는 독자들도 있을 것이다. 워낙 포괄적이고 보편적인 개념이어서 그 범주나 의미를 파악하는 일이 만만하지 않은 것 또한 사실이다. 하지만 주역을 공부하는 사람들이 그 심오한 세계를 이해하기도 전에 괘부터 뽑는 우를 범하는 것처럼 서둘러서는 안 될 것이다.

이제부터 차근차근 오운육기의 체질에 대해서 살펴보자. 개념을 하나 둘 이해해 나가면서 이를 통해 스스로의 CQ를 살펴볼 수 있을 것이다. 그리고 그것은 인물별로 적용해 본다면 깊이 있고 흥미로운 CQ의 세계에 빠져들게 될 것이라 확신한다.

그러면 이제부터 집중!

주기와 객기

주기는 주인과 같은 기운이다. 봄이면 꽃피고 새 울며 따뜻한 기운이 만연해야 봄답다고 할 수 있으며, 여름이면 초목이 무성해지고 날씨가 더워야 안심이 된다. 가을이면 산들바람과 함께 오곡백과가 풍성하게 익어가고 추수하기 좋은 날씨가 진행되며 겨울이면 춥고 눈 오는 날씨가 진행된다. 이렇게 각 계절마다 주가 되는 기운이 있다. 이것은 각 계절의 주된 특징이며, 자연스러운 이치다. 추울 때 춥고 더울 때 더우며 서늘할 때 서늘하고 따뜻할 때 따뜻하니 무엇이 걱정이겠는가? 이러한 순환을 절기별로 만연하는 여섯 개의 심리적 키워드로 살펴보면,

궐음의 기운은 대한에서 춘분까지 만연한다.
소음의 기운은 춘분에서 소만까지 만연한다.
소양의 기운은 소만에서 대서까지 만연한다.
태음의 기운은 대서에서 추분까지 만연한다.
양명의 기운은 추분에서 소설까지 만연한다.
태양의 기운은 소설에서 대한까지 만연한다.

이렇게 매년 변하지 않고 주인처럼 자리를 지키는 기운을 주기라고 한다. 이렇게 들어오는 기운은 규칙적이며, 누구나 적응하기 쉽기 때문에 그다지 신경 쓸 일은 아니다. 실제로 이러한 기운은 매년 반복되며, 원리를 이해하고 있어 적응하는데도 마음의 준비를 잘 하고 있다. 춘삼월에 꽃이 피고 새가 운다는 것은 봄이라는 계절을 알기 때문인 것이다. 자연의 만물은 이러한 순환에 비교적 잘 적응

주기란?
주기는 주인과 같은 기운으로 각 계절마다 주가 되는 기운을 말한다.

객기란?
객기는 손님과 같은 기운이다. 가령, 봄날에 비가 많이 온다던가 여름날 가을처럼 서늘한 날이 찾아오는 식으로 각 계절의 주가 되는 기운과 다른 기운을 말한다. 객기는 일정하지 않지만 오운육기로는 계산하고 추정이 가능하다.

하고 있는 것이다. 이런 자연의 순리에 적응하지 못하면 병이 생기는데, 가만히 살펴보면 이것에 적응하는 일에 인체는 적어도 30% 정도의 에너지를 소모하며 자연의 지배력은 70% 정도 작용한다고 볼 수 있을 것이다.

그렇다면 객기라는 것은 무엇일까? 객쩍은 기운? '객기부린다.'라고 말할 때의 객기? 당연히 아니다. 객기라는 것은 손님과 같은 기운이라는 뜻이다. 즉 봄이 되면 따뜻하고 여름이 되면 무덥고 가을이 되면 시원하고 겨울이 되면 춥다. 이렇게 말하는 기운은 주기이다. 즉 주인과 같은 기운인 것이다. 그런데 따뜻한 봄날에 비가 많이 온다든가, 무더운 여름날이 가을처럼 서늘하다거나 하는 식으로 주기와 다른 기운이 들어오면 이것을 객기라고 한다. 즉 손님과 같은 기운인 것이다.

그러나 이것은 그렇게 간단하게 파악되지 않는다. 객기는 위의 주기처럼 일정하게 들어오지 않기 때문이다. 어느 해에는 한발이 들고, 어느 해에는 홍수가 나고, 어느 해에는 바람이 너무 많이 불고, 어느 해에는 무더위로 고생을 한다. 때문에 이것을 계산하고 추정하는 것이 오운육기의 핵심이라 할 수 있다.

그렇다면 어떻게 해야 하는 것일까? 그것은 그 해의 지지에 달려 있다. 사실 오운육기라고 하면 오운을 지목하는 천간이 있는데 이것은 거론하지 않기로 했으니 지지를 통해 살펴봐야 할 것이다.

그 흐름은 다음 표와 같다.

	사천			재천			사천	재천
	초기	2기	3기	4기	5기	종기		
子午(자오)	태양	궐음	소음	태음	소양	양명	소음	양명
丑未(축미)	궐음	소음	태음	소양	양명	태양	태음	태양
寅申(인신)	소음	태음	소양	양명	태양	궐음	소양	궐음
卯酉(묘유)	태음	소양	양명	태양	궐음	소음	양명	소음
辰戌(진술)	소양	양명	태양	궐음	소음	태음	태양	태음
巳亥(사해)	양명	태양	궐음	소음	태음	소양	궐음	소양

이때 열 두개의 지지는 같은 주기를 가지고 있는 것끼리 묶어 子午(자오), 丑未(축미), 寅申(인신), 卯酉(묘유), 辰戌(진술), 巳亥(사해)로 분류할 수있다. 예를 들어, 2002년은 임오년으로 오년이고, 2008년은 무자년으로 자년이다. 이 경우 자오에 해당하는 첫째 줄을 차례로 읽어보자. 그러면 2002년과 2008년의 객기는 다음과 같이 들어온다

초기 궐음주기인 시절에 태양객기가 들어오는 것이며

2기 소음주기인 시절에 궐음객기가 들어오는 것이며

3기 소양주기인 시절에 소음객기가 들어오는 것이며

4기 태음주기인 시절에 태음객기가 들어오는 것이며

5기 양명주기인 시절에 소양객기가 들어오는 것이며

종기가 태양주기인 시절에 양명객기가 들어오는 것이다.

이 시기에 사천은 소음이므로 전 3기 동안에 지배하는 기운은 소

사천
전 3기, 즉 초기, 2기, 3기를 지배하는 기운으로 3기의 기운과 같다.

재천
후 3기, 즉 4기, 5기, 종기를 지배하는 기운으로 종기의 기운과 같다.

2007년 정해년의 기운

정해년은 '해'에 해당하는 '巳亥'의 양명, 태양, 궐음, 소음, 태음, 소양의 순서대로 기운이 변한다. 이때 전 3기인 양명, 태양, 궐음은 사천의 영향을 받으며, 후 3기인 소음, 태양, 소양은 소양의 영향을 받는다. 즉, 초기는 양명의 기운이 지배하면서 궐음 기운의 영향을 받고 2기는 태양이 기운이 지배하면서 궐음 기운의 영향을 받는다고 할 수 있다. 나머지 시기도 이와 같은 방법으로 계산할 수 있다.

음이고, 재천은 양명이므로 후 3기 동안에 지배하는 기운은 양명인 것이다.

출생체질과 입태체질

출생체질이란?

출생과 관련된 체질로 태어난 시기에 따라 신생아에게 가해지는 환경의 자극이 아이의 성격형성에 매우 큰 영향을 준다는 면에서 의미가 크다. 출생이란 주변 환경에 대한 첫 경험이 되어 정신적, 육체적 발달에 영향을 준다고 설명할 수 있다.

다음으로 알고 있어야 할 것이 출생체질과 입태체질이라는 개념이다. 어렵지 않은 개념이니 살펴보도록 하자. 출생체질은 말그대로 출생과 관련되어 형성되는 체질을 의미한다. 운기학에서도 출생한 시기의 운기를 매우 중요시 여겼는데 그 이유는 태어난 시기에 따라서 신생아에게 가해지는 환경의 자극이 아이의 성격형성에 매우 큰 영향을 미친다고 생각했기 때문이다.

그런데 이것이 근거가 있는 주장일까? 물론 근거가 있다. 필자와 생각이 같진 않지만 발달심리학에서는 신생아가 태어나서 감각적으로 겪는 경험을 통하여 정신적인 발육이 일어나는 것으로 설명하고 있으며 이는 보편적으로 알려져 있는 사실이다.

신생아는 잘 모르겠지만 계절에 따른 방안 온도의 차이, 엄마가 먹는 음식물 섭취에 대한 차이, 바람 불고 비 오고 눈 오며 천둥치는 무더운 날씨 등이 신생아에게는 모두 자극이 될 것이다. 그리고 이러한 것들은 신생아에게는 가장 최초의 새로운 경험으로 인지될 것이다. 가령 추운 날씨에 태어난 신생아가 아무리 보온이 잘된 환경에서 태어났다고 해도 추운 날씨에 대한 잠재적 인식을 가지고 있는 것이다. 또 무더운 날씨에 태어난 신생아는 무더운 날씨를 처음으로 경험한 것이 되는 것이다. 그리고 이들은 알게 모르게 잠재적 인식의 영향을 받고 있는 것이다.

이러한 경험은 무의식 속에 잠재해 있다가 향후, 추위 또는 더위에 대한 아이의 적응력에 영향력을 행사하게 된다. 이러한 경험이 다른 개개인 사이에 발생하는 편차가 될 수도 있는 것이다. 이렇듯 출생이란 주변 환경에 대한 첫 경험이 되어 향후 정신적, 육체적 발달에 영향을 준다고 설명할 수 있다. 그리고 우리는 이것을 역추적하고 있는 것이다.

그렇다면 출생 시의 기운은 어떻게 작용하는 것일까? 여기에 보다 체계적인 접근이 있다. 가령 추운 겨울날에 태어난 아이가 있다고 하자. 그 아이가 태어난 시점이 태양한수가 지배하는 시기였다고 치면 태양주기를 타고 난 것이다. 그런데 그 시기의 객기가 소음이라고 한다면 소음객기를 타고난 것이라 평할 수 있다. 여기서 관심을 두어야 할 점은 태양한수가 더 많이 지배할 것이냐 아니면 소음군화가 더 많이 작용할 것인가이다.

이것은 중요한 일이다. 무언가 작용하는 힘이 있기는 할 텐데 어느 것이 큰 영향을 줄 것인지에 대해 계산해 본 적이 없기 때문이다. 필자는 이 경우 잠정적인 숫자를 대입하였다. 그것은 계절적인 흐름이 전체의 70%를 차지한다고 계산하고 그때 그때 변화하는 기운의 힘을 30%로 계산하는 것이다. 그런데 이것이 신생아에게 작용할 경우 액면 그대로 작용할 것이라 생각하지 않는다. 왜냐하면 많은 사람들은 주기적으로 찾아오는 기운에 대해서는 거의 자동적으로 적응하며, 예측하지 못한 기운에 대해서 민감하게 반응하기 때문이다. 특히 신생아의 경우 그때 그때 변화하기 잘하는 객기에 대해서 민감하게 반응하고 주기에 대해서는 덜 민감하다. 이러한 차원에서 객기가 작용하는 힘을 70%, 주기가 작용하는 힘을 30%로 보면 문제가 없을 것이다. 이것은 가설일 뿐이지만 수년간의 통계에 근거하여 오차를 줄여가고 있다. 주기와 객기가 작용하는 힘

Point

출생체질에서 중요한 것은 아이의 출생시의 기운을 읽는 것인데 객기가 작용하는 힘이 70%라면 주기가 작용하는 힘을 30%라고 이해하면 된다.

과 적중력은 객기가 70%정도, 주기는 30%정도 일치한다고 추정하기 때문이다. 앞으로 이에 대한 경험이 더욱 누적된다면 이 기준도 변화될 것이니 독자들도 신중하게 관찰해 보기 바란다.

입태체질이란?

난자와 정자가 수정된 시점의 기운이 어떠한가를 추정하는 데 의미가 있다. 과거 왕실이나 귀족들은 자신들의 2세 출산시 좋은 날을 받아 부부합궁을 하는데 입태시 아이의 건강과 성격이 결정되는 것을 염두에 둔 것이라고 볼 수 있다.

그렇다면 입태체질이란 무엇인가? 출생체질처럼 설명한다면 입태와 관련되어 형성되는 체질이라 할 수 있다. 입태의 중요성은 엄마와 아빠의 성관계로 인하여 난자와 정자가 수정된 시점의 기운이 어떠한가를 추정하는 데 그 의미가 있다. 사실 이것이 무슨 의미가 있겠느냐 하겠지만 동서양의 태교에 대한 지혜를 살펴볼 때 산모가 겪는 환경의 자극에 태아가 얼마나 민감하게 반응하고 있는지만 보아도 그 중요성을 알 수 있다.

발달심리학에서는 잉태 이후 부모의 유전적인 요인, 환경오염에 노출된 정도, 약물복용에 따른 변화 등을 살펴 심리적 변화를 추적한다. 그리고 오장육부가 생성되는 시기에 따라 환경자극에 의한 태아의 심리 변화를 추적하는 연구가 진행되고 있다.

그러나 한의학에서는 보다 더 다양한 요소를 염두에 두고 있다. 부부의 성행위시 환경의 변화가 태아에게 영향을 미친다는 가설이 이미 한방소아과에서 정설처럼 믿어지고 있으며 잉태시에 천둥이 친다거나 눈비가 많이 온다거나 바람이 많이 분다거나 아버지가 술을 많이 마신다거나 하는 원인에 의하여 아이의 관절발육에 장애를 유발할 수 있다는 기록이 전해지기도 한다.

그래서 과거의 왕실이나 귀족들은 자신의 2세를 보기 위하여 좋은 날을 받아 부부합궁을 시도했으며 먹는 음식이나 삿된 것을 보지 않도록 했고 항상 즐겁고 편안한 마음으로 태교를 하도록 했다. 그리고 이것은 지금도 전해 내려오고 있다.

이렇듯 오운육기학에서는 입태의 영향력을 입태시의 운기 파악을 통하여 계산하고 있다. 출생시의 기운을 계산한 것처럼 입태시의 기운을 계산하여 입태운기를 잡는다. 출생시에 객기와 주기가 있듯이 입태시에도 객기와 주기가 있다. 여기서 출생의 영향은 입태의 영향보다 크며 특히 정신적 발육에 있어서 출생시의 영향은 입태시의 영향에 비하여 강하게 작용한다. 그래서 출생시 객기와 주기를 70%로 입태시 객기와 주기를 30%로 계산하는 것이며, 입태는 오장육부와 사지, 두뇌의 생성과 관련이 있으므로 장부의 생성 허실을 파악하는 기준이 될 수 있다는 점을 잘 이해하고 있어야 한다.

Point

입태시에도 객기와 주기가 있다. 이때 출생시 객기와 주기를 70%로, 입태시 객기와 주기를 30%로 계산한다. 입태는 오장육부와 사지, 두뇌의 생성과 관련이 있기에 장부의 생성허실을 파악하는 기준이 될 수 있다는 것을 잘 기억해 두자.

운기속견표 쉽게 보기

년	월일	체질(객·주기)	년	월일	체질(객·주기)
12, 18 24, 30 36, 42 48, 54 60, 66 72, 78 84, 90 96, 02	01월 20일 03월 21일 05월 21일 07월 23일 09월 23일 11월 22일	태양궐음 궐음소음 소음소양 태음태음 소양양명 양명태양	15, 21 27, 33 39, 45 51, 57 63, 69 75, 81 87, 93 99, 05	01월 20일 03월 21일 05월 21일 07월 23일 09월 23일 11월 22일	태양궐음 소양소음 양명소양 태양태음 궐음양명 소음태양
14, 20 26, 32 38, 44 50, 56 62, 68 74, 80 86, 92 98, 04	01월 20일 03월 21일 05월 21일 07월 23일 09월 23일 11월 22일	소음궐음 태음소음 소양소양 양명태음 태양양명 궐음태양	17, 23 29, 35 41, 47 53, 59 65, 71 77, 83 89, 95 01, 07	01월 20일 03월 21일 05월 21일 07월 23일 09월 23일 11월 22일	양명궐음 태앵소음 궐음소양 소음태음 태음양명 소양태양
16, 22 28, 34 40, 46 52, 58 64, 70 76, 82 88, 94 00, 06	01월 20일 03월 21일 05월 21일 07월 23일 09월 23일 11월 22일 01월 20일	소양궐음 양명소음 태양소양 궐음태음 소음양명 태음태양	13, 19 25, 31 37, 43 49, 55 61, 67 73, 79 85, 91 97, 03	01월 20일 03월 21일 05월 21일 07월 23일 09월 23일 11월 22일 01월 20일	궐음궐음 소음소음 태음소양 소양태음 양명양명 태양태양

운기속견표는 난해한 운기학의 내용을 누구나 쉽고 간편하게 이용할 수 있도록 만들어 놓은 체질 분석표라 할 수 있다.

운기속견표를 이용한 간단한 체질분석

• 체질 찾는 법

① 연도란에서 본인의 출생년 또는 입태년에 해당하는 구역을 찾는다. 첫째칸의 12, 18은 각각 1912년과 1918년을 가르킨다.
② 출생년 또는 입태년을 찾았다면 출생일 또는 입태일에 해당하는 구역을 찾는다.
③ 그리고 출생일 또는 입태일에 해당하는 구역의 우측에 있는 내용을 찾아보면 된다. 예를 들어 '소양 양명'이 나왔다면 출생 또는 입태체질에 소양이 객기, 양명이 주기로 있음을 설명하고 있는 것이다.

• 출생체질 계산법

출생체질은 양력생일을 대입하여 계산한다. 오운육기는 태양력을 근거로 정리한 학문이기에 양력을 활용한다는 사실을 명심해야 한다.

• 입태체질 계산법

출생일로부터 실제 임신기간 266일을 역으로 거슬러 올라가 계산하는데, 다음과 같이 두가지의 경우가 있다.

첫째, 생일이 10월에서 12월 사이에 있는 경우

① (출생월 − 9)월 (출생일 + 7)일
② (출생일 + 7)일이 31일이 넘으면 계산결과에서 월(月)에 1을 더하고 일(日)에서 30 혹은 31을 뺀다. (2월인 경우 28 혹은 29를 뺀 나머지 일을 입태일로 정한다.)
③ 이때 입태년과 출생년은 같다.

둘째, 생일이 9월 30일 이전

① (출생월 + 3)월 (출생일 + 7)일
② 앞에서와 같은 방법으로 계산하되 입태년은 출생년보다 1년 앞선다.

이렇게 입태일을 찾았다면 체질 찾는 법을 이용하여 입태체질을 계산할 수 있다.

• 구체적인 방법은 본문을 통해 확인해 볼 수 있다.

운기속견표

그렇다면 이제는 나의 출생체질과 입태체질이 무엇인지 알아보는 일이 남아 있다. 하지만 운기학은 그 내용이 난해하여 일반인들이 체질을 알아보는 데 어려움이 있다. 여기에서는 필자가 정리해 놓은 운기속견표를 이용하도록 하자. 핵심적인 내용을 살려 누구나 쉽고 간편하게 이용할 수 있도록 만들었으니 많은 도움이 될 것이다.

이를 통해 일상생활에서 간단하고 손쉽게 체질을 알아볼 수 있을 것이다. 물론 병원을 방문하여 상담을 한다면 컴퓨터의 도움을 받아 보다 정확하고 상세하게 판단할 수 있으며 부모의 체질과의 영향관계 등도 파악할 수 있다. 비록 간략하게 정리하긴 했지만, 운기속견표를 통하여 간단하게 주기와 객기를 알아보는 것만으로 그 사람의 체질적 특성의 70%를 추정할 수 있을 것이다.

다만 한 가지 주의할 점은 여러 가지 상황에 따라서 오차가 발생할 수 있으므로 너무 맹신하지 말고 접근하기 바라며, 정말로 현실적인 적용이 필요하면 전문가의 진단을 받도록 하는 신중함을 가지라고 권고한다.

나의 출생체질은?

일단 양력 생년월일을 알고 있으면 운기속견표를 통하여 체질을 알아낼 수 있다. 운기속견표의 첫 번째 칸과의 숫자는 생년을 의미한다. 예를 들어 맨 첫 번째 칸 맨 윗줄의 '12, 18' 은 1912

년 1918년을 의미하는 것이다. 먼저 출생년을 찾아보자. 좌측에서 두 번째 칸은 월과 일을 의미한다. 태어난 생월과 생일이 어느 구역에 속해 있는지 찾으면 된다. 그리고 그 구역의 우측에 있는 세 번째 칸에 있는 내용을 읽으면 된다. 첫 번째 단어는 객기이며 뒤의 단어는 주기를 나타낸다.

여기서 절대로 혼돈하지 말아야 할 점은 반드시 양력을 대입시켜야 한다는 것이다. 동양적인 학문은 대부분 음력을 통하여 연구되는데, 이 오운육기만은 태양력에 근거하여 만들어진 학문이다. 이 점을 반드시 명심해야 한다.

이제 몇 가지 예를 들어 보자. 만약 2006년 7월 28일에 태어나는 사람이 있다면 그의 출생체질은 어떻게 될까? 가장 먼저 첫 번째 칸 하단에 있는 06을 찾으면 될 것이다. 그리고 7월 23일 이후에 해당되므로 '궐음 태음'을 찾아 소리 내어 읽어보자. 이때 첫 번째 단어가 객기이며 두 번째 단어가 주기라는 사실을 명심하자.

그리고 다음과 같이, "위 사람은 출생 객기에 궐음기운이 있고, 출생 주기에 태음기운이 있다."고 말할 수 있다. 다시 말해 운기가 궐음객기와 태음주기가 작용하는 시기라는 뜻이다. 이것을 해석하면 궐음은 풍목이고 태음은 습토이나 후덥지근한 기후에 간혹 태풍이 몰아칠 것이며 소음 군화로 인하여 후덥지근하고 침침한 날씨가 지속될 것이라는 뜻으로 해석될 것이다. 이러한 기운을 받고 태어나는 아이이기 때문에 덜렁거리는 성격의 소유자가 될 수도 있다. 또 무언가 하고자 하는 일에 대해서 조바심을 가질 정도로 근면한 성품에 태음이 있어서 끈질기고 침착하며 생각이 깊은 아이가 될 수도 있다.

다시 한번 찾아보자. 다른 예로 1999년 9월 30일에 태어난 아이의 출생체질을 알아보자. 99년은 네 번째 칸 상단에서 찾을 수 있으며 9월 23일 이후에 해당되므로 '궐음 양명' 체질이다. 궐음은 출생객기이고 양명은 출생주기이다.

그러나 다음의 경우에는 조금 다르다. 만약 출생일이 1988년 5월 21일이라면 달리 생각해야 한다. 이렇게 경계선에 일치하는 경우에는 직접 책력을 찾아야 한다. 이들 날짜는 24절기 중 절후에 해당되는 날짜이므로 이에 대한 약간의 편차가 숨어 있다. 그래서 반드시 하루 정도 편차가 있을 것을 예상하고 책력이나 만세력을 찾아보아 편차를 감안하여 판단을 내려야 한다. 1988년 5월 21일은 마침 소만이다. 이런 경우 1988년 5월 21일 이후로 보아서 태양 소양으로 잡는다.

그리고 1988년 7월 22일 출생일의 경우도 마찬가지다. 이 표에서 보면 태양소양으로 잡으면 되는데 이렇게 되면 오차가 발생한다. 책력이나 만세력을 찾아보면 이 해에는 7월 22일에 대서가 들어온다. 그러니 '궐음 태음' 체질이 된다.

사실 자세하게 판별하려면 별도로 언급한 두 가지 경우에는 책력을 찾아 출생시를 맞춰보아야 한다. 이때 출생시가 절후가 들어오는 시간보다 앞서 있을 경우에는 바로 앞의 객기와 주기를 잡아야 한다. 하지만 간단하게 알아보려는 독자라면 위의 표를 사용해도 무방할 것이다.

나의 입태체질은?

입태 주기와 객기를 찾으려면 먼저 입태일을 계산해야 한다. 입태일은 출생일을 기준으로 실제 엄마의 뱃속에 있었던 266일을 거슬러 올라가면 된다. 이것이 실제 임신기간이기 때문이다. 그런데 266을 일방적으로 계산하기 어려우니 여기에 간편한 방법을 제시할까 한다.

생일이 10월에서 12월 사이에 있는 경우

1. 먼저 월(月)에서 9를 빼고 일(日)에서 7을 더한다.
2. 날짜가 31일이 넘는 경우, 다시 월(月)에 1을 더하고 날짜에서 30 혹은 31을 뺀다. (2월인 경우 28 혹은 29를 뺀 나머지 날을 입태일로 정한다.)
3. 이 경우 입태년과 출생년은 같다.

어렵다고 생각하지 말고 실례를 통해 살펴보자. 실제로 10월 30일 출생한 사람의 입태일을 찾아보자. 이 경우 월은 10월에서 9를 빼니 1월이 된다. 또 30에서 7을 더하면 37이니 31을 넘어간다. 즉, 1월 37일을 올바르게 환산해주어야 한다. 이때 1월이 큰 달이므로 31일까지 있으니 나머지 6일이 2월로 넘어가 입태일은 2월 6일이 된다. 이 경우 입태년은 출생년과 같음을 확인할 수 있다. 이제 2월 6일을 기준으로 출생체질 찾는 법과 같은 방법으로 운기속견표 읽으면 입태체질을 알 수 있다.

입태일 계산하기의 실제 1

31일이 넘는다. (월에 1을 더하고, 일에서 31을 뺀다.)

월	일
10월	30일
− 9	+7
1월	37일
+1	− 31
2월	6일

실제 임신기간인 266일을 거슬러 올라가 계산한 입태일

생일이 9월 30일 이전인 경우

1. 먼저 월(月)에서 3을 더하고 일(日)에서 7을 더한다.
2. 이때 날짜가 30일 혹은 31일 이상일 경우, 다시 월(月)에 1을 더하고 일(日)에서 30 혹은 31을 뺀다.
3. 이때 입태년은 출생년에서 1을 빼면 된다. (1년 전)

입태일 계산하기의 실제 2

3월	20일
+3	+7
6월	27일

이때 입태일은 전년도임을 명심하자.

역시 실례를 통해 알아보자. 여기에 3월 20일에 출생한 사람이 있다. 3월에 3을 더해서 입태월을 6월로 하면 된다. 입태일은 20에 7을 더해 27이 되니 입태일은 전년도 6월 27일이 된다. 그러니 이 시기의 객기와 주기를 찾아보면 된다.

이것만은 반드시!

마지막으로 다시 한번 알아보자.

1. 1994년 3월 7일 출생한 아이의 체질을 찾아보자.

① 출생 체질은 운기속견표를 통해 '소양, 궐음'임을 쉽게 알 수 있다.

② 입태일은 출생일이 9월 30일 이전에 해당하므로 두 번째 규칙을 적용한다.

3월	7일
+3	+7
6월	14일

└ 전년도이므로 입태일은 1993년 6월 14일이 된다.

계산결과 입태일이 93년 6월 14일이므로 입태 객기와 주기를 운기속견표에서 찾아보면 '양명, 소양'이다.

대체로 이러한 방법으로 찾아내면 오운육기 체질에 대한 분석은 아주 간략하게 끝날 수 있다. 물론 이것만으로 지수를 계산하는 것은 무리가 있다. 하지만 전문적인 교육 과정을 거쳐서 해석해야 할 일이므로 독자들의 양해를 구한다.

1955년 7월 23일 출생한 사람의 체질을 찾아보자.

이때에는 책력을 찾아보아야 한다. 그러면 이 해의 24일에 대서가 있음을 알 수 있다. 때문에 출생 객기와 주기가 '태음, 소양'임을 알 수 있다. 또한 위에서 설명한 방식으로 계산하면 입태일은 54년 10월 30일이며, 운기속견표를 통해 입태 객기와 주기가 '소양, 양명'임을 알 수 있다.

체질의 이해

우리는 지금까지 오운육기체질을 운기속견표를 통하여 쉽게 찾아낼 수 있는 방법을 배웠다. 그렇다면 이제는 이것을 어떻게 해석하는가에 대해서 고민해야 한다. 사실 출생의 객기와 주기, 입태의 객기와 주기를 찾아본 것은 네 개의 기운을 나열한 것에 불과하다. 어느 기운이 가장 크게 작용할 것이며 어느 기운이 가장 적은 영향을 미칠 지 알아야 제대로된 이해가 가능해지는 것이다.

필자의 경험으로 가장 강한 영향을 미치는 기운은 출생의 객기이다. 그 다음이 출생의 주기와 입태의 객기가 비슷하게 작용한다. 상황에 따라서 입태의 객기가 더 강하게 작용하는 경우가 있으나 분명한 것은 출생 객기보다는 약하다는 사실이다. 그리고 가장 약하게 작용하는 것이 입태의 주기이다. 그 경우의 수를 보면 다음과 같다.

출생체질과 입태체질의 경우의 수

A. 출생객기 = 출생주기 = 입태객기

극단적인 체질지수의 집중으로 인하여 모가 난 성격일 가능성이 많으며 개성이 뚜렷한 성격에 해당된다. 인성의 형성에서 2개 내지는 3개의 지수가 작용할 뿐이며 특정한 분야에서 전문적인 힘을 발휘하는 경향이 있다.

출생체질과 입태체질에서 같은 기운들이 모여 있는 유형

유형	출생		입태	
	객기	주기	객기	주기
A	○	○	○	
B	○	○		
C	○		○	○
D	○		○	
E	○			○
F				
G		○	○	

B. 출생객기 = 출생주기

이 경우 입태객기와 입태주기도 다른 기운으로 일치하므로 출생기운과 입태기운이 양립하고 있는 특성을 보인다.

C. 출생객기 = 입태객기 = 입태주기

이 경우 A보다는 약하나 B에 비해서는 강할 수도 있는 집중도를 보일 수 있으며 그만큼 모가 나고 개성이 강한 성격이 발휘된다.

D. 출생객기 = 입태객기

이 경우 B와 비슷한 정도의 기운을 가지고 있으나 B에 비하여 보다 다양하고 원만한 인성으로 발달할 가능성이 높다.

E. 출생객기 = 입태주기

이 경우 A형과 B형, C형, D형에 비하여 약한 기운이 작용할 것이며 보다 원만한 인성으로 발달할 수 있다.

F. 출생객기와 같은 기운이 없는 경우

이 경우 출생객기를 중심으로 다양하고 원만한 인성을 갖추고 있으며 거의 만능에 가까운 인성 구조를 가지는 체질로 나타날 것이나 개성이 부족한 단점도 있다.

G. 출생주기 = 입태객기

이 경우 출생주기, 입태객기의 기운이 출생객기를 압도해 혼돈스러운 인성으로 나타날 수 있으며 주된 성격이 달라서 잘못된 성격으로 오해할 가능성이 높은 체질에 해당된다.

CQ 3

여섯 가지 체질유형
: 그 심리와 인물들 이야기

여섯 가지 체질유형 :
그 심리와 인물 이야기

오운육기가 많이 알려지지 않은 이유는 그 해석법이 난해하기 때문이다. 학자마다 이론마다 해석 방법이 모호하기 때문에 시원스럽게 해석되지 않는다. 그러다보니 귀에 걸면 귀거리, 코에 걸면 코거리식으로 상황에 따라 해석이 다른 면이 발생하며 이것이 현실적으로 임상에 적용하기 어려운 것이다.

그러나 욕심을 버리고 심리적인 해석의 범주를 뛰어넘지 않겠다고 생각한다면 원만한 해석을 할 수 있으며 실제로 적중할 가능성이 높다. 심리적인 적중은 체질 심리를 판별할 수 있는 관문이며 이것만 해도 독자들은 이 책을 읽은 보람을 느낄 수 있을 것이다.

일단 운기속견표에서도 볼 수 있었던 것처럼 핵심이 되는 여섯 가지 유형에 대한 이해가 필요하다. 이것은 CQ를 이해하기에 앞서 반드시 기억할 필요가 있으며 그 여섯 가지 해석은 다음과 같다.

태양객기, 강력한 통솔력

태양, 이것이 무엇을 의미하는가? 하늘에 떠있는 태양을 의미하는 것인가? 아니면 사상의학에서 말하는 태양인과 관련된 개념인가? 아니면 음양론에서 말하는 태양인가? 이러한 난해한 질문 앞에서 벌써 책을 덮어버리는 독자도 있을 것이다.

일단 여기에서는 '태양은 그냥 태양일 뿐이다.' 라고 이해하고 넘어가자. 그러면 양 중에서 왕초에 해당되는 기운이란 뜻으로 쉽게 이해할 수 있을 것이다. 사실 개념을 분리하고 구분하는 일은 총체적이며 근본적인 이해를 어렵게 할 수 있다. 필자가 설명하고자 하는 것은 통합적인 개념으로 접근하려고 하는 것이다.

그렇다면 우리가 태양의 기운을 가장 가까이에서 접하려면 어디로 가야할까? 아마도 그곳은 가장 양기가 강한 곳이 될 것이다. 어쩌면 독자들은 이미 태양이 가장 잘 비치는 곳이 어디인지 상상하고 있는지도 모른다. 해변? 산꼭대기? 구름 위? 여기까지 나열해보면 공통점을 찾을 수 있을 것이다. 그곳은 태양과 가까운 곳, 내가 있는 곳에서 태양을 향해 점점 올라간 그 어디쯤 될 것이다. 그렇다면 그곳은 어떤 곳일까? 그곳에서 태양은 눈이 따가울 정도 눈부시게 빛날 것이다. 태양의 기운은 바로 이러한 기운이다. 그런데 태양의 기운이 공존하는 곳은 어떤 곳일까? 그곳은 지상에서 올라가면 올라갈수록 기온이 떨어지고 공기가 희박해지는 것처럼 매우 춥고 매말라있는 극한의 우주가 될 것이다.

그래서 운기에서는 태양의 기운을 찬물과 같다고 했다. 이것을 한마디로 태양한수(太陽寒水)라고 표현한다. 그런데 이곳에서 찬물은 어떻게 될까? 말할 것도 없이 꽁꽁 얼어붙게 될 것이다.

아마 독자들은 많이 의아해 할 것이다. 가장 양기가 강한 것이 가장 차가운 기운을 의미하는 것이니 무엇이 잘못된 것 아닐까? 차갑다는 것은 음의 기운인데 가장 양기가 강한 것이 음기를 머금고 있는 형국이다. 그래서 음양론을 두고 '순진한 눈으로 보아도 어렵고 현학적인 눈으로 보아도 어렵다.' 고 말하는 것이다. 그런데 독자는 이 대목에서 절대로 태양의 개념을 이해하려고 하지 말아야 한다. 단지 느낌으로 그러할 것이라고 생각하는 정도에 머무르면 된다. 그래야 헷갈리지 않는다. 나중에 실제 확인해 보고 만져보면 정말 그렇다는 것을 체험하게 될 것이다. 과거의 선입관념에 얽매이면 새로운 개념은 절대로 들어오지 않는다.

그렇다면 1년 중 태양의 기운이 가장 강할 때는 언제일까? 1년 중 가장 추운 시기를 지목하면 이때가 태양기운이 강한 시기일 것이다. 혹자는 '태양이 강하게 비치는 하지 전후의 시기가 아닐까?' 의문을 가질지 모르겠지만 그 반대이다. 가장 태양이 약하게 비치는 시기인 동지의 전후가 될 것이다. 사실 공기의 가치는 공기가 희박한 곳에서 극대화 된다.

태양이 강렬하게 비치는 하지에 태양의 기운은 그다지 중요한 가치를 가지고 있지 못하다. 단지 피해야 할 정도의 애물단지에 불과하지 않은가? 그런데 동지 전후는 너무 춥기 때문에 태양이 절실해지며 여기에 가장 큰 가치를 부여한다. 그러니 태양의 기운은 동지 전후에 절실하게 필요한 것이다.

그렇다면 동지 전후라는 말은 언제를 가르키는가? 24절기로 계산해보면 동지를 기점으로 앞으로 한 달은 소설이 있으며 뒤로 한 달은 대한이 있다. 그러니 소설에서 대한은 태양한수가 작용하는 달이다. 일 년 중에서 가장 추운 시기이다. 개울물은 그냥 얼어붙으며 산천초목이 눈에 덮이거나 꽁꽁 얼어붙는다.

이러한 시기가 되면 사람은 집안에 칩거하여 잠을 자든가 책을 읽든가 모여 앉아 놀면서 시간을 보낸다. 그리고 산에 가서 나무를 해다 쌓아 놓는 등의 소일거리를 한다. 그런데 한 가지 확실한 것은 일기에 따라서 사람들이 일사분란하게 움직이며 자연의 통제에 순응하려고 노력한다는 것이며 그것이 연장자와 실력자를 중심으로 이루어진다는 것이다. 즉, 실력자의 통제에 잘 따르는 시기이기도 하다. 이것은 역시 자연에 순응하는 인간의 모습이기 때문이다.

태양기운이 만연하는 시기

● 소설에서 대한
(양력 11월 23일경~1월 20일경)
통솔력이 있으나 시야가 넓어 집중력이 떨어지고 산만한 단점이 있다. 두뇌가 발달하며 관찰을 잘하고 자존심이 강한 장남격으로 위와 신장에 질환을 주의해야 한다.

태양의 해석

태양객기가 있는 사람을 보았다면 그에게 가장 먼저 무슨 말을 해야 할 것인가? 그 사람이 듣기에 기분 나쁜 이야기를 하지 않는 것이 좋을 것이다. 아마 남의 말을 듣지 않는 사람이라고 한다면 50%는 맞춘 것이다. 태양객기를 가진 사람은 통솔력이 강하기 때문에 자존심을 상하기 싫어한다. 그래서 자존심을 건드리는 표현은 절대로 선택하지 않는 것이 좋다. 그리고 확실한 표현을 하지 않아도 감각적으로 금방 알아차린다. 그래서 가장 좋은 표현은 통솔력이 있는 사람이라고 평가하는 것이다.

또 태양주기가 있는 사람은 독선적이고 자기주장이 강하다고 표현하면 된다. 객기가 무엇이냐에 따라서 다르겠지만 일단 이러한 표현을 통하여 많은 부분이 바뀔 수 있다. 이러한 공식으로 접근한다면 그 적중률은 대체로 70점 이상이 된다.

태양객기에 대한 간단한 해석

객기	주기	
태양	태양	통솔력이 있으며 시야가 넓어 집중력이 떨어진다. (앤드류 카네기)
	소양	통솔력이 있으며 감각적 판단이 매우 빨라 친화력이 강하고 유머감각이 있다. (조지 부시, 실버스타 스텔론, 펄 벅)
	양명	통솔력이 있으며 옳고 그름에 대한 가치판단이 명확하다. (조디 포스터)
	태음	통솔력이 있으며 합리적인 사고방식이 작용하여 카리스마가 강하다.
	소음	통솔력이 있으며 세심한 관찰력을 겸비하고 있다. (토니 블레어)
	궐음	통솔력이 있으며 하고자 하는 일에 대한 실천력이 강하다. (고이즈미 준이치로)

인물이야기

태양기운은 통솔력이 강하다. 태양은 객기와 주기가 함께 있다면 통솔력이 강한 체질을 갖추고 있다고 할 수 있다. 즉 자신을 통솔하고 주변을 통솔하고 집단을 통솔하는 식으로 자신의 능력을 확대시킬 수 있는 사람이라고 보면 된다. 만일 사교나 지혜 지수의 도움을 받을 수 있다면 금상첨화일 것이다.

또한 태양이 출생주기나 입태객기에 들어 있을 경우 자신의 주관이 강하고 타인의 지배를 거부하는 심리적 특성이 있다. 만약 태음이 출생객기로 자리한다면 이것은 당연히 통솔력이 작용하게 된다. 그리고 태양이 출생주기, 태음이 입태객기에 있다면 이 또한 통솔력이 작용할 가능성이 높아진다. 이 경우 출생객기로 소양이나 궐음이 자리하고 있다면 통솔력이 작용할 가능성이 매우 높다.

이제 실전에 들어가 보자

통솔의 대명사는 역시 대통령의 통치력이다. 이것을 바탕으로 지수가 어떻게 작용하는지 확인해보자. 여기서 독자들에게 주의할 점을 한 가지 말하고자 한다. 체질지수를 알면 미래에 어떠한 방향으로 자신의 직업이나 운명을 개척할 경우 경쟁력이 있다는 뜻이지 반드시 그렇다는 것은 아니다. 또한 일방적인 적용으로 상대방의 직업을 맞출 수 있다는 생각도 버려야 한다. 체질지수를 알았다는 것은 가능성이며 심리적 특성인 것이다. 그러니 자신의 운명을 개척하고 미래를 열어가는 것은 자신의 의지에 달려있는 것이다.

마찬가지로 필자가 인용하고자 하는 사람들 또한 치열하게 자신의 운명을 개척한 사람들이다. 그리고 그 결과가 태어난 체질특성과 다른 방향으로 개척되어 있을 수도 있으며 그것은 또한 그럴만한 이유가 있는 것이다. 이를 통하여 왜 체질지수가 가치를 발휘하는지 느껴볼 필요가 있다.

또한 필자는 정확한 데이터 수집을 위해 양력생일을 사용하고 있는 서양의 유명인사들을 중심으로 사례연구를 시도했으며, 남반구 출생인보다는 북반구의 출생인을 선택하였는데 이것은 남반구의 경우 CQ 지수가 반대로 작용할 가능성이 있기 때문이다. 이점을 이해하고 읽어보기 바란다.

아들 부시, 토니 블레어, 고이즈미의 우정

아들 부시의 통솔력

현 대통령인 부시는 아버지 부시의 대통령 선거시절 선거캠프에서부터 영향력을 발휘하였다. 아버지 부시는 분명 태양이 작용하지 않았다. 이러한 겸손이 많은 공화당 정치인들의 지지를 이끌어냈을 것이다. 그리고 아들 부시는 이것에 무임승차한 면이 없지 않다. 아버지의 정치적 후광이 없었다면 그가 대통령에 당선될 수 있었을까? 사실 부시는 아주 어렵게 대통령에 당선되었다. 전체 득표수는 민주당 대표보다 적었으나 선거인단을 더 많이 확보했기 때문에 당선이 된 것이어서 매우 시끄러웠다.

조지 워커 부시
1946년 7월 6일

출생 체질		입태 체질	
주기	객기	주기	객기
소양	태양	양명	궐음

통솔	사교	신념	추리	논리	지혜
79	58	26	14	31	58

부시의 당선은 높은 태양기운에 의한 통솔력에서 그 힘을 발휘했다.

토니 블레어의 체질적 조화

엄밀한 의미에서 토니 블레어 영국 총리가 의외라고 할 수 있다. 그러나 그는 다양한 지수가 작용할 수 있는 체질구조를 가지고 있었다. 태양객기에 소음주기 그리고 입태는 궐음객기 태음주기로 포진되어 있다. 그러니 태양객기의 독선적인 폐단을 소음의 추리로

토니 블레어
1953년 5월 6일

출생 체질		입태 체질	
주기	객기	주기	객기
소음	태양	태음	궐음

통솔	사교	신념	추리	논리	지혜
58	31	19	33	44	51

토니블레어는 태양객기가 강해 독선적인 폐단을 가질 수 있으나 소음의 꼼꼼함과 궐음의 지혜, 그리고 태음의 합리적 배려의 조화로 인해 부정적 이미지를 희석시킬 수 있었다.

인한 꼼꼼하고 세심한 마음 씀씀이와 궐음이 만드는 지혜로운 전략 그리고 태음이 만드는 논리적이고 합리적인 배려가 태양객기가 작용하는 부정적인 이미지를 많이 희석시켜 주었을 것이라 생각한다.

고이즈미의 독선

그러나 고이즈미 준이치로 일본 총리는 조금 문제가 있다. 통솔지수가 부시나 토니 블레어 보다는 강하다. 이것은 자기주장이 강하다는 뜻이다. 그래서 중국이나 한국의 비위를 잘 건드리는 사교적이지 못한 총리이다. 특히 때만 되면 신사참배를 한다고 하고 때만 되면 중국이나 한국과 영토분쟁을 하려고 한다. 외교적으로 큰 손해를 보면서까지 자기주장을 굽히지 않는 우익 진영의 보스라고 할 만하다. 그래도 우익진영의 손을 들어주는 정치적 선택을 통하여 무사히 임기를 마치고 다음 총리에게 넘겼으니, 부시로서는 마음이 착잡할 것이다.

고이즈미 준이치로
1942년 1월 28일

출생 체질		입태 체질	
주기	객기	주기	객기
궐음	태양	소음	태양

통솔	사교	신념	추리	논리	지혜
94	50	15	19	41	70

고이즈미의 독선은 강한 태양기운의 영향을 받고 있다.

부시, 블레어, 고이즈미의 우정?

부시와 블레어, 고이즈미는 모두 통솔지수와 지혜지수가 작용하기 때문에 국가를 통치하고 전략을 수립하는 데 같은 생각을 하고 있으며 조화를 이룰 수 있다. 그리고 부시는 사교지수가 작용하고 블레어는 추리지수가 작용하므로 부시가 블레어를 적극적으로 챙겨줄 것이며 블레어는 여기서 이익을 챙길 것이다. 아마 부시와 블레어는 대통령과 총리직을 통하여 부수적으로 우정이라는 이익을 챙기고 있을 것이다. 반면 고이즈미는 부시보다 더 튀는 사람이기 때문에 아무래도 부시의 입장에서는 조금 부담스러운 존재일 것이다. 그래도 부시는 고이즈미의 비위를 잘 맞추는 것 같으며 고이즈

부시와 토니 블레어, 고이즈미의 외교관계

셋은 공통적으로 통솔지수와 지혜지수가 높아서 국가를 통치하고 전략을 수립하는 데 같은 생각을 하고 있다. 단 미세한 차이가 있다면 부시에게는 사교지수가 작용해 추리지수가 높은 블레어를 챙길 것이다. 하지만 고이즈미는 부시보다 더 튀는 기운을 가지고 있기 때문에 부시가 부담스러워하는 경향이 보일 수 있다.

미는 부시가 코너에 몰릴 때마다 결정적인 도움을 주었다.

카네기의 기업통솔

앤드류 카네기
1835년 11월 25일

출생 체질		입태 체질	
주기	객기	주기	객기
태양	태양	궐음	궐음

통솔	사교	신념	추리	논리	지혜
115	59	13	13	50	89

카네기는 강한 태양기운과 궐음이 작용해 감각과 통찰력이 뛰어나고 순간적인 판단 능력이 뛰어나며 기술적인 접근이 빠르고 기획한 바를 강하게 실천하는 성향이 발현된다.

태양객기가 작용하는 기업가로 강철왕 카네기가 있다. 태양객기와 태양주기, 입태는 궐음객기와 궐음주기의 기운을 타고 났다. 이러한 체질은 감각과 통찰력이 뛰어나고 순간적인 판단 능력이 뛰어나며 기술적인 접근이 빠르고 기획과 기술적인 접목을 통한 전략적인 지혜가 뛰어난 체질 심리를 가지고 있다. 이것을 끊임없이 삶에 적용하는 부지런하고 근면한 사람이다.

카네기는 미국의 실업가이지만 1835년 11월 25일 스코틀랜드의 덤퍼림에서 태어났다. 13세 때 가족이 모두 미국으로 이주한 뒤 아버지와 함께 방직공장에 취직하였다. 그 뒤 전보배달부, 전신기사 등 여러 직업에 종사하였다. 이러한 전력은 카네기로 하여금 다양한 기술을 성취하는 기회를 주었으며 입태 궐음객기와 주기에 의해서 유도된 삶이니 매우 유능한 기능공으로 성장하였을 것이라 짐작된다.

궐음에서 유도된 기술적 성취

그는 1856년 21세 때 펜실베이니아 철도 회사에 입사하여 간부가 되었으며, 24세 때는 피츠버그 관리책임자가 되었다. 항상 새로운 것을 생각해 내는 카네기는 자신이 직접 침대차를 설계, 제작 운행하여 단번에 인기를 얻었다. 그래서 카네기는 펜실베이니아 철도 회사에서 매우 중요한 인물로 평가되었다. 이러한 활동을 하게 된 것도 역시 그의 궐음 기운에 의해서 가능한 것이었다. 특히 실천을 통하여 자신의 주장을 관철시킬 정도의 능력으로 보아 통솔지수가 함께 작용하였음을 알 수 있다.

1864년 피츠버그레일 회사를 세워 튼튼한 레일을 생산하자 밤을 새워도 모자랄 만큼 주문이 밀려들었다. 그 무렵 미네소타 주에서 새로운 철광을 발견해냈다는 소식을 듣고 제강회사를 설립하였다. 카네기의 성실성과 뛰어난 수완으로 제강업은 날로 발전해갔다. 이러한 능력은 과거 기술적인 성취를 통하여 훈련된 지혜지수에서 비롯된 것이며, 이후 회사를 이끄는 강한 에너지는 통솔지수에서 나온 것이라 할 수 있다.

실버스타 스텔론과 조디 포스터

태양객기를 가진 배우들은 어떨까? 통찰력과 직관력이 강한 배우, 카리스마가 있는 배우, 순간적인 판단과 순발력이 뛰어난 배우 등을 연상할 수 있을 것이다.

실버스타 스텔론의 카리스마 1)

실버스타 스텔론은 1946년 7월 6일 태어났다. 그의 체질은 태양객기에 소양주기 그리고 입태는 궐음객기에 양명주기이다. 이 구조로 보아서는 카리스마가 대단하다고는 할 수 없다.

실버스타 스텔론은 어릴 때부터 영화배우가 되는 것이 간절한 꿈이었다. 그러나 무능력하고 난폭하여 허구한 날 싸움질을 일삼았다. 그런데다 부모는 꿈을 이루도록 도와줄 수 있는 경제력이 없었으며 정신도 바르지 못했다. 거기에 실버스타 스텔론의 얼굴은 미남이 아니었기에 어느 누구도 배우가 될 거라고 생각하지 못했다.

그러나 실버스타 스텔론은 자신의 꿈을 포기하지 않았으며 학교에

실버스타 스텔론
1946년 7월 6일

출생 체질		입태 체질	
주기	객기	주기	객기
소양	태양	양명	궐음

통솔	사교	신념	추리	논리	지혜
79	58	26	14	31	58

실버스타 스텔론은 태양기운 때문에 자신의 주장을 굽히지 않으면서 자존심 있는 태도를 견지하고 양명의 강한 집념, 소양의 사교성, 궐음의 지혜와 실천력이 서로 조화되어 강한 카리스마를 발현하게 된다.

들어가서는 틈만 나면 시나리오를 쓰기 시작했다. 그에게는 그 시나리오만이 유일한 위안거리였다. 실버스타 스텔론은 출생에 소양주기가 있어서 사교지수가 작용할 수 있다. 그런데 이것이 발동되지 않은 것은 아마도 그의 꿈에 대한 열망이 컸기 때문이었을 것이다.

그렇게 고등학교 시절은 끝났다. 일단 여기까지의 행적을 살펴보건대 입태의 궐음객기와 양명주기가 작용한 것으로 보인다. 출생의 태양객기와 소양주기는 이러한 성격을 나타내지 못한다. 보다 사교적이고 부드러우나 냉철하고 카리스마적인데 그의 태도는 그렇지 못하다. 주어진 환경이 워낙 열악했기 때문에, 자신의 주장대로 살 수 없었기 때문일 것이다. 또 학습을 주로 하는 시기이기 때문에 아무래도 입태의 기운이 많이 작용했다고 본다. 궐음객기가 작용하여 계획을 하고 희망을 성취하기 위하여 최선을 다하는 모습, 그리고 오랫동안 집중할 수 있는 집념은 양명주기의 작용으로 해석된다.

그러나 고등학교를 졸업한 그에게 성인이 되었다는 기쁨에 앞서 당장 그 앞에 닥친 것은 먹고 사는 일이었다. 그는 막노동을 할 수밖에 없었다. 막노동을 하며 근근이 하루하루 버티는 그에게 영화배우의 꿈은 이루어질 수 없는 듯이 보였다. 하지만 실버스타 스텔론은 포기할 수 없었다. 이렇게 포기하지 않는 정신은 역시 입태의 양명주기 때문일 것이다. 양명주기가 이렇게 강하게 작용할 리는 없는데 아마도 이루지 못한 꿈에 대한 신념으로 상승작용을 했다고 보아야 한다.

기회가 닿는 대로 포르노 영화에도 출연하고 엑스트라로도 출연하면서 언젠가 정식으로 영화계에 진출할 생각을 버리지 않고 있었다. 이 대목 역시 입태의 궐음객기의 힘에서 비롯된 실천이며 기획이었다. 실베스터 스텔론은 자기 자신을 스스로 기획하고 관리하고 있었던 것이다. 그러던 어느 날 어떤 영화사에서 엑스트라를 모집한다는 말을 듣고 영화사를 찾아갔더니 카운터에 앉아 있던 아가씨가 물었다.

"무슨 일로 찾아 오셨죠?"

태양객기가 유도하는 자존심

그 말을 듣는 순간 실버스타 스텔론은 갑자기 부끄러워져서 엑스트라로 출연하기 위해서라고 말할 용기가 나지 않았다. 그래서 소형영화 시나리오 작가인데 시나리오를 모집하지 않느냐고 물어보았다. 이 대목부터 출생 태양객기가 작용하고 있는 것이다. 그래도 자존심이 있었던 것이다.

그러자 아가씨는 빙긋이 웃으며 고개를 가로저었다.

몹시 실망한 그가 문을 열고 나가려 할 때 아가씨가 그를 다급하게 불렀다.

"잠깐만요. 방금 소형영화 시나리오를 찾는 분이 오셨는데 한번 만나 보실래요?"

실버스타 스텔론은 뛸 듯이 기뻤다. 그 신사는 원고를 다 읽더니 2000달러에 팔라는 제안을 했다. 실버스타 스텔론은 당장 끼니 걱정을 할 처지여서 그 돈에 욕심이 났지만 몹시 망설였다. 잠시 생각한 실버스타 스텔론은 결심한 듯이 그 신사에게 자신의 조건을 말했다.

"좋습니다. 하지만 저를 주인공으로 써 주시면 기꺼이 수락하겠습니다."

이것은 분명히 태양객기의 영향이다. 그래도 그냥 가기는 아깝지 않은가? 아무나 할 수 있는 선택이 아닌 것이다.

그러자 그 신사는 코웃음을 치면서 원고를 돌려주었다. 기라성 같은 주연 배우가 많고 많은데 이름도 없는 사람을 주인공으로 발탁할 제작자가 이 세상 천지에 어디 있겠느냐는 표정이었다.

절망에 휩싸인 며칠이 지나갔다.

그러던 어느 날 그 신사로부터 전화가 왔다. 영화를 제작해 보자는 제안이었다. 물론 실버스타 스텔론을 주인공으로 캐스팅하겠다는 조건도 함께 수락한 것이다. 실버스타 스텔론은 너무나 기뻐 숨이 막힐 지경이었다. 오랜 꿈이 이루어지는 순간이었다. 마침내 영화가 촬영되고 실버스타 스텔론은 혼신의 힘을 다했다. 누구보다도 시나리오의 내용을 잘 알고 있었기 때문에 마치 자신의 일처럼 연기할 수 있었다. 그 영화는 가장 저렴한 제작비로 엄청난 관객을 불러 모았다. 그리고 그 해 아카데미상을 휩쓸었다. 그 영화가 바로 〈록키〉였다.

이 대목에서 비로소 실버스타 스텔론의 출생객기가 빛을 발했다. 그는 역시 카리스마가 넘치는 배우였던 것이다. 왜냐하면 자신의 주장을 굽히지 않았으며 자존심 있는 태도를 견지했기 때문이다. 스스로 창피함을 느꼈다면 이것부터 입태 궐음객기의 작용이 아니다. 태양객기는 바로 이렇게 승부를 거는 기운이며, 먼저 유리한 고지를 선점하는 것이다. 그리고 굴복을 싫어하는 사람이기도 하다. 그는 한 번의 승부에서 시나리오 작가와 주인공을 한꺼번에 꿰찬 배우가 된 것이다.

조디 포스터의 카리스마 2)

조디 포스터는 1962년 11월 19일 출생했다. 그녀의 체질은 태양객기 양명주기 그리고 입태는 소음객기에 궐음주기를 타고났다.

그녀의 마스크는 전형적인 1970년대 가정주부의 모습이다. 하지만 그녀는 매우 색다른 모습으로 스크린에 알려지기 시작하였다. 1976년 14세에 마틴 스콜세지의 '택시드라이버'에서 어린 창녀역을 맡아 호연을 보여준 것이다. 이 영화로 그녀는 아카데미 여우조연상에 노미네이트되었으며 어린 나이에 스타덤에 오르게 되었다. 명문 예일대 우등으로 졸업하며 재원의 모습을 보여준다.

태양기가 유도한 넓은 시야

여기서 조디 포스터의 태양객기의 유도가 돋보인다. 태양객기를 가진 사람은 시야가 넓기 때문에 멀리 보며 자신의 인생을 통솔해 나가는 선택을 좋아한다. 그리고 양명주기가 있으니 도덕적으로도 그것이 옳다고 본 것이다. 또한 동적인 태양객기를 견제하는 입태의 소음객기와 궐음주기는 예일대를 우등으로 졸업하는 모습으로 유도하였으며 이러한 선택이 그녀를 지적인 캐릭터로 이끌었을 것이다.

1988년 '피고인'에서는 집단성폭행을 당한 여성의 모습을 리얼하게 연기하여 아카데미 여우주연상을 받고, 1991년 '양들의 침묵'에서 살인광 교수인 '앤터니 홉킨스'로부터 사건의 실마리를 하나씩 풀어나가는 FBI요원 역으로 또 다시 아카데미 여우주연상을 수상한다.

조디 포스터
1962년 11월 19일

출생 체질		입태 체질	
주기	객기	주기	객기
양명	태양	궐음	소음

통솔	사교	신념	추리	논리	지혜
65	42	35	35	33	42

조디 포스터는 태양객기 때문에 강한 통솔력을 보이며 양명주기가 있어 도덕적으로 그것이 옳다고 보는 것에 실천력이 강하다. 또한 동적인 태양객기에 세심한 소음과 실천력이 강한 궐음이 영향을 미침으로서 지적인 성향이 발현된다.

태양과 양명이 유도한 신념어린 통솔

이러한 전력을 보면서 태양객기가 발동하는 힘을 짐작하게 한다. 대체로 조디 포스터는 10대 후반에서 30대 초반에 이르는 전성기에 명문대에 진학하고 졸업하면서도 자신의 인생을 적절하게 통솔하는 힘을 발휘했다.

사실, 영화로서 처음 비평가들의 입에 오르내리게 된 작품은 마틴 스콜세지의 1974년 작 〈앨리스는 더 이상 이곳에 살지 않는다.〉이다. 이 영화에서 그녀가 맡은 역은 '아이비'라는 이름의 열두 살 아이로 회색빛 도시의 그늘 속에서 아무런 희망 없이 찌들고 퇴색되어 동심을 잃어가는 어린 창녀를 연기하게 된다. 한 인터뷰에서 그녀는 "그 영화는 완전히 내 인생을 바꾸어놨습니다. 연기라는 것이 자신이 또 다른 삶을 리얼하게 경험하고 관객에게 보여주는 작업이라는 것을 깨닫게 되었습니다."라고 술회하기도 했다. 그녀의 연기는 센세이션을 불러 일으켰고, 어린 나이에 오스카 여우조연상 후보에 오르게 된다. 이 대목에서도 주연이 아니면서 비평가의 눈에 띌 정도의 카리스마를 보인 것은 그녀의 태양객기의 힘이 아닌가 생각한다.

또한 그녀는 금세기 가장 지성적인 여배우로 칭송받고 있다. 그 이유는 다른 여배우들과 달리 스캔들과 섹스어필 관계로는 전혀 언론에 언급되지 않았기 때문이다. 그러면서도 그녀는 탁월한 연기력을 가진 배우로서 제작자로서 대중에게 인정받고 있다. 그녀는 수많은 스캔들의 유혹에서 자신을 통솔하는 신념을 가진 배우이다. 이것은 태양객기와 양명주기를 가졌기 때문일 것이다.

펄 벅의 통솔력 3)

그녀는 1892년 6월 26일 출생하였다. 그녀의 체질은 태양객기 소양주기 그리고 입태에 궐음객기 양명주기를 타고났다. 그녀는 태어난 지 수개월 만에 장로회 선교사인 부모를 따라 중국으로 건너가 어린 시절을 보냈다. 아버지는 전도 사업에만 열중했기 때문에 집안일은 어머니가 도맡았다. 펄 벅은 1910년 대학을 다니기 위해 미국으로 갔다가, 1914년 랜돌프 매콘 여자대학을 졸업하고 다시 중국으로 돌아갔다. 1917년 중국농업연구의 세계적 권위자 존 로싱 벅 박사와 결혼을 하였다. 그들 사이에는 두 딸이 있었는데, 큰 딸은 극도의 정신박약아였다. 자서전에서 펄 벅은 큰 딸이 자신을 작가로 만든 가장 큰 동기라고 밝혔다.

극단적 상황에서 발동하는 입태기운

이 대목을 통해 펄 벅은 태양객기와 소양주기의 영향으로 현실과 많은 충돌이 있었음을 추측할 수 있다. 태양객기와 소양주기는 높은 통찰력과 직관, 그리고 자존심 그리고 주변 기운에 대한 친화성을 가지고 있다. 여기에 정신박약아인 딸은 충분한 동기부여가 되었을 것이다. 입태의 궐음기운은 태양의 기운을 도와 자신의 인생에 대한 통찰과 이것을 글로 적지 않으면 안 되는 실천력으로 유도했으며 이것이 그녀로 하여금 작가로 태어나게 할 수 있었던 것이다.

국공내전의 와중에서 1927년 국민당 정부군의 난징(南京) 공격 때 온 가족이 몰살당할 뻔했던 위기를 체험하여 피치 못할 균열을 자각한 일도 그녀로 하여금 창작활동을 시작하게 한 동기였다. 그녀는 미국인이지만 제2의 조국 중국에 대한 애정으로 평생을 두고 이 균열을 메워보려고 노력했다. 이 대목에서 펄 벅의 작품이 왜 그토록 중국의 사회적인 문제에 깊이 몰두하고 있었으며 그것을 고발했는지 이해가 간다. 그녀의 도덕적 가치관과 소재들은 펄 벅이 중국과 친화하고 싶어 했으며 이것을 통째로 통솔하고 싶은 희망의 발로였을 것이다.

작품 활동을 시작한 후 1930년 중국에서 동·서양 문명의 갈등

펄 벅
1892년 6월 26일

출생 체질		입태 체질	
객기	주기	객기	주기
태양	소양	궐음	양명

통솔	사교	신념	추리	논리	지혜
79	58	26	14	31	58

펄 벅의 높은 태양객기는 통찰력과 직관 그리고 자존심이 강한 성향으로 드러난다. 그리고 소양기운 때문에 주변에 대한 친화성이 강하고 궐음과 양명에 의한 도덕적 실천력으로 제2차 세계 대전 후에 평화를 위한 집필을 계속하게 된다.

을 다룬 장편 처녀작 〈동풍 서풍〉을 출판하였는데, 출판사의 예상을 뒤엎고 1년이 채 안 되어 3판을 거듭하였다. 이어 빈농으로부터 입신하여 대지주가 되는 왕룽(王龍)을 중심으로 그 처와 아들들 일가의 역사를 그린 장편 〈대지〉(1931년)를 출판하여 작가로서의 명성을 남겼다. 1938년에는 미국의 여류작가로서는 처음으로 노벨 문학상이 〈대지〉 3부작에 수여되었다.

궐음과 양명이 유도한 도덕적 바람

제2차 세계 대전 후에도 평화를 위한 집필을 계속하였는데, 질적으로 보면 그녀의 관심은 사회활동 쪽으로 쏠려 있었다. 펄 벅 재단을 설립하여 전쟁 중 미군으로 인해 아시아 여러 국가에서 태어난 사생아 입양사업을 벌이기도 했다. 한국 관련 소설도 집필하였는데, 한국 전쟁 후에 한국의 수난사를 그린 〈갈대는 바람에 시달려도〉(1963년)와 한국의 혼혈아를 소재로 한 소설 〈새해〉(1968년)를 쓰기도 했다. 그 밖의 작품으로는 무명의 어머니를 통해서 영원한 모성 상을 그린 〈아버지의 전기인〉, 〈어머니의 전기인〉 등이 있다.

펄 벅은 인간이 작게는 자신의 몸과 가정을 그리고 주변의 친지와 이웃을 그리고 나아가서 그것이 속한 사회를 통솔하고 싶어 하는 태양객기의 에너지를 타고난 예라고 할 수 있다. 그리고 그는 소설에서 열망하고 문제로 지적했던 것들을 실제로 실천했다. 사실 태양이 유도하는 통솔지수는 자신을 온전히 통솔하는 방향으로 유도하는 것이다. 사교 · 지혜 · 신념지수도 이것을 돕고 있는 것이다.

소양객기,
높은 사교력의 발현

사상의학에서는 태양과 소양을 '양'의 성격을 지닌 것으로 구분하고 있다. 또 소양은 양중에 음이 있다는 뜻인데 구체적으로 무엇을 말하는 것인가? 필자는 이러한 문제를 풀기 위해서 수십 년을 고민했다. 개념도 잘 모르면서 환자를 속일 수 없지 않은가?

필자는 소양을 알기 위해서 다양한 시도를 해 보았다. 그리고 그 기운을 느껴 보려고 노력했다. 그러다 필자는 소양은 태양에서 나오는 빛과 같은 존재라는 결론에 도달했다. 사실 하늘에 태양이 떴다는 것은 그다지 큰 의미를 가지고 있지 않는다. 그런데 태양을 차단하지 않은 하늘과 태양을 차단한 하늘을 보건대 태양을 차단하지 않은 하늘의 기운이 바로 소양의 기운이다.

필자가 이렇게 설명하면 많은 사람들이 반론을 제기했다. 소양은 인체에서 삼초의 기운이나 담의 기운을 내포하고 있으며 상화라는 의미를 내포하고 있는데, 이것을 어떻게 설명하며 양적인 기운들 중 불이라는 개념은 무엇을 의미하는지 같은 이치로 설명해 보라는 것이다.

그런데 한의학을 하면서 필자가 항상 생각하는 것은 복잡하거나

여섯 가지 체질유형

1. 태양객기
2. **소양객기**
3. 양명객기
4. 소음객기
5. 태음객기
6. 궐음객기

많은 것을 엮어내려다 보면 항상 옳지 못한 결론에 이른다는 것이었다. 머리로 느끼는 것 보다는 몸으로 느끼는 것이 진실에 가깝다는 사실이다. 소양은 그냥 밝은 기운을 의미한다. 그렇다면 밝은 의미를 가지는 곳은 어디일까? 그곳은 빛이 잘 비치는 곳이다.

그렇다면 일 년 중 빛이 가장 잘 비치는 시기는 언제일까? 그것은 당연히 해가 가장 높이 뜨는 시기인 하지라고 할 수 있다. 하지 전후가 되면 햇빛이 가장 강렬하게 비칠 수 있으며 가장 긴 시간 비춰주는 시기이다. 그렇다면 이 시기가 양중에 음이 있는 시기라고 생각할 수 있는가? 그렇다. 사실 빛이 강하게 비치면 비칠수록 그림자는 더욱 선명해 지는 법이다. 그러니 양중에 음이 있다고 할 수 있는 것이다.

그런데 물리학적으로 빛이란 파동이다. 즉 파동을 가지고 있는 존재는 모두 소양에 해당된다고 할 수 있다. 빛, 전기, 음파 등은 바로 소양에 해당하며 또한 에너지를 가지고 있다. 이것이 바로 소양의 의미이다.

때문에 소양의 기운이 가장 강해진 시기를 하지라 할 수 있다. 그리고 하지 전 30일과 하지 후 30일이 소양의 기운이 기승을 부리는 시기이다. 이 시기는 상화의 기운이며 햇볕이 강하게 내리쬐면서 뜨거운 기운이 대지를 비치는 시기이다. 그러니 더운 기운이 기승을 부리는 시기이다.

하지 전 30일 이면 소만이 있고 하지 후 30일이면 대서가 있다. 그러니 소만에서 대서 사이가 소양기운이 충만한 시기이며 소양기운이 지배하는 시기인 것이다. 정리하면 태양이 지배하는 시기는 동지를 중심으로 소설과 대한 사이의 시기이고 소양이 지배하는 시기는 하지를 중심으로 소만과 대서 사이의 시기이다.

소양기운이 만연하는 시기

● 소만에서 대서
(양력 5월 21일 경 ~ 7월 23일 경)
사교적이며 말을 잘하고 표현력이 있으며 외향적인 성격이다. 남을 위해 봉사하는 선비기질이 강하고 정직하지만 감정의 기복이 심하여 성급한 면도 있다. 이 기운의 영향을 받은 사람은 간, 위, 심장, 방광 질환에 주의해야 한다.

이 시기에는 사람들이 뜨거운 햇살을 받으며 보리를 수확하고 봄 감자를 수확한다. 그리고 뜨겁고 무더운 날씨에 울화가 치미는 일들을 많이 체험한다. 이 시기에는 자연 재해가 많이 발생하며 농사일이 바빠서 서로 일을 도와야 하기 때문에 사람들이 서로 사교적이어야 한다. 누군가 눈 밖에 나면 돕고 싶은 마음이 일어나지 않아 그 사람은 골탕을 먹고, 잘 재배해 놓은 농산물을 수확하지 못하고 장마에 떠내려 보내는 경우도 있다. 그러니 서로에게 인심을 잃지 않도록 조심하고 삼가며 성심 성의껏 돕는 시절이다. 놀 때도 같이 놀고 단체로 천렵을 가서 우의를 돈독히 하는 시기이기도 하다.

소양의 해석

소양객기가 있는 사람에게 너무 까부는 성격이라고 한다면 기분 나빠하며 반발할 가능성이 높다. 그렇다고 표현력이 좋고 외향적이라고 한다면 이것도 범위가 너무 넓다. 다른 체질도 그렇다고 이야기 할 수 있기 때문이다. 그래서 선택할 수 있는 표현이 있으니 당신은 매우 사교적인 사람이라고 말하는 것이다. 다른 사람에게 인기가 있다고 하는데 기분 나쁘게 반응할 사람은 없을 것이다.

물론 이러한 사람은 단점을 이야기해도 받아들일 가능성이 높다. 왜냐하면 소양객기를 가진 사람은 그런대로 긍정적인 심리를 가지고 있어서 사교적인 반응을 잘하는 사람이기 때문이다. 또 내심 긍정할 수 있는 단어가 선택되면 더욱 호감을 가질 것이다. 소양객기를 가진 사람은 매우 친화성이 높은 사람이기 때문이다.

소양주기가 있는 사람은 가볍고 유머감각이 뛰어나며 기분파라고 이야기를 한다면 일단 받아들일 가능성이 높다.

소양객기에 대한 간단한 해석

객기	주기	
소양	태양	사교적이며 자기 표현력이 강하고 통찰력이 있다. (우디 알렌)
	소양	사교적이며 말을 잘하고 표현력이 있으며 뒤끝이 없는 외향적인 성격. (마릴린 먼로)
	양명	사교적이며 가치판단에 의거하여 옳고 그름을 명확하게 한다. (호리에 다카후미)
	태음	사교적이며 자기 표현력이 강하고 합리적이다. (더스틴 호프만)
	소음	사교적이며 자기 표현력이 있고 꼼꼼한 관찰력을 겸비했다. (프란시스 포드 코폴라)
	궐음	사교적이며 자기 표현력이 강하고 하고자 하는 일에 대한 실천력이 강하다. (더글라스 맥아더, 하인스 워드)

인물이야기

사교와 지혜의 충돌, 맥아더 4)

더글라스 맥아더
1980년 1월 26일

출생 체질		입태 체질	
객기	주기	객기	주기
소양	궐음	소양	소음

통솔	사교	신념	추리	논리	지혜
63	107	58	26	30	58

맥아더는 소양객기로 매우 사교적으로 말을 잘하며 소신이 있고 유머감각이 있었다. 또 궐음기운으로 치밀한 계획과 정보 수집능력이 뛰어났다.

한국전쟁으로 인연이 깊은 맥아더 장군은 1880년 1월 26일 출생이다. 그러므로 그의 체질은 소양객기와 궐음주기 그리고 입태는 소양객기와 소음주기를 타고났다. 이것만 보더라도 매우 사교적으로 말을 잘하며 소신이 있고, 유머감각이 있었을 것이다. 또 궐음주기로 말미암아 치밀한 계획과 정보 수집능력이 뛰어날 것이며 냉철함을 갖추었을 것이다.

한국전쟁 당시에는 인천 상륙 작전을 통해 전쟁의 양상을 뒤바꿔 놓았다. 이때 그의 궐음주기의 성격이 발휘된다. 애초에 맥아더 지휘부는 원산상륙이라는 거짓정보를 만들어 흘렸으며 인천 상륙은 감추려 했다. 작전을 개시하는 순간 부산 앞바다에서 뱃머리를 원산이 아닌 인천으로 향하는 것을 명령하기까지 아군의 지휘관도 속았을 정도였다고 하니 그의 냉철한 전략적 안배를 엿볼 수 있다.

그러나 그는 전쟁에서 독단적인 행동으로 대통령의 불신을 받게 된다. 그는 만주에 원자폭탄 투하를 계획하고 있었는데 당시 트루만 정부는 3차 세계대전으로 확전되는 것을 우려했고, 결국은 예편을 명령받게 된다.

그러나 당시 맥아더의 전략은 적중했다. 유엔군은 중공군의 개입으로 엄청난 손실을 보게 되었고 결국 53년 아이젠하워 대통령 재임기간에 휴전으로 결말짓게 되었다.

호리에 다카후미의 친화적 기업경영 5)

소양객기를 가진 기업인으로 호리에 다카후미가 있다. 이 사람은 1972년 10월 29일 출생하였다. 체질은 소양객기 양명주기 그리고 입태는 태양객기에 궐음주기를 타고났다. 여기서 소양객기가 작용하는 사람은 기억력이 좋으며 사교적이고 유머감각이 뛰어난 사람이라 할 수 있다. 특히 말을 잘하여 많은 사람에게 호감을 얻고, 낙천적이며 즉흥적인 성격의 소유자이다. 호리에 다카후미는 그렇게 좌충우돌의 삶을 통해서 성공한 사람이다.

호리에 다카후미
1972년 10월 29일

출생 체질		입태 체질	
객기	주기	객기	주기
소양	양명	태양	궐음

통솔	사교	신념	추리	논리	지혜
59	79	48	17	20	43

호리에 다카후미는 소양객기가 작용해 기억력이 좋고 사교적이며 유머감각이 뛰어났다. 특히 말을 잘하여 많은 사람들에게 호감을 얻었고 낙천적이며 즉흥적인 성격으로 사업에 성공한 사람이다.

소양이 유도하는 기억력

호리에 다카후미가 초등학교 5학년 때 취미가 무엇이냐고 물었을 때 돈 모으기라고 적었다고 한다. 그는 열차 여행을 하면서 스치는 역 이름 열댓 개는 거침없이 기억해냈을 정도였으며, 시험 답안지는 10분 안팎에 내지만 100점만 받았다. 학과 공부는 하지 않고 백과사전 읽기를 즐기는 아이였으며 중학교 1학년 때부터 돈벌이를 위해 신문배달을 하고 자전거로 40km를 통학했다.

중고교 시절 공부와 담을 쌓아 성적이 여의치 않았음에도 동경대학에 입학하겠다고 해 담임 선생님도 친구들도 모두 코웃음을 쳤다. 그러나 6개월의 짧은 기간 공부를 하고 동경대 문학부에 들어갔다. 그리곤 다시 공부를 접고 공짜 여행만 다녔다. 학생증만 내보이면 어디서나 그냥 태워 주었던 것이다. 그러던 중 그는 마침내 대학을 중퇴하였다. 그 이유는 동경대학에 입학한 것만으로 충분하다고 생각했으며 졸업하기까지 시간이 너무 아까웠다는 것이다.

소양이 유도하는 자유분방

그는 PC에 빠져 있다가 3년 전 라이브도어라는 인터넷 포털을 사들였다. 지금은 온라인증권사 등 31개 회사를 거느리고 연간 300억 엔의 매출을 올리는 인터넷그룹 총수다. 넥타이는 안 맨다. 티셔츠에 자켓만 걸친 채 달려가며 휴대전화로 통화하는 모습이 그의 단골 이미지다. 회사에는 사장실이 따로 없다. 창가의 직원 자리 옆에 책상 하나만 놓고 일한다.

말도 거칠다. 세상에 돈으로 살 수 없는 건 없다. 미디어는 결국 인터넷에 다 모일 것이므로 신문, 방송을 어떻게 없애느냐는 엉뚱한 생각을 화두로 삼았다. 그리고 그는 실천에 옮겼는데, 그것도 정공

법을 선택하여 후지TV 경영권을 겨냥한 매수 공방을 벌였으며 여기서 절반의 승리를 거두고 화해했다. 후지TV가 손정의 사장까지 내세워 경영권 방어에 나서자 결국 적과의 전략적 제휴를 택했다.

소양 양명 태양이 유도하는 사업가 기질

그러나 이러한 시도를 통하여 인터넷과 방송의 융합도 공동 추진키로 하여 전리품을 챙겼다. 이것을 보고 세간의 평가는 두 갈래로 갈라졌다. 이단이라는 비난과 IT시대의 선구자라는 찬사였다. 대체로 노년층은 부정적으로 평가했으며, 젊은 층은 통쾌해 했다. 분명한 것은 호리에 다카후미는 기존에 없었던 전혀 다른 캐릭터를 가진 일본의 새로운 인간형이라는 점이다.

사실 호리에 다카후미와 같은 인간형은 분명히 특별하다. 기발한 발상의 전환, 그리고 실천적인 전략과 목표한 바를 성취할 수 있는 집중력은 쉽게 이뤄낼 수 있는 것이 아니다. 분명한 사실은 소양과 양명, 태양의 기운은 모두 천재적인 사업가의 기질을 가지고 있다고 보아야 한다. 그러나 이러한 기업가는 드물 것이다. 왜냐하면 열 번의 성공 뒤 한 번의 실패로 인하여 회복 불능이 될 가능성이 높기 때문이다.

더스틴 호프만과 마릴린 먼로

더스틴 호프만의 방황과 친화성 6)

더스틴 호프만은 1937년 로스앤젤레스에서 태어나, 콘서트 피아니스트가 될 목적으로 음악학원에 다니다가 의학에 흥미를 느껴 산타모니카 주니어 칼리지에 1년간 다니게 된다. 하지만 성적부진으

더스틴 호프만
1937년 8월 8일

출생 체질		입태 체질	
객기	주기	객기	주기
소양	태음	양명	태양

통솔	사교	신념	추리	논리	지혜
65	123	62	20	26	42

더스틴 호프만은 소양객기로 즉흥적이고 낙천적이기 때문에 두려움이 없었다. 하지만 그는 연기에 있어 완벽주의자로 유명한데 보통 소양만 있으면 가볍지만 태음과 양명기운이 있어 자신이 마음에 들 때까지 하는 몰입성 때문이 발현된다.

로 낙제를 당했다. 이것은 소양객기를 가진 사람의 특성이다. 즉흥적이고 낙천적이기 때문에 두려움 없이 전공을 한 번도 아니고 두 번씩 바꿀 수 있었던 것이다. 사실 태음주기가 있기 때문에 의학공부를 하는 것은 이해할 수 있으나 사교성이 더 크게 작용하기 때문에 의학적인 공부를 통하여 성공하기는 쉽지 않았을 것이다.

그 후 연기학원을 거쳐 뉴욕으로 옮겨 TV 드라마의 단역 등 여러 직업을 전전했다. 1960년 브로드웨이에 입문한 후 그가 영화배우로 주목을 받게 되는 결정적인 영화는 바로 '졸업'(1967)이었다. 이 영화에서 방황하는 청년 벤자민 역으로 그 해 아카데미 남우주연상을 수상하게 되었다.

소양과 태음이 유도한 완벽성

더스틴 호프만은 연기에 있어 완벽주의자로 유명하다. 이로 인해 가끔 영화감독과 불편한 관계가 되기도 하였지만, 성실하고 완벽한 그의 연기는 아카데미상을 거머쥐게 만든 원천이 되기도 했다. 이것은 한번 짚고 넘어가야 한다. 사실 소양객기만으로는 완벽주의자가 될 수 없다. 왜냐하면 너무 가볍기 때문이다. 그러나 출생 태음주기와 입태 양명주기는 자신의 마음에 들어야 할 정도로 완벽함을 추구하는 성격으로 발현된다.

그리고 그는 자신의 영화제작사를 설립해 '투씨', '왝 더 독'과 같은 영화를 만들었으며, 2004년 67세의 나이에도 '네버랜드를 찾아서'와 '미트 페어런츠'와 같은 영화에 출연하는 등 여전히 노익장을 과시하고 있다. 이것은 아마도 낙천적인 소양객기의 작용에 의한 것이라 생각된다. 아무리 신중하고 신념이 강하다고 하지만 나이를 먹게 되면 인내력과 집중력이 떨어진다. 하지만 자신의 능력을 즐길 줄 알며 그것에 의해 더욱 노련한 배우가 되기 때문이다.

마릴린 먼로의 극단적 친화력 7)

소양객기가 있는 여배우로 20세기 최고의 섹스 심벌인 마릴린 먼로가 있었다. 마릴린 먼로는 1926년 6월 1일 출생했다. 그녀의 체질은 소양객기에 소양주기 그리고 입태는 소양객기에 태음주기가 있다. 극단적으로 사교지수가 높아 모가 난 성격의 소유자인 것이다. 그녀의 체질지수 구조는 사교지수 141에 통솔지수 75 그리고 신념지수 72로 나왔다.

아마도 이러한 모난 성격 때문에 어린 시절 불가항력적인 강간을 경험했고, 견딜 수 없는 정신적인 상처를 받았음에도 오히려 자신의 인생을 한때나마 꽃피울 수 있지 않았나 생각된다. 사실 사교지수가 극단적으로 높으면 친화성이 매우 높기 때문에 지나간 과거를 쉽게 잊고 새로운 일을 받아들일 수 있는 체질 심성을 갖출 수 있다. 그리고 통솔지수가 작용하기 때문에 스스로 자존심을 세우고 삶을 영위할 수 있으며 나름대로의 신념 내지는 가치관을 가지게 된다는 뜻이다.

죽은 지 40여년이 지났는데도 여전히 세인의 관심과 흥미의 표적이 되고 있는 마릴린 먼로, 그녀는 고 케네디 대통령의 정부로도 알려져 있다.

여기에서도 극단적인 그녀의 체질 심성을 이해할 수 있다. 그녀는 자존심이 꺾이는 것을 극도로 싫어했다. 그리고 끝까지 자신을 통솔하려고 노력했다. 그러다가 죽음이라는 종말을 맞은 것이다. 사실 사교지수가 그렇게 높지 않았더라면 아마도 자존심 때문에 은막의 스타로 남지 못했을 것이다. 그러나 사교지수가 만든 통솔지

마릴린 먼로
1926년 6월 1일

출생 체질		입태 체질	
객기	주기	객기	주기
소양	소양	소양	태음

통솔	사교	신념	추리	논리	지혜
80	150	76	24	33	54

마를린 먼로는 극단적으로 사교지수가 높아 모가 난 성격의 소유자이나 통솔지수가 작용하기 때문에 스스로 자존심을 세우고 삶을 영위할 수 있으며 나름대로의 신념과 가치관을 가지게 된다.

수의 자존심 그리고 신념지수의 결벽증이 결국 그녀의 생을 끝마치게 한 것이라 개인적인 평가를 내린다.

코폴라와 우디 알렌

소양객기를 가진 사람이 영화감독을 한다면 어떠한 현상이 일어날 것인가? 사실 소양객기를 가진 사람은 매우 사교적이며 즉흥적이고 열정적인 특성을 가진다. 생각이 깊지 않으며 분위기에 편승하고 기억력이 좋은 사람, 과연 이런 성격으로 영화감독이 가능할까?

코폴라 감독의 낙천성 8)

프란시스 포드 코폴라
1939년 4월 7일

출생 체질		입태 체질	
객기	주기	객기	주기
소양	소음	소양	소양

통솔	사교	신념	추리	논리	지혜
36	67	59	46	33	26

코폴라 감독은 소양의 기운이 넘치고 있다. 사교지수가 높고 신념지수와 통솔지수가 작용하여 카리스마가 있고 신념도 높아 자기주장이 강하게 작용한다.

프란시스 포드 코폴라 감독을 살펴보자. 그는 1939년 4월 7일 출생하였다. 그의 체질은 소양객기 소음주기 그리고 입태에 소양객기 소양주기를 타고났다. 이것만 보면 그의 체질적 특성은 소양의 기가 넘치고 있다. 이러한 경우 사교지수가 높으며 신념지수와 통솔지수가 작용하는 구조를 가진다. 그러니 카리스마도 있고 신념도 높아 자기주장이 강하게 작용하기 때문에 사교적인 성향은 샤프한 능력이나 기억력 그리고 분위기를 파악하는 감각으로 발달할 가능성이 높다.

그는 미국 미시간 주 디트로이트에서 태어나 이탈리아계인 작곡가 아버지와 배우인 어머니의 영향 아래 뉴욕 변두리 지역에서 성장기를 보냈다. 대학에서 연극과 영화를 전공했고, 로저 코만을 만나 영화현장에서 사운드와 스크립트, 제작부 등의 훈련을 쌓다가 〈필마, 필마〉의 시나리오로 사무엘 골드윈 상을 받았다. 하지만 영화화 되지 못했다.

이후 십여년간 영화감독이 되기 위한 많은 시행착오 끝에 1972년 〈대부〉를 제작한다. 〈대부〉는 마리오 푸조의 베스트셀러를 각색한 작품으로 헐리우드 박스오피스에서 흥행 1위에 올라섰다. 〈대부〉는 갱스터 장르의 역사를 미국의 역사로, 자본주의의 연대기를 마피아의 연대기로 읽어내어 〈시민 케인〉 이래 가장 중요한 미국영화로 자리매김했다.

이러한 흥행에 이은 후속작품 〈대부 2〉에서는 아카데미 감독상까지 받게 된다. 1979년 조셉 콘라드의 소설 〈어둠의 심장〉에 토대를 둔 베트남 스펙터클 〈지옥의 묵시록〉은 깐느 영화제에서 코폴라에게 두 번째 황금종려상을 안겨주었으나 흥행에서 참패하여 코폴라를 위기에 몰아넣었다.

극단적인 소양기운이 유도한 낙관론의 한계

여기까지를 살펴보면 코폴라가 가지고 있는 소양기운이 어떠한 작용을 하는지 미루어 짐작할 수 있을 것이다. 소양기운은 매우 급진적이고 즉흥적이며 분위기에 편승하는 감각이 뛰어난 기운이다. 이러한 기운에 지배를 받은 코폴라는 흥행성공을 장담하고 있었을 것이다. 그러나 베트남 전쟁이 끝나면서 미국 대중은 베트남 전쟁의 참상과 미국의 손상된 자존심을 잊고 싶었다. 아마 코폴라는 전쟁이 끝난 지 4년 이상이 지났을 때의 상황을 예측하기는 어려웠을 것이다. 그 결과 작품성과 예술성은 인정받았으나 흥행에 실패하는 결과를 가져왔다. 미국 국민들은 베트남 전쟁에서 상처받았으며 애써 외면하려 했다. 무의식적으로 아픔을 되새기려 하지 않았던 것이다. 너무 낙관적으로 생각하는 경향과 5년 뒤의 정서를 예측하는 능력은 소양객기로는 분명히 한계가 있었을 것이다.

우디 알렌의 유머 9)

우디 알렌
1935년 12월 1일

출생 체질		입태 체질	
객기	주기	객기	주기
소양	태양	양명	궐음

통솔	사교	신념	추리	논리	지혜
53	68	43	16	18	37

우디 알렌의 유머감각은 소양객기에서 나온다. 그리고 태양주기에 의해 통찰력이 있으며 카리스마가 있어 관객을 사로잡는 기운을 가지고 있다.

소양객기를 가진 우디 알렌은 1935년 12월 1일 출생하였다. 그의 체질은 소양객기 태양주기 그리고 입태는 양명객기 궐음주기를 타고났다. 그는 뉴욕 영화의 거장이었다. 슬랩스틱 코미디로 출발해서 작가주의 감독으로 우뚝 선 입지전적 감독이다. 우디 알렌의 영화는 〈유태인〉, 〈정신분석〉, 〈오이디푸스 콤플렉스〉, 〈뉴욕〉, 〈스윙재즈〉, 〈코미디〉, 〈위트 있는 대사〉 등의 키워드로 압축할 수 있다. 즉 뉴욕을 배경으로 유태인이 느끼는 죄의식을 정신분석하며, 잔잔한 스윙재즈를 깔아두고 뿔테 안경 쓴 사람이 재치 있는 대사를 건네기 시작하면, 그의 전형적인 영화 속 풍경이 된다. 하지만 그는 후기로 갈수록 점점 진지해지고 실험적이 되어 이런 식의 문법에서 가볍게 벗어난다.

데뷔작 〈돈을 갖고 튀어라〉, 이어지는 코미디 〈바나나 공화국〉, 〈당신이 섹스에 대해 알고 싶은 모든 것〉 까지만 해도 그는 재능 있는 코미디 감독일 뿐이었다. 하지만 77년 아카데미의 절대적 지지까지 이끌어낸 걸작 〈애니 홀〉에서부터 그의 영화세계는 변하기 시작했다. 유럽의 감수성을 자신의 영화언어에 접목하면서 담담하면서도 인간의 내면을 성찰하는 지적인 수준급의 코미디로 전환하기 시작한 것이다.

우디 알렌은 대체로 코미디 영화의 제작에 일가견이 있는 감독이었다. 그런데 이것은 소양객기와 밀접한 관련이 있는 것으로 생각된다. 왜냐하면 소양이란 기운은 유머감각으로 유도하는 기운이기 때문이다. 그리고 태양주기에 의해서 통찰력이 있으며 카리스마가 있으므로 관객을 사로잡을 수 있는 기운을 쉽게 통솔할 수 있었던 것이다.

체질 심리가 가진 비상구

이상 우디 알렌의 활약을 보면서 같은 소양객기를 가진 코폴라와는 전혀 다른 캐릭터의 소유자라는 것을 알 수 있다. 그것은 태양주기가 형성하는 가볍고 경쾌한 캐릭터와 카리스마가 효과적으로 작용했기 때문이다. 그리고 입태의 양명객기가 가지고 있는 감각으로 점차 신중해지는 지적인 소재의 선택과 이것을 가볍게 처리하는 유머감각이 영화를 재미있게 만들었을 것이다. 또한 궐음주기가 만들어내는 기획과 기술적인 솜씨는 코폴라에 비하여 우디 알렌의 체질이 영화감독에 더 적합하다고 할 수도 있을 것이다.

하인스 워드의 친화성 10)

소양객기를 가지고 있는 선수로 하인스 워드가 있다. 소양객기를 가지고 있기 때문에 순간 판단력이 좋고 낙천적이며 사교적인 선수일 것이다. 사실 경기에 대한 심리적 압박감에서 헤어나지 못한다면 매우 어려운 시합을 치를 것이다. 그러나 소양객기를 가진 사람은 심리적 압박감에서 빠르게 전환할 수 있는 능력이 있으며 그래서 더욱 강한 선수가 될 것이다.

필자의 마음을 짠하게 했었던 한국계 미식축구 선수인 하인스 워드를 분석해 보니 소양객기를 가지고 있어서 매우 기뻤다. 그는 1976년 3월 8일 한국에서 출생하였다. 그의 체질은 소양객기 궐음주기 그리고 입태는 양명객기 소양주기를 타고났다. 그는 한국에서

하인스 워드
1976년 3월 8일

출생 체질		입태 체질	
객기	주기	객기	주기
소양	궐음	양명	소양

통솔	사교	신념	추리	논리	지혜
46	83	49	15	19	43

하인스 워드는 소양객기를 가지고 있기 때문에 순간 판단력이 좋고 낙천적이며 사교적이다. 또한 입양아라서 열등감을 느낄 수 있었지만 양명주기 때문에 옳고 그름, 좋고 나쁨에 대한 가치 판단에서 긍정적인 선택을 하고 이것에 가치를 매기고 적극적으로 수용하는 성향을 지니게 된다. 또한 궐음주기가 있어 매우 부지런하고 반복 연습하는 사람으로 거듭나게 된다.

흑인 아버지와 한국인 어머니의 사이에서 태어나 미국으로 이민을 갔고, 아버지의 바람기로 인해 아버지와 이혼한 어머니 밑에서 성장했다. 어머니의 인종적 열등감 때문에 한때는 마음고생을 많이 했으나 엄마의 지극한 사랑을 이해하면서 모범생으로 전환한 우수한 학생이었다.

사실 소양객기가 있는 사람은 낙천적이고 세상을 긍정적인 눈으로 본다. 자신을 잘 표현해야 하는데 긍정적으로 표현하지 못하면 사교적인 능력이 발휘되지 않기 때문이다. 이것 가지고는 엄마의 사랑을 느끼기에는 미흡한 점이 있다. 그런데 입태 양명객기가 있었다는 것이 하인스로서는 매우 큰 행운이었을 것이다. 입태 양명객기가 있는 사람은 학습기가 되면서 사물의 핵심을 찌르며 가장 가치 있는 것에 대한 가치관이 아주 빠르게 형성된다.

양명이 유도한 도덕적 가치관

사실 하인스 워드는 엄마의 사랑이 있었기에 삐뚤어지지 않을 수 있었다. 이 사랑이 올바른 도덕적 가치관을 형성하게 한 것이다. 엄마는 도덕적 관점을 끝없이 일깨워 주었으며 헌신적인 사랑을 했다. 하인스 워드의 열등의식과 어머니에 대한 삐뚤어진 생각은 엄마가 몰래 흘리는 눈물을 보면서 바뀌게 되었다. 이것은 우연히 이뤄지는 것이 아니라 양명이란 기운이 유도하는 옳고 그름, 좋고 나쁨에 대한 가치판단에서 긍정적인 선택을 하고 이것에 가치를 매기고 적극적으로 수용하는 심리적 작용에 의한 것이다.

이후 공부를 하든 미식축구를 하든 매우 긍정적인 가치관으로 적극적이며 매너가 좋은 선수로 기억되게 된다. 궐음주기의 작용으로 체계적 관리 및 기획을 통하여 자신의 몸을 미식축구 선수에 적합한 조건으로 만들었다. 또한 기술적으로 매우 뛰어난 위치선정 및 빠른 스피드로 2005년도 자신의 팀을 미국 미식축구 1위 팀으로 올려놓고 자신은 MVP가 되어 아메리칸 드림을 이룬 선수로 기억되게 되었다.

궐음이 유도한 기술적 성숙

사실 궐음주기가 있는 선수라면 매우 부지런하고 빠른 몸놀림을 가질 수 있는 기술적으로 성숙된 자질이 있다고 보아야 한다. 궐음은 기술적으로 성숙할 수 있도록 끊임없이 반복 연습하는 사람으로 유도하는 기운이기 때문이다.

그러나 관심을 가지고 보아야 할 점은 하인스 워드의 소양객기이다. 하인스 워드는 소양기운이 매우 강하다. 출생객기에도 있지만 입태주기에도 소양이 있다. 물론 출생객기가 가장 강하게 작용하지만 입태주기의 소양은 하인스 워드가 학습을 할 때 기억력과 언어구사력이나 유머감각에 있어서 매우 뛰어난 능력을 발휘할 수 있도록 돕는다.

그리고 하인스 워드가 시합을 할 때마다 항상 웃는 얼굴로 임한다는 것에서 소양객기의 이끌림을 생각해 본다. 심한 태클을 당해도 상대방의 욕설에도 힘든 부상을 입었어도 항상 웃는 얼굴로 대했으며 이것은 상대 팀 선수를 질리게 만드는 요소로도 작용했다고 한다. 그러나 관중들의 입장이나 소속팀의 입장에서는 매우 긍정적으로 작용하였으며 스스로에게도 빠른 순발력과 천부적인 위치선정 능력을 돋보이게 할 수 있는 심리적 요소로 작용할 수 있었던 것이다. 그보다는 경기에 임하면서 웃을 수 있었다는 것은 경기에 대한 자신감과 여유가 있다는 것이고, 이로 인해 경쟁력 있는 경기를 보여줄 수 있었을 것이다.

양명객기,
강한 신념 혹은
꿈틀대는 독재자의 기운

여섯가지 체질유형

1. 태양객기
2. 소양객기
3. **양명객기**
4. 소음객기
5. 태음객기
6. 궐음객기

양명은 필자에게 가장 어려운 개념이었다. 이것은 사상체질에도 없는 개념이다. 한의학적으로 육경이란 개념에 양명과 궐음이라는 단어가 나오는데 이것이 사상체질에는 없다. 그런 이유로 개념을 이해하는데 많은 어려움을 느꼈다. 문자의 해석이라면 별 문제가 없지만 양명이 어떻게 느껴지는지, 그 느낌은 우리에게 어떻게 다가오는지에 대한 이해가 쉽지 않았다.

앞서 양중에서 태양과 소양을 들어 보았다. 태양이 차가운 물과 같이 느껴지는 기운이라고 본다면 소양은 밝고 따가운 느낌의 열기일 것이다. 그렇다면 자연계에서 이외의 양적인 기운은 무엇이 있으며 어디에 있을까?

양이 시생하는 시기인 동지도 나왔고 양이 극성한 하지도 나왔다. 그렇다면 또 하나의 양적인 기운은 어디쯤 있을 것인가? 어떤 기운이 있기에 양명이라는 기운으로 설명되고 있는가? 그렇다면 무엇을 느낄 수 있을까? 사실 한의학을 처음 공부할 때에는 문자적인 해석에만 급급해 단순히 개념을 찾기 위한 노력이 전부였다. 하지만 요즘에 와서는 무엇을 느낄 수 있을지, 내 몸은 어떻게 반응하고 있을지에 대한 고민이 더 크다. 머리로 알 수 없는 것도 몸으로 느낄 수 있기 때문이다.

단언하건대 태양은 딱딱하고 견고한 양적인 기운을 표현한 것이다. 그래서 한수(寒水)인 것이다. 소양은 뜨겁고 밝은 기운이다. 그렇다면 나머지 양적인 기운은 뽀송뽀송하고 건조한 기운이 남아 있을 것이다. 양이 많은 곳에서 음기는 쇠퇴하는데 그래서 남는 것은 마른 기운이다.

일 년 중에 삼라만상을 말리는 기운이 가장 강한 시기가 언제일까? 필자는 농촌에서 태어나서 잘 알고 있다. 가을이 되면 추수를 하고 낙엽이 떨어지고 풀들이 말라 죽는다. 그리고 겨울이 오고 봄이 되면 새싹이 돋는다. 그러니 일 년 중에 늦은 가을에서 봄에 이르는 시기를 가장 건조한 시기라 볼 수 있다. 그런데 건조한 기운이 가장 피부와 와 닿는 시기는 언제일까? 그 시기는 바로 가을이다. 그래서 가을은 건조한 기운이 숙살지기를 펼쳐 산천초목을 말라 죽게 한다. 그리고 열매 맺고 씨가 맺히게 해서 다음 해를 준비하도록 한다.

이렇게 죽이는 기운이 강한 시기라면 바로 서리가 내리는 시기이다. 필자의 기억으로 보면 농촌지역에서 서리가 내리면 일단 가을걷이가 끝나는 시기로 인식한다. 김장배추를 잘못 간수하면 서리가 내려서 다 죽일 수 있다. 이것을 24절기 중에서 상강이라 한다. 상강 전후에 나뭇잎은 단풍이 들었다가 떨어지며 풀들은 점차 말라 죽는데 서리가 내리면 하루아침에 파랗던 풀들이 누렇게 변했다는 것을 확인한다. 그리고 말라 죽는다.

이 상강 전후의 날씨는 대부분 파란 하늘과 함께 청량한 느낌을

양명기운이 만연하는 시기

● 추분에서 소설
(양력 9월 23일 ~ 11월 23일 경)
신념이 강한 완벽주의자로 매사 좋고 나쁘고, 옳고 그름에 대한 판단이 명확하다. 또한 군자와 같이 친구간에 교량역할을 하나 인색하다. 그로인해 매사에 고독하나 가정을 지키려는 성향이 강하게 나타난다.
이 사람은 폐, 방광 질환을 주의해야 한다.

주며 낮에는 비교적 따가운 햇살이 비치는데 이것이 곡식을 익게 하고 추수하기 좋은 시절을 만드는 것이다.

그렇다면 상강을 중심으로 상강 전 30일과 상강 후 30일이 양명의 기운이 만연하는 시기이며 이 시기가 되면 사람들은 좋고 나쁨을 가리고 나쁜 것을 도태시키고 좋은 것은 거두어 저장하는 시기이다. 나쁜 것은 싫어하고 좋은 것은 가치가 있다고 해서 소중하게 다룬다. 이러한 이유로 해서 양명의 기운은 죽이고 살리는 살벌한 기운으로 작용하는 것이며 사람은 두려운 것과 편안한 것을 가리게 되며 절도를 배우게 되는 것이다. 이 시기의 상강 전 30일은 추분이며 상강 후 30일은 소설이다. 따라서 양명이 만연하는 시기는 추분에서 소설에 이르는 시기이다.

양명의 해석

양명객기를 가진 사람에게 너무 결벽증이 강한 성격이라고 하면 불쾌해 할 것이다. 그렇다고 완벽을 추구하는 사람이라고 해도 긍정하지 않으려고 한다. 그래서 선택할 수 있는 표현은 신념이 강한 사람이라는 표현 정도. 이것은 조금 생각을 해봐야 할 표현이기 때문에 일단 부정적인 반응을 하지 않는다. 양명객기를 가진 사람은 중간적인 선택은 절대로 수용하지 않는다. 항상 '예스' 아니면 '노' 이다. 그렇기 때문에 부정적인 반응을 하지 않는다면 일단 긍정으로 평가할 수 있다.

이 체질은 가치관이 확실하고 일단 형성된 가치관에 의한 판단은 쉽게 흔들리지 않는다. 그런데 이러한 가치관이 종교적인지, 도덕적인지, 이념적인지 확실하지 않지만 일단 형성된 가치판단의 기준은 그에게 완벽한 신념을 제공하려고 노력한다. 그리고 항상 긍정적인 선택을 하려고 노력하는 경향이 있다.

양명주기가 있는 사람은 결벽증이 있으며 완벽주의자로 좋고 나쁨에 대한 반응이 확실한 사람이라고 평가하면 대부분 수용할 수 있을 것이다.

양명객기에 대한 간단한 해석

객기	주기	
양명	태양	신념이 강해서 완벽주의자이며 자기 주장을 강하게 일으켜 호승심이 나타나기도 한다. (케빈 코스트너)
	소양	신념이 강해서 완벽주의자이나 친화력이 강하며 표현력이 좋다.
	양명	신념이 강해서 완벽주의자이며 매사 좋고 나쁘고 옳고 그름에 대한 판단이 명확하다. (빌 게이츠, 우피 골드버그, 엔리코 페르미)
	태음	신념이 강해서 완벽주의자이며 꼼꼼하고 세심한 관찰력을 겸비하고 있다. (아가사 크리스티)
	소음	신념이 강해서 완벽주의자이며 끈질기고 생각이 깊다.
	궐음	신념이 강해서 완벽주의자이며 하고자 하는 일에 대한 실천력이 강하다. (플라시도 도밍고)

인물이야기

꿈틀대는 독재자의 기운

통치라는 개념에서 본다면 양명이라는 기운은 매우 강력한 매력을 가지고 있다. 양명객기를 가지고 있는 정치인들은 대다수가 강력한 캐릭터를 가지고 있는 정치인으로 강력한 통치기반을 만들었던 사람들이다. 이것은 매우 흥미로운 일이다.

독재자로 변모시키는 에너지, 양명

우선 양명기운이 강하게 포진한 정치인으로 네탄야후 이스라엘 총리, 대처 영국 총리, 바웬사 폴란드 대통령, 카스트로 쿠바 대통령 등이 있다. 적어도 이들은 신념지수가 강력하게 작용하는 정신을 가진 사람이라고 단언할 수 있다.

그래서 이스라엘 네탄야후 총리는 아랍국가 틈바구니에서 강력한 지도력으로 전쟁을 수행하고 있으며 절대로 손해 보지 않는 선택을 하는 신념이 강한 지도자이다. 대처수상은 영국이 경제적으로 어려웠던 시절에 혜성처럼 나타나 영국을 경제위기에서 구해냈으며 자신의 역할이 끝났다고 생각한 시점에서 깨끗하게 자신의 지위를 떠난 쿨한 정치인이었다. 바웬사는 폴란드 노동운동의 지도자로서 구소련과 동유럽이 몰락하는 시점에서 중요한 역할을 한 사람으로, 강력한 자기 신념으로 밀어붙여 폴란드 노동자의 수상으로 추앙받으며 폴란드 대통령으로 취임하게 된 입지전적인 사람이다. 피델 카스토르는 미국의 코밑에서 아직도 공산정권을 유지하는 강력한 카리스마를 지닌 지도자이다. 그런데 신념이 강한 것 외에는 출생에 태음주기를 가지고 있다는 것이 매우 고무적인데 이것이 있기 때문에 논리적이고 합리적이며 공정한 신념을 가질 수 있었지 않았나 싶다. 이러한 장악력은 위의 예 중에서 최고라고 할 수 있다.

양명의 기운은 다분히 도전적이고 불굴의 의지를 가지고 있다. 투쟁도 불사하는 강한 에너지로 이끄는 매력이 있는 것이다.

로널드 레이건은 원래 영화배우였다. 양명객기에 궐음주기 그리고 입태는 양명객기에 소음주기를 가지고 있다. 궐음주기는 치밀한 기획이나 기술적인 성숙을 유도하며 근면하고 성실한 자세를 가지도록 한다. 영화배우였을 당시에는 신념과 기교를 겸비한 배우였을 것이다. 특히 정책적인 전략에 냄새를 잘 맡는 캐릭터는 레이건을 정치권으로 안내했을 것이며, 신념의 작용으로 발생한 사교적인 힘을 바탕으로 대통령의 직위까지 오른 것이다. 바티스타는 닉슨과 같은 체질구조를 가진 사람이다. 바티스타는 카스트로에게 축출당하기 전까지 쿠바를 주무르던 독재자로 인식되고 있고, 닉슨은 월남전의 종식과 워터게이트 사건으로 영원히 기억될 만한 사람이다.

무언가 격렬한 전쟁이나 과격한 힘을 결집시켜서 혁명을 이끌어낼 만한 에너지를 내포하고 있는 기운, 그것이 양명의 기운인 것이다

양명객기를 가진 기업가, 빌 게이츠 11)

양명기운을 가지고 있는 기업가 중에 록펠러 회장이 있다. 또 빌 게이츠는 모르는 사람이 없을 정도로 잘 알려진 사람이다. 한국인이라면 소니의 최고 경영자인 이데이 노부유키를 들어보았을 것이고, 컴퓨터 전문가라면 스테판 워즈니악을 잘 알 것이다. 이들은 모

두 양명객기를 가지고 있다.

다시 정리해서 말하면, 양명객기를 가지고 있는 사람은 사물의 핵심을 간파하여 그 가치를 매기는 능력이 탁월한 사람이다. 옳고 그름, 좋고 나쁨에 대한 판단이 빠르고 거기에 따라 확고하게 대처하는 사람이다. 중간의 선택은 없으며 도에서 모까지 선택하라고 한다면 화끈하게 모를 선택하는 사람이 많다. 이 중에서 빌 게이츠를 소개해 보고자 한다.

빌 게이츠의 사업 가치관

빌 게이츠
1955년 10월 28일

출생 체질		입태 체질	
객기	주기	객기	주기
양명	양명	궐음	궐음

통솔	사교	신념	추리	논리	지혜
22	56	99	51	22	35

빌 게이츠는 양명객기를 가지고 있어 완벽성이 있다. 그리고 궐음기운이 있기 때문에 기술적인 성취도가 높다.

빌 게이츠는 1955년 10월 28일 출생했다. 그의 체질은 양명객기에 양명주기 그리고 입태는 궐음객기에 궐음주기를 타고났다. 양명객기를 가지고 있기 때문에 완벽을 추구하는 성격임은 직감하고 있을 것이다. 그리고 궐음기운이 있기 때문에 기술적인 성취도가 높다는 사실도 직감할 수 있을 것이다.

그러나 빌 게이츠는 프로그래머로 성공한 사람이 아니다. 그는 엄밀한 의미에서 리눅스를 만든 리누스 토발즈나 오픈 소스의 운동을 주도한 리챠드 스톨만과 같은 프로그래머였던 적이 한 번도 없었다고 한다. 그는 처음부터 비즈니스맨이었다.

MS 웹사이트의 빌 게이츠 소개 페이지에 보면 폴 앨런과 빌 게이츠가 IBM PC용 BASIC을 만들었다고 기술되어 있지만, 실제로는 Q-BASIC의 부동소수점(floating point) 연산 부분을 개발한 사람은 당시 하버드에 같이 다니고 있던 데이비도프란 사람이었다.

"윈도우즈는 제록스 머쉰에서 영향을 받아 만든 것이고, 애플 Mac OS 역시 제록스를 베낀 것이므로 윈도우즈는 Mac OS의 모작이 아니다." 라는 주장을 태연스럽게 뱉어내는 그 배짱은 빌 게이츠가 어떤 사람인가를 간접적으로 암시하는 것이다. 여기서 생각해볼 것이 있다. 과연 어떠한 체질지수가 빌 게이츠로 하여금 능수능란한 사업수완을 발휘할 수 있게 했을까? 빌 게이츠는 엄밀하게 기술적인 재능이 뛰어난 사람이 아니다. 그의 궁극적인 지혜지수는 기대이하로 낮다. 단지 학습기에 기술적인 재능을 발휘하는 입태의 궐음객기와 주기가 작용했을 뿐이다. 그보다는 양명객기와 주기가 만드는 기운을 생각해 볼 필요가 있다. 양명객기는 도덕적인 관점의 접근, 관습적인 접근, 종교적인 접근을 통하여 형성된 가치관에 충실하도록 유도하는 에너지이다.

양명기운이 유도한 사업 가치관

그런데 빌 게이츠의 가치관은 상업적인 가치관에 올인 한 경향이 있다. 사실 개발자가 이미 있든 없든 간에 지금 현재 소유하고 있는 자가 주인이며 이것을 팔기 위해서 선택할 수 있는 것은 적절한 포장이다. 이 포장에 철저히 자신을 대입한 것이라고 본다면 그 뻔뻔스러움이 이해될 것이다. 처음에 전술한 바와 같이 양명이란 기운은 보편적인 가치판단이 아니라 매우 주관적인 가치판단에 근거한다. 여기서 옳고 그름 혹은 좋고 나쁨을 설정하게 되면 철저히 이 근거들에 따르는 경향이 있다. 그래서 양명인은 고집불통이거나 괴팍한 성격의 소유자가 많은 것이다. 어쨌든 자기 합리화에 있어서는 최고의 달인임을 명심해야 한다.

MS-DOS가 당시 훨씬 뛰어난 성능으로 큰 명성을 얻고 있던 CP/M을 추월하여 IBM PC의 공식 운영체계가 된 과정에 대해서 알려진 일화가 하나 있다. 우선 일반적으로 알려진 것과 달리 MS-DOS는 마이크로 소프트가 만든 운영체계가 아니다. MS-DOS는

QDOS(Quick and dirty DOS)라는 소프트웨어를 마이크로 소프트에서 사들여서 수정한 다음 내놓은 소프트웨어였다.

PC산업의 중요성에 뒤늦게 눈을 뜬 IBM은 자사 하드웨어에 탑재할 운영체계를 모색하던 중 최고의 운영체계로 손꼽히고 있던 CP/M 개발자를 접촉했으나 홀대받았다. 그 뒤, CP/M 개발자의 거만한 태도에 화가 난 IBM스텝들은 다른 운영체계를 찾게 되었다. 그 과정에서 만난 공손한 빌 게이츠에게 호감을 갖게 되었고 MS-DOS를 택했다는 것이다. 공손한 빌 게이츠에 워낙 깊은 인상을 받았다는 것이 어느 정도는 사실일지 모르겠지만 이것 하나는 짚고 넘어가는 것이 좋겠다. 빌 게이츠 할아버지가 대 은행가였고 빌 게이츠 어머니 메리 게이츠는 IBM 회장과 개인적으로 친분이 있는 거물 여성이었다는 점으로 미루어 IBM이 빌 게이츠를 택한 것은 또 다른 힘이 작용했다고 볼 수 있을 것이다.

궐음기운이 유도한 기술적 가치

빌 게이츠는 소프트웨어를 누구나 공유하는 공공재로 받아들이던 풍토에 과감하게 반기를 든 최초의 사람이다. 그는 자신의 프로그램 베이직을 하나의 상품으로 만들었다. 매우 놀라운 혜안이었다. 누구나 프로그램을 널리 배포하고 다 같이 혜택을 나눠 갖던 당시의 시대 상황을 일거에 뒤흔들어 버린 그는, 이후 특유의 사업 감각을 십분 활용, 20세기 최고의 비즈니스 맨 중의 한 명으로 올라서게 된다. 여기까지 보면 역시 전술한 양명이란 기운이 만든 신념이 빌 게이츠를 어떻게 발전시켰는지 알 수 있을 것이다. 그의 논리는 독특하고 독보적이나 현실적이어서 새로운 시대를 여는 데 중요한 역할을 한 것이 분명하다. 빌 게이츠에 대한 평가 중 우호적인 것은 대부분 그가 한 명의 기업가로서 성공적인 삶을 살고 있다는 데 기초한다. 그는 퍼스널 컴퓨터를 발명하지 않았지만 퍼스널 컴퓨터 산업을 창출했다는 평가를 받는다.

케빈 코스트너와 우피 골드버그

배우의 일이란 몸과 마음이 대본의 인물과 일치되어야 한다. 대본 속 인물의 심리를 이해하고 그것을 간파하는 능력은 양명기운을 가진 사람에게 있는 것이다. 양명객기를 가진 사람은 좋고 싫으며 옳고 그름에 대한 판단이 명확하고 이에 대한 추구가 확실하다. 또한 반드시 이뤄내야 한다는 사명의식과 함께 신념이 굳건한 특성이 있다.

케빈 코스트너의 가치관과 입태의 작용 12)

여러 배우 중에서 케빈 코스트너를 소개하고자 한다. 그는 1955년 1월 18일 캘리포니아 린우드에서 셋째 아들로 태어났다. 케빈의 체질은 양명객기에 태양주기 그리고 입태는 궐음객기에 소음주기를 타고났다.

아버지의 직업 때문에 케빈은 어렸을 때부터 자주 이사를 다녔으며, 10세 때 교회 성가대에서 노래를 불렀고 시와 작문을 즐겼다고 한다. 18세에 그는 직접 카누를 만들어 태평양으로 가기 위해 강을 타기도 했으며, 현재의 큰 키와는 달리 고등학교를 졸업했을 때는 겨우 157cm 였다고 한다. 여기서 케빈의 학생시절 작용하는 입태의 궐음객기와 소음주기의 특성을 엿볼 수 있다. 궐음의 기운은 실천적이며 계획한 바를 시도하는 사람으로 유도한다. 그만큼 손재주

케빈 코스트너
1955년 1월 18일

출생 체질		입태 체질	
객기	주기	객기	주기
양명	태양	궐음	소음

통솔	사교	신념	추리	논리	지혜
41	41	50	33	26	40

케빈 코스트너는 양명객기로 인해 좋고 싫음, 옳고 그름에 대한 판단이 명확하고 이에 대한 추구가 확실하다. 그래서 양명에 의한 배짱과 태양주기에 의한 자존심으로 연기에 대한 열정이 높다. 또한 궐음기운을 가지고 있어 기술적으로나 기획력에 있어 뛰어난 능력을 발휘했다.

가 따른다는 뜻이다. 노래와 시, 작문을 즐겼다는 전력은 양명객기와 태양주기에서 비롯된 현상이라 생각된다.

1973년 대학에 진학해 무역학을 전공했고, 이때 케빈은 야간수업을 통해 연기를 배우게 된다. 첫 직장에서 마케팅 일을 하다 우연히 멕시코발 비행기에서 영화배우 리차드 버튼을 만나고 모든 것이 달라진다. 버튼은 그에게 그가 정말 원하는 연기를 하라고 충고해준 것이다. 케빈은 이내 일을 그만두고 할리우드로 이사한다.

여기서 잠깐 주목할 만한 사실이 있다. 리차드 버튼과 케빈 코스트너와의 나이 차이를 보면 30년이라는 차이가 있지만 공교롭게 출생 태양기와 입태 궐음기가 동일하다. 따라서 리차드 버튼의 충고를 케빈의 입장에서 공감할 수 있는 것이다. 또한 옳다고 판단되면 화끈하게 실행하는 열정을 가지고 있음도 확인할 수 있다.

트럭운전, 고기잡이 뱃일 등 여러 가지 고생을 하다 찍은 한 편의 영화는 일종의 소프트 포르노영화였다. 그러나 연기를 꿈꾼 자신의 이상과 현실에 대한 차이 때문에 괴로워한 그는 그 이후 6년 동안 연기를 하지 않고 자신에게 맞는 역할을 하기 위해 기다린다. 이러한 태도 역시 양명객기를 가진 사람의 결벽증적인 태도임을 이해할 수 있다. 옳고 그르다는 판단에 따른 선택은 단호한 것이었으며 케빈 코스트너의 고집이었다.

한참 만에 비중이 미약한 조연으로 출연한 이후 80년대 중반에서야 정식으로 연기 경력을 쌓기 시작한다.

케빈은 전형적인 아메리칸 보이 스타일의 잘생긴 외모와 정직한 매너 덕분에 〈언터쳐블〉(1987)에 캐스팅된다. 그리고 〈노 웨이 아웃〉(1987)에서는 파격적인 섹스신 덕분에 혹평을 받기는 했지만 극장에는 관객들이 많이 모이게 되었다. 이후 주연급 배우로 완전히 자리를 굳힌다. 이어 직접 감독, 주연까지 맡은 〈늑대와 함께 춤을〉(1990)을 제작해 그해 아카데미 12개 부문에 올라 감독상을 비롯한 7개 부문을 수상, 완전히 스타의 반열에 오르게 된다.

양명이 유도하는 배짱과 투기성

하지만 최고의 제작비를 들이고도 흥행이나 비평적으로 완전히 실패한 영화 〈워터월드〉(1995) 이후로 여러 편의 TV 시리즈와 〈틴컵〉(1996), 〈포스트맨〉(1997) 등에 출현했지만 부진한 흥행성적으로 별다른 주목을 끌지 못하고 있다.

이상의 케빈 코스트너의 연기 행적을 보면서 역시 양명객기가 가지는 배짱과 태양주기의 자존심은 절대로 물러설 수 없는 상황에 있는 것 같다. 당연히 케빈 코스트너의 선택은 흥행작이 나올 때까지 지속적인 활동을 할 것이며 입태 궐음객기를 보면 기술적으로나 기획력에 있어서 절대 그냥 사라질 위인이 아닌 것으로 예측된다.

우피 골드버그의 신념 13)

독특한 캐릭터의 흑인 여배우가 있다. 바로 우피 골드버그다. 그녀는 1955년 11월 13일에 태어났다. 그녀의 체질은 양명객기에 양명주기 그리고 입태는 궐음객기에 궐음주기이다. 이러한 체질심성은 자신의 자존에 대해서 흔들리지 않는 신념을 가지고 있으며 궐음 기운에 의해서 과감하게 시도되고 기획된다. 매사 자신의 주관을 세우며 그 결과에 대해서 스스로 평가하고 세인의 눈치를 보지 않을 정도로 신념이 강한 사람이다.

주로 아프리카 이주민들의 집단 거주지로 알려진 뉴욕 주 첼시 출신인 우피는 초등학교 시절부터 히피 풍 나팔 청바지와 아프리카

우피 골드버그
1955년 11월 13일

출생 체질		입태 체질	
객기	주기	객기	주기
양명	양명	궐음	궐음

통솔	사교	신념	추리	논리	지혜
36	78	124	70	36	60

우피 골드버그는 양명객기에 궐음주기를 가지고 있어 자신의 자존에 대해 흔들리지 않는 신념을 가지고 있으며 궐음기운에 의해 무엇이든 과감하게 시도하는 실천력을 가지고 있다.

원주민들이 즐겨 치장하는 머리갈래를 좌우로 꼰 아프로 스타일을 하고 다녔다. 여기에 한술 더 떠 얼굴에는 형형색색의 물감을 칠하고 다녔다. 당연히 주변에서 우피에 대해 수군거림이 들려왔다. 이런 스타일은 친구들에게 스스로 따돌림을 당하는 단초가 되었다고 한다.

오히려 '너희들과 어울리지 못하더라도 그렇게는 못 해!' 하고 화를 냈고, 이토록 주변 눈치에 전혀 개의치 않는 성격이 영화배우로 일하는 데 큰 도움이 되었다.

양명이 유도한 자기중심적 신념

이러한 행동을 통하여 우피 골드버그의 체질심성은 자기중심적인 신념을 만들어냈던 것이다. 언뜻 보기에는 창피해서 고개를 들고 다니지 못할 정도의 기괴한 옷차림에 대해 스스로 당당하게 생각하는 것은 아무나 할 수 있는 것이 아니다. 양명객기와 양명주기가 있는 사람이라면 그러한 줏대를 발휘할 수 있기는 하지만 그래도 쉽지는 않았을 것이다. 이런 당당함 뒤에는 딸의 행동을 전폭 지지하면서 격려하고 용기와 자극을 주었던 어머니의 그림자가 있다.

그녀는 남과 다른 행동을 보여준다는 것이 큰 용기를 필요로 한다는 것을 깨달았다. 하지만 두려워하지 않았다. 그려는 다른 사람의 기분에 맞추어 살고 싶은 생각이 전혀 없었다. 동화되기보다는 자기 주관을 내세운 이탈을 시도했던 우피의 행동거지는 조화되기보다는 개성을 강조하는 영화계 속성에 빨리 적응할 수 있는 원천이 되었다. 영화계에 입문해서도 치렁치렁한 곱슬 장발머리에 검은 슈트를 단골로 착용했던 그녀의 행실은 처음에는 논란거리를 제공했다. 하지만 시간이 흐른 뒤 우피의 트레이드마크를 관객들과 동료 여배우들이 모방하면서 유행의 흐름을 주도하는 패션 리더로 대접받기 시작했다. 그녀는 흑인이기 때문에 불리한 배우의 세계에서 독특한 캐릭터로 당당히 맞서는 여전사와 같은 사람이었다.

플라시도 도밍고의 완벽한 기교 14)

양명객기는 좋고 나쁨 옳고 그름에 대한 자기 기준을 갖추고 스스로 긍정적인 방향으로 발달시키는 기운이다. 자기 기준을 갖추기 위해서 사물에 대한 핵심을 파악하고 그 가치를 간파하는 능력이 탁월하다는 뜻이다. 그리고 이러한 사람을 뜻이 있는 사람이라고 하고 신념과 의지를 가진 사람이라고 한다. 가수가 이렇다면 당연히 완벽을 추구하는 가수일 것이다. 과연 그럴까?

우리말로 '즐거운 일요일' 이라는 뜻의 이름을 가진 플라시도 도밍고는 1941년 1월 21일 출생했다. 그의 체질은 양명객기 궐음주기 그리고 입태는 양명객기에 소음주기를 타고났다. 이 체질 심성을 유추해 보면 정말 완벽을 추구하는 성악가적 기교를 추구했다는 것을 인정할 만하다.

스페인의 마드리드에서 태어나 8세 때 멕시코로 건너간 도밍고의 부모는 스페인의 민속 오페라, 가수 겸 극단 단장이었다. 멕시코시티 음악원에서 피아노와 지휘를 배우다 나중에 성악으로 전향한 그는 16세가 되던 57년, 사르수엘라 극단에서 바리톤 가수로 데뷔해 젊은 스타 가수로 인기를 모았다. 20세가 되던 61년, 멕시코시티 가극장에서 역시 바리톤 가수로 데뷔했고, 같은 해 '라트라비아타' 의 알프레도 역으로 테너로서도 데뷔했다. 파바로티와 같은 해에 본격적인 테너가수로 데뷔했으니 활동기간으로 치면 두 사람이

플라시도 도밍고
1941년 1월 21일

출생 체질		입태 체질	
객기	주기	객기	주기
양명	궐음	양명	소음

통솔	사교	신념	추리	논리	지혜
15	37	67	42	18	24

플라시도 도밍고는 양명객기에 의해 완벽을 추구하는 성악가였다. 완벽한 기교의 추구뿐 아니라 궐음주기를 겸비하고 있어 탁월한 배역 소화와 뛰어난 연기 등 기술적인 측면에서도 뛰어난 면모를 보였다.

같은 꼴이다. 하지만 도밍고는 당분간 바리톤도 병행했다.

궐음이 유도하는 기술적 완벽

이를 보면 도밍고는 양명객기에 궐음주기를 겸비한 장점을 가지고 있음을 알 수 있을 것 같다. 궐음주기가 가지는 기술적인 접근과 양명이 추구하는 완벽성이 다른 성악가들이 하지 못하는 바리톤과 테너 가수로 활동하도록 유도한 것이다.

1962년부터 1967년까지 텔아비브 · 마르세유 · 뉴욕 등의 극장들을 전전하던 그는 1968년에 이르러 기회를 잡게 되었다. 프랑코 코렐리의 역으로 메트로폴리탄 오페라 극장에서 '아드리아나 르쿠브뢰르' 의 마우리치오 역으로 데뷔해 대성공을 거둔 것이었다. 이후 베르디가 창조한 돈 카를로 · 오텔로 · 라다메스 등의 역할, 푸치니 및 베리스모 주요 작품, 프랑스 레퍼토리들에서 빛을 발하며 메트와 빈 국립 가극장, 스칼라 극장, 로열 오페라 극장 등을 누볐다. 따라서 도밍고는 파바로티보다 레퍼토리 면에서 폭이 넓다고도 할 수 있다. 사르수엘라에도 계속 출연했고, 리사이틀도 가는 곳마다 많은 사람들을 불러 모았다.

양명과 궐음이 유도하는 지휘 및 기획력

80년대 들어서는 어린 시절 잠시 공부했던 지휘에도 관심을 보이기 시작, 오페라뿐만 아니라 교향악단의 지휘대에도 섰다. 90년대 들어서는 '라 토스카', '라 보엠' 등의 오페라 지휘 중심으로 선회했다. 1990년에는 빈 국립 가극장 무대에 로엔그린으로 등장하며 바그너에까지 욕심을 내기 시작했다. 이탈리아 오페라에서 바그너로 선회한다는 것은 성악 역사상 드문 일로 마치 무슨 금기를 깨는 것처럼 받아들여졌고, 많은 사람들의 관심을 끌었다. 여기서도 양명객기와 궐음주기를 가진 특성을 그래도 발휘한 것이다. 기술적인 성숙은 오페라와 교향악단의 지휘로 이어지고 거기서 다시 바그너로 선회하는 변신은 묘기에 가깝게 보여졌을 것이며 많은 관심을 불러들였을 것이다.

그는 가끔 '20세기 후반의 테너 중 누가 가장 뛰어난가를 가리는 논쟁에서 파바로티와 함께 늘상 도마 위에 오른다. 이 경우 어느 한 쪽을 지지하는 발언을 잘 들어보면 개인적인 선호를 드러내는 것에 지나지 않는다는 것을 알 수 있다. 즉 파바로티와 도밍고는 세부적으로 나눠볼 때, 직접적으로 비교할 수 없을 정도로 뚜렷이 서로의 전문 분야를 나눠서 점하고 있다. 같은 작곡가의 경우라도 좀 더 서정적인 작품은 파바로티가, 드라마틱한 작품은 도밍고가 돋보인다. 파바로티가 천부적인 미성과 시원스런 고음의 뻗침을 자랑한다면, 원래 바리톤이었던 도밍고는 이런 점에서는 밀리지만 탁월한 극적 표현력과 드라마틱한 가창을 장점으로 하고 있기 때문이다. 도밍고는 자신의 의지로 고음을 점령한 인물이다. 그래서 더욱 그러한 특징이 잘 드러난다. 탁월한 배역 소화와 뛰어난 연기라는 측면에서도 도밍고를 능가할 인물은 드물다.

아가사 크리스티의 가치 추구 [15)]

양명객기를 가진 소설가로 아가사 크리스티가 있다. 그녀는 1890년 9월 15일 출생하였다. 그녀의 체질은 양명객기 태음주기 그리고 입태는 태양객기와 태양주기를 타고났다.

아가사 크리스티의 문학과 인생에 끼친 어머니의 영향력은 절대

아가사 크리스티
1890년 9월 15일

출생 체질		입태 체질	
객기	주기	객기	주기
양명	태음	태양	태양

통솔	사교	신념	추리	논리	지혜
47	52	71	45	36	33

아가사 크리스티는 양명객기 때문에 소설의 등장인물들에 신념을 지키는 의사, 법관, 군인들이 많이 등장한다. 그리고 태음주기가 가진 논리적인 성향으로 추리소설에 과학적 신빙성을 부여할 수 있었다. 또한 그녀가 지속적으로 글쓰기에 몰입할 수 있었던 것은 자신을 통솔할 수 있는 태양기운 때문이었다.

적이라고 할 수 있다. 그녀의 어머니는 영국의 중산계급 출신으로 우아하고 엄격한 부인이었다. 거기에다 그녀가 어렸을 때 아버지가 돌아가시자 그녀의 어머니는 딸의 교육을 전담했다. 아가사는 학교에 입학하지 않고도 세상의 모든 지식을 어머니로부터 받을 수 있었다. 이 대목에서 아가사의 양명객기는 아주 좋은 조건을 만났다 할 수 있다. 도덕적이고 윤리적인 어머니의 환경은 아가사의 가치관 형성에 많은 영향을 주었다.

그녀는 어머니에게 성악과 피아노를 배웠는데 어머니는 딸이 성악가로 성장하기를 바랐고 그녀도 그렇게 될 것이라 믿고 있었다. 그러나 그녀는 부드럽고 늘 웃음을 띠는 용모임에도 불구하고 많은 사람들 앞에 서는 것을 몹시 꺼려했다. 그녀는 자기의 상상력과 그 속의 우주를 이리 저리 뜯어 맞추는 재미에 몰두했다. 여기에 작용하는 것은 역시 태음주기이다. 태음주기가 가진 기운에 의해서 그녀는 매우 합리적이고 논리적이며 과학적인 사고를 진행할 수 있는 터전을 만들기 시작한 것이다.

양명과 태음이 유도하는 가치 있는 논리

어머니는 그녀가 10살이 되던 해, 그 여름 파리의 한 음악학교에 입학시켰다. 그러나 오페라 가수가 되기에는 성량도 부족했고 타고난 음악의 천재성도 없는 것이 알려진 후부터 그녀의 어머니는 딸에게 건 성악가의 꿈을 거둬들였다. 아가사는 한 때 이것 때문에 실의에 빠졌으나 자신을 빨리 회전시켜야겠다는 생각으로 감상적인 소설을 쓰기 시작했다. 쓴다는 일에 몰두하자 그녀는 다시 명랑해지고 삶에 대한 뚜렷한 희망을 가지게 되었다. 아취볼드와 결혼을 하고 전쟁 지원에 뛰어들었을 때에도 그녀는 습작에 몰두하고 자신의 공상의 세계를 늦추지 않았다. 이러한 집중력은 어디에서 비롯된 것일까? 이것은 아가사의 태음이 가진 유연함으로 비롯될 리 없다. 그렇다고 신념에서 비롯되었다고 할 수도 없다. 그것은 입태의 태양객기와 태양주기의 작용이라고 평하는 것이 옳을 것이다. 그 기운이 있었기 때문에 흔들리거나 자신의 주장을 꺾지 않고 꿈을 향해 나아갈 수 있었던 것이다. 그녀는 통솔지수를 가지고 자신을 통솔했던 것이다.

양명이 유도하는 소재에 대한 가치관

아가사 크리스티가 즐겨 다루는 작중의 주인공들은 의사, 법관, 군인, 목사들로서 결코 특이한 인물들이 아니다. 그러나 이들은 아가사 크리스티의 섬세한 관찰력과 기발한 상상력에 의해서 마침내는 시민정신에 굴복하게 된다. 그녀의 추리소설에서는 추리 그 자체보다 인물의 성격이 더 우수하다. 살인과 추리소설이라는 장르의 여왕으로서, 그녀만큼 줄거리를 그토록 암시적으로 끌고 간 작가도 없었으며 복선을 워낙 교묘히 쳐 놓곤 하여 독자들은 거의 누가 악역인지 알아내지 못한다.

아가사 크리스트의 삶은 정말로 치밀한 통솔로 구성되어 있음을 알 수 있다. 그녀의 일상과 사고 방식을 추리소설을 구상하는 논리적인 구성을 위해서 변화되고 통솔되었다. 그래서 얻어지는 그녀의 만족과 과학적인 신빙성 그리고 추리 등등의 열매를 많은 사람에게 제공했던 것이다.

사실 추리소설의 작가들이 소음기운을 가진 사람일 것이라는 필자의 생각은 잘못된 것이었다. 그보다는 논리적인 접근을 통하여 추리가 나올 수 있다는 사실을 알았다. 현실의 세계는 추리를 통하여 미래를 내다보는 것이지만 소설의 세계에서 그럴 필요가 없는 것이다. 과거의 삶을 바탕으로 논리적인 사실이 만들어지고 이것이 소설로 구성될 때 비로소 추리가 만들어지는 것이다. 그녀의 삶에서 얻어진 경험이 바로 추리소설을 만드는 원동력이 된 것이다.

엔리코 페르미 16)

엔리코 페르미
1901년 9월 29일

출생 체질		입태 체질	
객기	주기	객기	주기
양명	양명	양명	태양

통솔	사교	신념	추리	논리	지혜
26	68	123	62	17	20

과학자인 엔리코 페르미는 양명객기가 있어 수학적인 사고 능력이 매우 뛰어나며 문제의 핵심을 천재적으로 찾아내는 안목을 가지고 있다. 거기에 태양기운이 있어 사교지수가 작용하여 기억력이 뛰어났으며 추리지수가 높았기에 훌륭한 과학로서의 자질을 갖추고 있었다.

양명객기를 가진 과학자는 어떤 사람이 있을까? 그들은 분명 과학적인 두뇌를 가진 자들일까? 이러한 의문을 많이 한다. 양명기운이 유도하는 가치는 형이상학적이어서 현실적인 기준이 되지 않기 때문이다. 그러나 다른 한편으로 생각해 보면 양명이란 기운이 만든 사물의 가치와 그 기준은 자연을 관찰하는 또 다른 기준이 된다는 사실이다. 가령 계란이 먼저인가 닭이 먼저인가의 과학적인 질문을 한다면 그 대답을 유도하는 방향도 다를 것이다. 만약 논리적인 답변을 얻어내려고 한다면 그 답이 없을 것이며 문제도 되지 않는다. 수학적인 답변을 얻으려고 해도 이것은 불가능하다. 지혜로운 답변을 하려고 해도 쉽지 않다.

그러나 신념을 기반으로 하는 답변은 가능하다. 계란과 닭의 가치는 어디에서 비롯된 것인가? 계란이 쓸모 있고 가치가 있다면 닭은 계란의 부속물일 것이며 계란을 얻기 위한 수단에 불과한 존재로 인식할 것이다. 그러니 계란이 먼저인 것이다. 그리고 닭이 쓸모 있고 가치가 있다면 계란은 닭을 얻기 위한 수단에 불과한 존재가 된다. 그러니 닭이 먼저이다. 역설적이긴 하지만 이것이 과학적 판단을 하는 양명의 기운이 있기에 가능한 것이다.

엔리코 페르미의 핵심 추구

양명객기가 강한 엔리코 페르미는 1901년 9월 29일 출생했다. 그의 체질은 양명객기 양명주기 그리고 입태는 양명객기 태양주기를 타고났다. 이러한 체질심리를 가진 사람은 매우 간단한 체질지수를 구축하기 때문에 신념지수를 중심으로 사교와 추리가 보조하는 특성을 발휘한다. 따라서 수학적인 사고능력이 매우 뛰어나며 문제의 핵심을 천재적으로 찾아내는 안목을 가지게 된다. 거기에 낙천적인 성격이 같이 작용하므로 과학자로서의 체질 심리적 특성을 가지고 있다고 보아야 한다.

양명에서 유도되는 기억력

엔리코 페르미가 열네 살이 되던 어느 날, 그는 로마 거리의 오래된 시장 안으로 걸어 들어가 고서적들이 즐비하던 진열대를 샅샅이 뒤지기 시작했다. 얼마 후, 그는 흥미 있는 것을 발견하였다. 1840년에 라틴어로 쓴 물리학 책이었다. 이 어린이는 이미 투영 기하학과 수학에서 쓰이는 다른 도구들에 관해서는 통달한 지 오래였다. 그리고 그는 지금 물리학에 관심을 가지기 시작했다. 엔리코는 뛰어난 암기력을 가진 덕분에 대개의 경우 책을 한 번만 읽으면 모두 외울 수 있을 정도였다. 여기서 엔리코의 체질 중 사교지수가 작용하기 때문에 기억력이 뛰어났으며 추리지수가 높았기 때문에 수학적인 자질이 뛰어났다는 사실을 인식하고 있어야 한다. 그런데 거기에 심취하고 있으니 교육의 힘은 뛰어난 자질을 더욱 강하게 발달시키는 것이다.

대학에서 엔리코는 물리학적 이론에 관련된 문제를 해결하는 데는 타의 추종을 불허했다. 하지만 1920년대 당시의 물리학자는 모두 실험물리학자를 지칭했다. 로마 대학에서 페르미는 자신의 실험 능력을 개선시키는 데 몰두했다. 얼마 안 가서 그는 기계적인 것들에 매우 정통하게 되었다. 한 번은 미국으로 출장을 간 적이 있었는데 도로에서 차가 고장이 났다. 그는 근처 주유소에 차를 세우고 능숙하게 차를 수리했고, 이를 지켜보던 주유소 사장은 즉석에서 일자리를 제의했다고 한다. 여기서도 엔리코의 양명객기의 위력을 실감할 수 있다.

양명이 유도하는 핵심에 접근하는 능력

사실 기술적인 문제는 궐음기운이 있어야 작용하지만 엔리코에게는 궐음이 작용하지 못한다. 그렇다면 양명객기가 만드는 문제의 핵심을 찾아가는 천부적인 능력이 발휘되었다고 볼 수 있다. 그것이 가장 가치 있는 것이라면 그것이 문제의 핵심이 되는 것이다. 기계적인 작동원리에 대한 핵심을 잘 이해하고 있는 그였기에 자동차와 같은 기계의 문제점을 해결하는 능력은 당연히 기술적인 지원이 없어도 가능했던 것이다.

페르미의 실험 능력은 곧 보다 큰 성공을 거두었다. 1932년에 중성자가 발견된 후, 그는 중성자 다발을 쏘았을 때 생겨나는 방사능을 연구하는 그룹의 책임자가 되었다. 이 그룹은 실험 장치가 나무로 된 테이블 위에 놓였을 때와 대리석 위에 놓였을 때 다른 결과를 도출하게 됐으며, 이들은 이를 매우 의아해 했다. 페르미는 대답을 찾았으며 천천히 움직이는 중성자들이 더 큰 방사능을 갖는 것을 발견하였다. 이와 같은 노력이 그에게 1938년도 노벨상을 안겨 주었다. 후에 페르미는 미국의 명문대학으로 자리를 옮겨서 최초로 원자로를 고안해 냈으며 원자폭탄을 설계했다.

페르미의 비상한 암기력과 어려운 문제를 단순화시키는 뛰어난 능력은 때로는 그를 신들린 것처럼 보이게끔 했다. 만약 페르미가 어떤 문제에 직면하여 정답을 모른다고 해도, 누군가가 몇 개의 숫자를 그에게 들려주면 그는 정답에 눈을 반짝여 맞힐 것이라는 소문마저 돌기도 했다. 문제를 풀어내는 그의 능력은 실로 대단했지만, 말년에는 젊은 물리학자들의 세미나에 참석해서 전혀 알아들을 수 없다고 불평을 늘어놓는 지경에까지 이르고 말았다. 단지 강연의 마지막 한마디만이 그를 감동시킬 수 있었다. 즉, 그 한마디는 "이것이 바로 엔리코 페르미의 베타붕괴 이론입니다."이었다.

페르미의 극단적인 양명기운은 결국 문제를 단순화시키는 능력 즉 핵심을 파악하는 능력을 만들어냈다. 이것이 과학적인 자질을 키우는 열쇠인 것이다. 그리고 기억력과 수학적인 연산능력 또한 양명기운이 이끌어낸 결과물인 것을 기억해야 할 것이다.

소음객기, 꼼꼼한 그러나 소심한

여섯가지 체질유형

1. 태양객기
2. 소양객기
3. 양명객기
4. **소음객기**
5. 태음객기
6. 궐음객기

필자는 소음이라는 단어에 친근감을 느낀다. 왜냐하면 필자가 소음과 관계가 있기 때문이다. 그렇다면 소음이라는 기운은 어떠한 기운일까? 사실 오행으로 소음을 나눈다면 화에 해당된다. 그러나 전술한 바와 같이 또 다른 화로 '상화' 라는 것이 있다. 그렇다면 소음이 가지고 있는 화와 상화의 화는 어떻게 다른 것일까? 이것을 구분하는 문헌적인 근거는 어디에 있는가?

한의학을 공부하면서 이러한 수수께끼를 풀기 위해서 많은 노력을 했다. 그리고 얻은 결론은 '소음은 임금과 같은 불이고 상화는 재상과 같은 불이다.' 라는 사실이다.

도대체 소음은 어떠한 불일까? 이미 상화는 밝은 빛과 빛을 타고 오는 에너지를 의미한다고 소양에서 밝혔다. 그렇다면 소음은 어떠한 불일까? 음 중에 양이 있는 것인데 이것이 무엇을 의미하는 것일까? 이것은 어떻게 느껴지는 기운인 것인가?

소음을 군화라고 비유하는 것은 임금과 같은 불이라는 뜻이다. 임금은 함부로 접근하는 불이 아니다. 불에 손을 대면 덴다. 즉 소음은 불덩어리다. 손으로 잡으면 화상을 입힐 수 있는 불이다. 그래서 화롯불에 비유한다. 빛은 없는데 불덩어리를 만지면 화상을 입는 불인 것이다. 상화는 재상과 같은 불이다. 신하의 불이다. 백성에게 다가가는 신하이므로 백성은 신하를 쉽게 만날 수 있다. 손에 닿아도 해를 끼치지 않는 불이니 그것은 불빛인 것이다. 그래서 상화이다.

그렇다면 소양이 나타내는 기후는 뜨겁게 햇살이 비치는 날씨이다. 소음은 햇살은 별로 없는데 뜨거운 날씨를 의미한다. 은근하게 따뜻한 날씨이다. 이렇게 햇살이 없이 따뜻한 날씨가 있는 시기는 일 년 중 언제일까? 필자는 곡우를 지목한다. 곡우란 농사짓기 적당한 비를 의미한다. 비 중에도 세우(細雨)에 해당되며 안개처럼 내리는 비, 또는 안개를 의미하기도 한다. 대지에 비가 내린다면 날씨는 흐려있을 것이다. 그러니 햇살은 없는데 따뜻한 시절이다. 그런데 이 시절이 따뜻하기는 할까? 사실 곡우는 4월 하순에 있다. 사실 우리나라에서는 이 시기가 봄이다. 꽃샘추위가 물러가고 본격적으로 따뜻하여 농사를 시작하기 좋은 시절이 온 것이다.

곡우를 중심으로 전 30일은 춘분이다. 곡우 후 30일은 대략 소만이 있다. 그러니 춘분에서 소만까지가 소음기운이 만연한 시기라 할 수 있다. 곡우 전 30일은 용의 달이라서 진월(辰月)이며 곡우 후 30일은 뱀의 달이라서 사월(巳月)이라고 한다. 이 시기가 되면 사람들은 농사를 시작할 것인지 세심하게 일기를 살핀다. 스스로 무엇을 경작할 지 결정하지 않고 남의 눈치를 보며 소심하게 저울질한다. 그래서 일 년 농사에서 가장 유리한 것이 무엇일까를 예측하기 위하여 자연을 세심하게 관찰하고 저장해 두었던 종자를 파종하기 시작한다. 그리고 종자가 얼마나 필요한 것인지 계산해보고 모

자란 것은 이웃에 가서 꾸어온다. 이렇게 계산이 밝은 시절이 소음기가 만연한 시기인 것이다.

소음의 해석

소음기운이 만연하는 시기

● 춘분에서 소만
(양력 3월 21일 경 ~ 5월 21일 경)
의심이 많고 이중적인 면이 있으나 의리가 깊어 친구를 잘 사귄다. 편식을 하는 경향이 있어 심장과 위에 질환이 발생한다.

소음객기를 가지고 있는 사람을 만나면 소심하고 좀스러우며 너무 꼼꼼해서 탈이라는 이야기를 해서는 안 된다. 매우 기분 나쁘게 생각할 것이다. 그렇기 때문에 아주 고상한 표현을 선택해야 한다. 추리력이 뛰어난 사람 혹은 창의력이 뛰어난 사람이라고 표현하는 것이 상대방을 기분 좋게 할 것이다.

이 체질은 실질적이고 꼼꼼하며 세심하게 관찰하는 심리적 특성이 발휘된다. 그래서 의문나는 것이 있으면 다시 확인하고 관심사항에 대해서는 가능하면 시작과 끝에 대한 비교적 자세한 사항을 알아내고 싶어 한다. 그래서 현실에 근거한 추리력이나 연산력이 강하게 작용한다.

소음주기가 있는 사람은 소심하고 세심한 관찰력이 있으며 생각이 많은 사람이라고 평가하면 이에 대해서 부정하는 사람은 거의 없을 것이다.

소음객기에 대한 간단한 해

객기	주기	
소음	태양	추리력이 강하고 직관력과 통찰력이 있다.
	소양	추리력이 강하고 친화력과 자기 표현력이 있다. (클린트 이스트우드, 헤리슨 포드)
	양명	추리력이 강하고 옳고 그름에 대한 가치판단이 명확하다.
	태음	추리력이 강하고 논리적이며 합리적이다. (헨리 포드, 스티븐 킹, 칼 구스타프 융)
	소음	추리력이 강하고 꼼꼼하며 시야가 좁고 내성적이다. (잭 니콜슨)
	궐음	추리력이 강하고 하고자 하는 일에 실천력이 강하다.

인물이야기

꼼꼼한 대통령, 소심한 지도자

강력한 리더십과 카리스마가 있어야 할 지도자의 체질에, 소음에서 유도하는 추리능력이 강력한 통솔력으로 승화하는 것이 가능할 것일까? 통솔력과는 거리가 먼 추리력이 통솔력으로 사람을 이끌 수 있는 것일까? 우선 추리력은 세심하고 꼼꼼한 관찰력을 기본 능력으로 유도한다. 그리고 처음에는 시야가 좁지만 오랜 경험에 의

Point
장기집권의 대가들이 소음객기 중에 많다. 소음이 미래지향적인 추리를 바탕으로 사고하기 때문에 통치자들의 입장에서 미래를 치밀하게 예측, 정국을 주도할 수 있다면 정권의 유지 가능성은 매우 높다.

해서 점차 시야를 넓힐 수 있으며 그럴수록 다양한 변화를 유도할 수 있는 기운이다. 매우 차분하고 꼼꼼하며 현실적인 가능성이 좋은 힘으로 작용하기 때문에 현재의 힘보다는 미래의 발전성이 높은 기운이라고 할 수 있다.

소음이 유도한 미래지향적 정보관리 능력

프랑스의 미테랑은 역대 프랑스 대통령의 성향과 달리 사회주의적인 성향이 강한 지도자이다. 고인 물이 썩듯이 민주주의의 폐단이 만연할 시점에 이익의 재분배 및 노동자의 편에 설 수 있는 대통령을 내세우며 등장했다. 그래서 시대를 잘 타고난 대통령이라고 할 수 있다.

푸틴 대통령은 KGB 보스였다. 소련의 정보국에서 그의 성격대로 정보망을 꼼꼼하고 세심하게 살필 수 있었으니 다른 보스들 보다는 탁월한 힘을 발휘했을 것이다. 특히 음지에 숨어서 자신의 세력을 키울 수 있었으니 얼마나 좋았을까. 고르바초프에서 옐친까지 보좌하면서 혼란기를 활용하여 대통령이 된 뒤 장기집권하고 있다.

그런데 마르코스 필리핀 대통령과 사담 후세인 이라크 대통령을 보면 정말로 장기집권의 대가들이 소음객기를 가진 사람 중에 있다는 사실을 확인하게 된다. 사실 두 사람은 모두 음적인 기운이 강한 사람이다. 소음객기가 있으며 태음기가 강하게 작용하는 사람인 것이다. 소음이 미래지향적인 추리를 바탕으로 한 사고력을 의미한다면 태음은 과거지향적인 논리적 사고력을 의미한다. 이것을 모두 잘할 수 있는 사람이라면 자신에게 따라오는 과거와 미래에 대해 효과적인 대처를 할 수 있으며 이러한 균형감은 자신의 정권을 오랜 시간 유지할 수 있게 도울 수 있을 것이다.

피델 카스트로는 태음기 하나만으로도 정권을 유지할 수 있었을 것인데 그보다는 양명기운에서 파생되는 추리지수의 힘이 강하게 작용한 점을 다시 생각해 보아야 한다. 이것은 보다 높은 차원의 분석에서 나오는 것이므로 이 정도로 이해하고 넘어간다. 하지만 소음이 유도하는 추리력은 미래지향적인 에너지로 충분히 작용할 수 있다. 통치자의 입장에서 미래를 치밀하게 예측해 정국을 주도할 수 있다면 정권의 유지 가능성은 정말로 높을 것이라 판단된다.

소음이 유도하는 추리력을 가진 통치

그런데 조지 부시 현 대통령의 아버지를 살펴보자. 무언가 카리스마가 있기는 하지만 약하다고 느껴지지 않는가? 소음객기와 소양주기 그리고 입태, 소음객기와 태음주기가 작용하는 아버지 부시는 아들에 비하여 소심한 대통령이며 앞날을 치밀하게 예측하려는 시도를 많이 한 대통령이다. 또한 주변국의 이목도 살펴야 하는 사교적인 대통령이다. 그러한 캐릭터가 클린턴이란 지략가를 만나니 깨질 수밖에 없었을 것이다.

사실 통치에 있어서 앞날을 예측하는 추리력은 필요한 것이다. 이것이 없다면 정권의 앞날이 보장되지 않기 때문이다. 또한 이러한 추리력은 정책의 입안자 중 최고위에 있는 사람에게 필요한 요소이지 보좌하는 사람의 입장에서 추리력을 내세우는 것은 추리지수가 높지 않은 최고위자의 눈에 들기 어려울 것이다. 그러니 유유상종이라고 추리력이 높은 지도자 밑에는 당연히 추리력이 높은 보좌관이 자리하고 있는 법이다. 쉽게 이야기해서 코드가 맞는 사람이 들어 있다는 것이다.

그런데 독특한 것은 육체파 배우 아놀드 슈왈츠제네거이다. 매우 과격하고 선이 굵으며 통쾌한 영화의 주연배우로 이름을 날리던 아놀드 슈왈츠제네거가 정치에 입문하여 주지사가 되었다. 처음에는 이 사람이 카리스마가 넘치는 태양기가 있는 사람으로 예측했는데 어이없게 소음객기 태음주기 그리고 입태에 소음객기 양명주기를 가지고 있는 사람이었다. 그러니 의외로 세심하고 섬세하며 생각이 깊고 침착한 사람이라 할 수 있다. 물론 배우의 입장에서 캐릭터대로 자신의 본래 성격을 숨기고 대본 속의 인물에 맞는 연기를 하는 것이라고 하지만 어쨌든 그렇게 되지 않았는가?

사실 주지사가 될 사람은 추리지수가 높고 논리지수가 높으며 기획력 있는 사람이라면 좋을 것이다. 허풍을 많이 떨고 이상적인 정치가가 주지사가 되면 단지 대통령이 되기 위한 교두보 정도로 거쳐 갈 것이기 때문이다. 그런데 예측력과 사고력을 가진 주지사는 정치적인 생명을 언제까지 이어갈지 궁금하다. 다른 독재자와 같이 장기간의 통치의 단맛을 보려하지 않을까? 한번 지켜보는 것도 재미있을 것이다.

헨리 포드 17)

소음객기를 가진 기업인으로 헨리 포드가 있다. 소음객기는 추리지수를 유도하는 기운이다. 사람을 꼼꼼하고 세심하게 관찰하고 미래를 예측하며 수학적인 계산이 치밀하도록 유도하는 기운이다. 그래서 가끔 너무도 신중하고 소심한 마음으로 시기를 놓치는 경향이 있으나 실수가 거의 없는 차분한 성격으로 유도하는 기운이다.

헨리 포드의 꼼꼼한 연구와 기업 경영

헨리 포드는 남북전쟁이 한창이던 1863년 7월 30일 농군의 아들로 디트로이트 부근 디어본에서 태어났다. 그의 체질을 분석해 보면 소음객기 태음주기 그리고 입태는 소양객기에 양명주기를 타고 났다. 그는 어려서부터 농사는 싫어했고 기계나 농기구 같은 것을 만지기 좋아했다. 특히 시계에 미쳐 열 살이 되기 전에 이웃의 고장 난 시계는 모조리 고쳐주는 시계박사라는 별명을 얻기도 했다. 이러한 능력은 체질심리의 어느 부분을 타고난 것일까? 아마도 소음객기가 가지는 세심하고 꼼꼼한 관찰력에 의해 유도되었을 것이며, 그로 인해 세밀한 시계의 작동 원리를 간파하는 것은 매우 당연한 일이다. 또한 태음주기는 과학적인 관찰능력을 유도하는 기운에 해당되기도 한다.

헨리 포드
1863년 7월 30일

출생 체질		입태 체질	
객기	주기	객기	주기
소음	태음	소양	양명

통솔	사교	신념	추리	논리	지혜
18	15	51	97	70	23

사업가인 헨리 포드는 소음객기가 있어 꼼꼼하고 세심하게 관찰하고 미래를 예측하는 수학적인 계산이 치밀하다. 때문에 꼼꼼한 연구가 가능했고 태음기운에 의해 과학적인 관찰능력이 발휘되기도 했다. 뿐만 아니라 소양기운이 있어 사교성으로 투자자를 확보하는 데 성공적일 수 있었다.

소음이 유도하는 집중적 시야

헨리 포드는 13세가 되던 해 디트로이트에 갔다가 이야기로만 듣던 증기자동차를 보고 홀딱 반해버렸다. 그 후로 그의 머리 속에는 시계 대신 자동차로 가득 차게 되었다. 16살이 되던 해에 그는 청운의 뜻을 품고 집을 떠나 디트로이트로 갔다. 그곳에는 초창기부터 미국의 중공업도시로 발달해 증기자동차공장, 엔진공장, 기계공장들이 즐비하게 늘어서 있었다.

처음 1년간 고생을 하다가 드라이독이라는 증기엔진회사에 취직을 하게 되었다. 급료가 적어 어려운 것은 마찬가지였으나 엔진기술을 배우기 위해 열심히 일을 했다. 20세에 견습공의 딱지를 떼고 웨스팅하우스라는 증기기관차회사의 엔진기사로 취직이 되었다.

그런데 바로 옆 이글이라는 엔진공장에서 소리가 부드럽고 석탄을 때지 않는 내연기관인 오토가스엔진제작을 보고 눈을 번쩍 떴다. 그래서 이내 이글공장으로 옮겨 가스엔진에 대한 지식을 쌓았다.

그리고 1891년에는 에디슨 전기회사에 입사하게 되고 그곳에서 전기지식을 충분히 습득하는 기회를 가졌다. 그러면서 퇴근 후, 집에서 엔진 만드는 일에 열중했고, 그 결과 1896년 최초의 2기통짜리 포드자동차가 완성되었다.

이상의 행적을 살펴보면 헨리 포드의 시야는 자동차 엔진개발에만 집중하고 있어, 그 기술적인 문제를 해결하기 위하여 끊임없이 노력했다. 또한 소양객기가 있어 사교적인 인간관계로 많은 기술자와 교류하는 능력이 있었을 것이다.

입태기운이 작용하는 힘

에디슨 전기회사를 나와 1899년 디트로이트자동차회사를 세웠으나 실패했다. 그래서 두 번째로 만든 자동차로 자동차경주에 참가했고, 1901년 디트로이트에서 열린 경주에 직접 출전해 당당히 우승을 차지했다. 38세의 나이였던 헨리의 속도는 72km/h나 되어 주위 사람들을 놀라게 했다.

이 우승을 계기로 자본가들이 다시 나타났고 1903년 포드자동차회사를 정식으로 발족시킨다. 회사 운영방식이 독특해 자신의 돈을 직접 쓰지 않고 남의 돈과 기술, 그리고 공장과 기계시설들을 이용해 첫차 모델A(2실린더 8마력 엔진)와 모델B, 모델K를 만들어 냈다. 하지만 먼저 생겨난 회사들과 치열한 경쟁을 벌여야 하는 어려움에 봉착했다.

이것을 타파하기 위해 그는 1908년 혁명적인 자동차 T형 포드를 만들어낸다. 이 차는 다른 차들이 2천 달러 수준일 때 825달러라는 파격적인 가격으로 경쟁력을 확보할 수 있었다. 1925년에 대당 260달러까지 값을 낮추는 등 기록을 세우며 1927년까지 생산되었다. 이렇게 차를 더욱 값싸게 만들기 위해서는 대량생산체제를 구축해야 했다. 때문에 포드는 모델을 단일화함으로써 부품을 표준화하고 공구의 사용법을 개선했다. 이렇게 해서 개발한 것이 1913년의 컨베이어식 조립라인이다. 이로 인해 T형 포드는 1927년 단종될 때까지 무려 1,500만대라는 천문학적인 숫자의 모델을 생산해 냈고, 20세기 전반 전 세계의 자동차시장을 독점한 자동차 왕이 되었다.

출생기운이 주도하는 에너지

사실 헨리 포드의 소음객기와 태음주기는 절대로 포드자동차 회사의 규모에 걸맞는 에너지가 아니다. 왜냐하면 소음객기와 태음주기는 연구자의 입장에서 볼 때 가장 이상적인 에너지이기 때문이다. 하지만 헨리 포드는 소음객기와 태음주기를 통하여 포드회사를 설립하는데 성공하였다. 이것은 자동차 생산기술을 개발하는 데 결정적인 에너지로 작용하였으며 이 과정에서 입태의 소양객기는 투자자를 확보하는 데 큰 역할을 하게 되었다. 그리고 거대화된 회사 조직이 만들어진 이후에는 전문 경영자의 손에 넘기는 과정을 거치게 되었다.

연기파 배우, 클린트 이스트우드, 잭 니콜슨, 해리슨 포드

소음객기를 가지고 있는 배우는 거의 없을 것이라고 생각한 것이 초기 필자의 생각이었다. 그것은 필자가 소음객기를 가지고 있기 때문이다. 그런데 이러한 생각은 편견이라는 사실을 알았다. 다음을 보자.

클린트 이스트우드의 섬세한 연기 18)

클린트 이스트우드
1930년 5월 31일

출생 체질		입태 체질	
객기	주기	객기	주기
소음	소양	소음	태음

통솔	사교	신념	추리	논리	지혜
28	39	62	104	63	24

클린트 이스트우드가 영화계의 거목이 될 수 있었던 것은 소음객기에서 나온 꼼꼼한 관찰력과 깊은 사고를 바탕으로 하는 논리적인 사고 때문이었다.

우선 클린트 이스트우드를 소개한다. 필자는 메디슨 카운티의 다리를 통해 클린트 이스트우드를 만났다. 그는 1930년 5월 31일 미국 샌프란시스코에서 가난한 노동자의 아들로 태어났다. 그의 체질은 소음객기에 소양주기 그리고 입태는 소음객기에 태음주기였다.

그는 1948년 오클랜드 공업전문학교를 졸업하고, 사회 각 분야를 전전하다가 배우가 되었다. 여기까지 보면 체질 심리적 유도가 얼마나 정확한 것인지 감탄할 것이다. 클린트 이스트우드의 학창시절 공부는 이과분야에서 시작한 것이다. 꼼꼼한 관찰력과 깊은 사고를 바탕으로 하는 논리적인 사고는 공업전문학교 공부에 적합했을 것이다. 입태의 소음객기와 태음주기가 그 원인인 것이다.

그러나 이후 클린트 이스트우드는 유니버설 스튜디오에서 트럭 운전을 하며 단역 배우로 영화에 출연해 연기 경력을 쌓았다. 그리고 수많은 영화에 출연하였으며 나중에는 영화감독으로 흥행에 성공하였다. 결코 멋있지도 않고 깡말라 잔뜩 찡그린 얼굴은 성격이 괴팍한 사람일 것이라 생각하게도 하지만, 꼼꼼한 관찰력과 깊은 사고로 인해 영화계의 거목이 될 수 있었던 것이다.

잭 니콜슨의 섬세한 성격 19)

그런데 클린트 이스트우드 보다 더 강한 이미지를 가진 잭 니콜슨 같은 성격파 배우가 소음객기를 가지고 있었다. 그는 1937년 4월 22일 출생하였다. 그의 체질은 소음객기와 주기 그리고 입태에 태음객기와 주기로 구성되어 있다. 그런데 이러한 체질심리가 그를

천의 얼굴을 가진 배우라는 평가로 이끌어준 것이라 생각한다.

필자에게는 주로 다양한 캐릭터를 가진 악역 배우로 기억되고 있는데 섬세하고 꼼꼼한 관찰력과 사고를 택해 등장인물의 성격을 적나라하게 표현하는 그의 연기력에 증오의 감정과 함께 감동을 받곤 했다.

잭 니콜슨은 MGM 영화사에서 근무하다 〈차와 동정〉으로 영화에 데뷔했다. 이후 〈이지 라이더〉에서 술주정뱅이 변호사역을 맡으며 주목을 받기 시작한 잭 니콜슨은 〈포스트맨은 벨을 두 번 울린다〉, 〈애정의 조건〉, 〈차이나 타운〉 등에 출연 했다. 그를 최고의 배우로 올려놓은 작품은 〈샤이닝〉과 〈배트맨〉이다. 〈샤이닝〉에서의 폐쇄 공간 속에서 점점 광기스럽게 변해가는 섬뜩한 모습과 〈배트맨〉에서 죽음 직전까지 미소를 흘려 내는 장면은 그 표정 하나만으로도 사람들을 압도하기에 충분했다. 〈마지막 지령〉으로 깐느영화제 남우주연상을 수상한 것을 시작으로 잭 니콜슨은 〈차이나타운〉, 〈프리지스 오너〉로 골든 글로브 남우주연상을 수상할 정도로 스타가 되었다. 즉 소음과 태음으로 구성된 기운 만으로 배우로서 오를 수 있는 자리를 모두 경험한 그는, 밝고 깨끗한 이미지 보다는 어둡고 둔탁한 이미지로 경쟁력을 확보했다고 보아야 한다.

잭 니콜슨
1937년 4월 22일

출생 체질		입태 체질	
객기	주기	객기	주기
소음	소음	태음	태음

통솔	사교	신념	추리	논리	지혜
22	13	50	115	89	30

잭 니콜슨은 소음객기의 영향으로 섬세하고 꼼꼼한 관찰력과 사고로 표정 하나까지도 살려낼 수 있는 예민하고도 섬세한 연기를 펼칠 수 있었다.

해리슨 포드의 시야 [20)]

해리슨 포드는 1942년 7월 13일 출생하였다. 그의 체질은 소음객기 소양주기 그리고 입태는 태음객기 양명주기를 타고난 것이다. 시카고 태생인 포드는 위스콘신의 리폰 대학에서 수학했으며 콜롬비아 픽쳐스에서 계약직 배우로 영화계 일을 시작했다. 그의 극영화 데뷔작은 1966년 작 범죄 드라마이다. 이 드라마를 통해서 해리

해리슨 포드
1942년 7월 13일

출생 체질		입태 체질	
객기	주기	객기	주기
소음	소양	태음	양명

통솔	사교	신념	추리	논리	지혜
28	37	51	75	60	29

슨 포드는 돈벌이에 연연하는 연기자가 되지 않겠다고 다짐했다고 한다. 사실 해리슨 포드는 1973년 조지 루카스에 의해 발탁되었다. 그런데 조지 루카스는 어떤 사람인가? 그는 1944년 5월 14일 출생한 사람이다. 그의 체질은 태음객기에 소음주기 그리고 입태는 소양객기에 태음주기이다. 여기서 해리슨 포드를 조지 루카스가 발탁한 데에는 능력 외에 체질심리적인 이유가 있는 것이다. 비록 출생객기는 다르지만 조지 루카스와 비슷한 체질심리구조를 가지고 있다. 다른 점은 해리슨 포드에게 양명기운이 더 있다는 사실이다. 이것은 결코 나쁘게 볼 이유가 없는 것이 태음객기가 있는 사람은 양명기운을 좋게 평가하기 때문이다.

스티븐 킹의 섬세한 봉사 21)

스티븐 킹
1947년 9월 21일

출생 체질		입태 체질	
객기	주기	객기	주기
소음	태양	태음	태양

통솔	사교	신념	추리	논리	지혜
29	16	37	88	84	36

소음객기를 가진 소설가, 스티븐 킹은 생각이 깊고 꼼꼼하여 세심한 관찰력을 바탕으로 소재를 선정하고 묘사하는 능력이 탁월했다.

소음객기를 가진 소설가로 스티븐 킹이 있다. 소음객기를 가진 사람은 아무래도 생각이 깊고 꼼꼼하여 세심한 관찰력을 바탕으로 소재를 선정하고 묘사하는 능력이 있는 사람이 아닐까. 그러나 실제는 또 다른 모습으로 다가왔다.

스티븐 킹은 1947년 9월 21일 미국 메인주 포틀랜드에서 출생하였다. 그의 체질은 소음객기 태음주기 그리고 입태는 태음객기 태양주기를 타고났다. 그의 본명은 스티븐 에드윈 킹으로서, 어렸을 때부터 홀어머니 밑에서 자랐으며 1966년 리스본 폴스 고등학교를 졸업하고 오로노의 메인 대학교에 입학했다.

1971년 1월에 현재의 아내이자 작가이기도 한 타비사를 만나 결혼했고, 한동안 특별한 직업 없이 공장 노동자로 살아가면서 남성 잡지들에 단편들을 썼다.

그의 초기 작가 생활을 보면 다른 작가와는 판이하게 다른 풍모가 느껴진다. 소음객기가 있는 사람은 꼼꼼하고 시야가 좁은 특성이 있는데 그러한 증거가 있는 것이다. 자신의 어려운 현실을 부정하지 않고 적응하며 틈틈이 글을 썼던 것이다. 소설가로서 올인할 정도로 대담하지 않았으며 현실적이었고 그러한 선택 속에서 작가로서의 자질을 높였던 것 같다. 1971년 가을에 공립 고등학교 교사 자리를 얻으면서, 그는 밤과 주말을 이용하여 단편과 본격적인 장편 소설들을 쓰기 시작했다. 그리고 1973년 미국 유수 출판사인 더블데이 앤 컴퍼니의 출간 제의를 받으면서 전업 작가로서 생활할 수 있는 여유가 생기기 시작했고, 1974년 봄에는 그의 이름을 세상에 알린 '캐리' 가 출간되었다.

그는 본인이 직접 영화를 감독하거나 다른 감독들의 영화에 카메오로 출연하기도 했으며, 아내 타비사 킹과 함께 콘서트를 연 적도 있다. 그 밖에도 킹 부부는 재단을 설립해서 지방 고등학교 학생들을 위해 장학금을 지급하고 있으며, 슬하에 나오미, 조 힐, 오웬 필립 세 형제와 세 명의 손자들을 두었다.

이 대목에서 주목할 것은 스티븐 킹이 가지고 있는 태음주기와 입태 태음객기의 작용이다. 이 기운은 합리적이고 논리적이며 공적인 이익으로 유도하는 기운이라고 전술하였듯이 스티븐 킹도 큰 돈을 벌지 않았을 것이지만 재단을 설립하고 장학금을 지급하는 등 많은 사회 활동을 했다.

칼 구스타브 융의 섬세한 연구 [22)]

칼 구스타브
1875년 07월 26일

출생 체질		입태 체질	
객기	주기	객기	주기
소음	태음	소음	양명

통솔	사교	신념	추리	논리	지혜
18	15	51	97	70	23

칼 구스타브 융은 소음객기가 유도하는 꼼꼼하고 세심한 관찰력 그리고 깊은 사고로 많은 것을 이해시킬 체질을 갖추고 있으며 양명주기의 기운으로 핵심을 파악하는 능력이 있어 대단히 폭넓은 학문에 접근할 수 있었다.

칼 구스타브 융은 1875년 7월 26일 스위스에서 출생하였다. 그의 체질은 소음객기 태음주기 그리고 입태는 소음객기 양명주기를 타고났다. 소음객기가 유도하는 꼼꼼하고 세심한 관찰력 그리고 깊은 사고는 많은 것을 이해시키는 체질이며, 태음주기는 이러한 사고에 도움을 준다. 입태의 양명주기는 핵심을 파악하는 방향으로 도움을 줄 것이기 때문에 대단히 폭넓은 학문에 접근하여 연구할 수 있는 역량을 키워줄 것이다.

그는 스위스 바젤 대학 의학부를 나온 뒤 취리히 대학 의학부 정신과의 오이겐 블로일러 교수 문하에 들어갔다. 그곳의 교수직에 있으면서 단어연상검사를 연구하여 '콤플렉스' 학설의 기초를 마련하였고 정신분열증의 심리적 이해와 이에 대한 정신치료를 처음으로 시도했다. 이 당시 프로이트 학설을 접하여 한때 프로이트의 정신분석학파의 핵심 인물로 활동하기도 했으나 프로이트의 초기 학설인 성욕중심설의 부적절함을 비판하여 독자적으로 무의식세계를 탐구하여 분석심리학설을 제창하기에 이르렀다. 이 대목에서 주목할 것은 기존의 학설을 검토하고 찾아내는 힘이 매우 강하고 창의적 능력으로 발달하고 있으며 이러한 에너지는 소음객기와 태음주기에서 기원한 것이라 지목할 수 있다.

소음과 태음이 유도하는 연구의 세계

그는 자기 자신의 무의식과 수많은 사람들의 심리분석 작업을 통해서 얻은 방대한 경험 자료를 토대로, 원시종족의 심성과 여러 문화권의 신화, 민담, 동서양의 철학과 사상, 종교현상들을 비교 고찰하였다. 그 결과, 인간 심성에는 자아의식과 개인적 특성을 가진 무의식 너머에 의식의 뿌리이며 정신활동의 원천이고 인류 보편의 원초적 행동 유형인 많은 원형(原型)들로 이루어진 집단적 무의식의 층이 있음을 확인하였다. 더 나아가 모든 사람의 무의식 속에서 의식의 일방성을 자율적으로 보상하고 개체로 하여금 통일된 전체를 실현케 하는 핵심적인 능력을 갖춘 원형 즉, 자기원형이 작동하고 있음을 증명하였다. 이러한 미세하고 세심한 관찰을 요하는 연구 작업은 소음객기를 가진 과학자만이 할 수 있는 일이라는 생각이 든다.

그의 학설은 병리적 현상의 이해와 치료뿐 아니라 이른바 건강한 사람의 마음의 뿌리를 보다 깊고 넓게 이해하고 모든 인간의 자기 통찰을 돕는 데 이바지한다. 그리하여 시대적 문화, 사회적 현상의 심리적 배경을 이해하는 기초로서 정신의학이나 심리학, 신학, 신화, 민담학, 민족학, 종교심리학, 예술, 문학은 물론 물리, 수학 등 자연과학에 이르기까지 깊은 영향을 끼쳤다.

융은 심혼(心魂)의 의사로서 자기실현의 가설을 몸소 실천하였을 뿐 아니라 20세기 유럽이 낳은 정신 과학자 중에서 동양사상을 누구보다도 깊이 이해함으로써 동서(東西)에 다리를 놓았으며, 새 천년에 인류가 무엇을 보고 어떻게 살아야 할 것인가를 제시한 사람이다. 이렇게 다양한 학문을 섭취하여 융합한 새로운 학문으로 재창출하는 힘은 논리지수가 함께 작용하기 때문인 것이다.

태음객기, 은근과 끈기의 리더십

여섯 가지 체질유형

1. 태양객기
2. 소양객기
3. 양명객기
4. 소음객기
5. 태음객기
6. 궐음객기

태음은 어떤 의미를 가지고 있을까? 한마디로 말해, 음이 넘치는 기운이다. 양기가 부족하며 강하지도, 뜨겁지도 않아야 하고 건조하지도 않아야 한다. 하지만 역시 어렵다. 혹자는 태음을 달로 비유한다. 태양을 해라고 하면 태음은 달이다. 역시 그럴듯하다. 그런데 태음이 달이면 별은 뭐란 말인가?

태양이 낮이면 태음은 밤이기 때문이라고 한다. 그렇다면 태음은 깜깜해야 하고 태양은 밝은 대낮이어야 한다. 그래도 뭔가 맞지 않는다. 왜냐하면 태양기운이 만연한 시절로 이미 밤과 같은 동지를 지목하지 않았는가? 그러니 그것도 아니다.

일단 쉽게 생각하자. 태음은 음이 넘치는 기운이다. 그 음은 무언가 척척한 기운일 것이다. 그늘지고 햇살이 들지 않는 곳에 가면 느껴지는 기운이 있다. 그것은 축축하게 느껴지는 기운이다. 그러니 그곳을 만져보면 끈적거리기도 하고 차가운 느낌이 들기도 하며 매끈거리거나 상황에 따라서 촉촉하게 느껴지기도 했다. 그러한 기운이 넘치는 곳 그곳은 바로 습기가 많은 곳이다. 습기가 많은 곳은 땅이 드러난 곳이 많다. 풀이 잘 자라지 못하고 쉽게 죽는다. 물론 습기에 강한 풀로 대체되는 것이다. 장마에 물이 고여 있던 곳을 가보면 풀들이 모두 죽어 있다. 그러니 습기는 땅과 함께 있는 것이다.

그래서 태음을 습토라고 한다. 그렇다면 이렇게 습기가 많이 느껴지는 시기는 언제일까? 촉감이 촉촉하고 습하며 무겁다고 느껴지는 시기는 언제일까? 무더위가 기승을 부리는 시기에 서늘한 곳을 좋아하고 늘어지게 잠을 자고 싶은 시기이다. 필자는 처서를 지목하고자 한다. 사실 처서라면 더위가 한풀 꺾인 시기이다. 삼복더위가 물러난 시점인데 왜 하필이면 이 시기를 태음 기운이 만연한 시기로 보는 것인가? 소음이 그러하듯이 태음도 밝고 가볍고 깨끗한 느낌이 드는 기운은 아니다. 무겁고 어둡고 무언가 끈적거리는 기운이 만연한 계절인 것이다. 사실 처서가 되면 더위가 한풀 꺾이며 아침저녁으로는 선선해진다. 그리고 낮에는 삼복더위가 무색할 정도로 뜨겁다.

처서의 30일 전은 대서가 있다. 처서의 30일 후는 추분이 있다. 그러니 태음의 기운이 만연한 시기는 대서에서 추분까지이다. 대서는 초복은 지났으며 중복은 지나지 않은 시기이다. 이 시기부터 추분까지의 시기는 무더위가 기승을 부리는 시기로 인식하기 쉽다. 그리고 피서를 떠나는 시기에 해당된다. 그러나 처서가 오기 전에 피서 철은 끝난다. 그리고 추분까지는 역시 덥기는 하지만 대부분 일을 하는 시기이다. 그리고 피서 철이 끝나는 시기인 처서가 가까워지면 늦장마가 한번 지나게 된다. 사실 소양기가 만연하는 시기에 오는 장마보다 태음기가 만연하는 시기에 오는 장마는 더욱 준엄하다. 왜냐하면 습기를 머금고 있기 때문이다.

처서에서 30일 전까지는 원숭이의 달이라서 신월(申月)이라고 하며 처서에서 30일 후는 닭의 달이라서 유월(酉月)이라고 한다. 이

태음기운이 만연하는 시기

● 대서에서 추분
(양력 7월 23일 경 ~ 9월 23일 경)
정직한 반면 인색하지만 의협심이 강하다. 대장과 방광에 질병이 발생할 확률이 높다.

시기에 사람들은 몸이 무거워지며 가만히 앉아서 휴식을 취하거나 잠을 청하는 방법으로 더위를 이겨낸다. 서늘한 곳을 좋아하고 햇살이 강하게 비치는 양지쪽을 싫어하며 일을 하더라도 햇살이 없이 안개가 끼어있는 오전과 해가 넘어가는 저녁나절이 훨씬 일하기 좋으며 뜨거운 대낮에는 서늘하고 음습한 곳을 찾아가 잠을 청한다. 또 우두커니 앉아서 상념에 잠기며 이것저것 맛난 음식을 섭취하는 것으로 소일한다.

태음의 해석

태음객기를 가지고 있는 사람은 게으르고 잠이 많고 몸이 무겁고 생각이 많은 사람이라고 표현하면 적합한 표현이지만 역시 긍정적인 반응을 보이지 않는다. 그보다는 당신은 매우 논리적이고 합리적인 사람이라고 표현하는 것이 효과적이다. 왜냐하면 이렇게 표현하는 것은 칭찬하는 말로 들릴 수 있으며 듣는 사람이 기분 나쁘지 않기 때문이다.

이 체질은 너무 신중하게 생각하고 논리적이며 공정하고 합리적인 결과를 찾아내려는 노력을 많이 한다. 그래서 말수가 적으며 일단 입 밖에 자신의 생각을 표현하면 이 표현이 힘을 발휘하여 다른 사람을 승복시킬 수 있을 정도다.

태음주기가 있는 사람은 생각이 많고 과학적인 사고를 하며 공적인 사람이라고 평가하면 이에 대해서 부정도 긍정도 하지 않는 경우가 많다. 또한 마음 속으로 긍정하고 외부로 쉽게 자신을 들어내지 않는 특성도 있다.

태음객기에 대한 간단한 해

객기	주기	
태음	태양	논리적이며 직관과 통찰력이 있다. (이소룡, 엘비스 프레슬리)
	소양	논리적이며 친화력이 강하고 자기 표현이 있다. (아서 코난도일, 칼 루이스)
	양명	논리적이며 옳고 그름에 대한 가치 판단이 명확하다. (힐러리 클린턴, 그레이스 켈리, 루치아노 파바로티)
	태음	논리적이며 합리적이지만 고집스럽다.
	소음	논리적이며 세심하고 꼼꼼한 관찰력이 있다.
	궐음	논리적이며 하고자 하는 일에 실천력이 강하다.

인물이야기

은근과 끈기, 숨어서 봉사하는 카리스마

태양은 태양대로 단점이 있듯이 태음에도 단점이 있다. 태음이란 기운은 너무 논리적이고 합리적이며 공정하기 때문에 미묘한 문제에 있어서는 확실한 결론을 내리지 못하고 원점으로 회귀하는 폐단이 존재한다. 사실 정치라는 것은 미묘한 문제여서 국민들이 갈팡질팡하고 헤매는 것을 결단성 있게 선택하고 밀어 붙여야 할 일이 많은데 이것을 못하는 성격이 태음에 의해서 유도된다. 그러니 일을 해도 표시가 안 나고 머리는 고뇌하느라 피곤해져 있어 빠른 판단을 내려야 할 정치적인 이슈에서 경쟁력이 떨어지는 것이다.

힐러리 클린턴
1947년 10월 26일

출생 체질		입태 체질	
객기	주기	객기	주기
태음	양명	양명	궐음

통솔	사교	신념	추리	논리	지혜
22	32	56	50	57	35

힐러리 클린턴은 태음객기로 논리지수가 높으며 도덕적인 신념지수가 높은 구조를 가지고 있어 공정하고 합리적이며 변호사에 적합하다.

힐러리의 도덕적 신념을 이기는 공공 봉사 23)

힐러리 클린턴은 출생 태음객기 양명주기, 입태 양명객기 궐음주기를 타고 났다. 그녀는 클린턴 전 대통령의 부인으로 현재 미국 민주당 상원의원으로 활동하고 있다. 변호사의 직업을 선택한 것은 당연한 일이며 그녀의 체질성격에 잘 맞는 일이다. 왜냐하면 논리지수가 높으며 도덕적인 신념지수가 높은 구조를 가지고 있으니 공정하고 합리적이며 매우 논리적이어야 하는 변호사 업무에 적합하기 때문이다. 그런데 이러한 성격은 클린턴 대통령의 실각을 막아줄 수 있을 정도로 긍정적인 역할을 했다.

남편의 성적인 부도덕함과 뻔뻔스러운 태도를 결정적으로 포용하고 수용하였으며 그것으로 인하여 남편은 미국 대통령직을 무사히 끝낼 수 있었던 것이다. 감정적으로 이야기하면 힐러리의 회고에 따라 남편의 목을 꺾어 버리고 싶었을 것이다. 그러나 힐러리의 논리적인 선택은 미국 국민들을 감탄하게 만들었으며 동정심을 이끌어낼 만큼 적합한 행동으로 평가되고 있다. 그리고 그녀의 선택은 도덕적인 것이었다.

사실 태음의 기운은 강력한 카리스마를 이끌어내지 못한다. 그보다는 논리적인 설득력과 이것에 승복하여 이성적인 복종을 유도하는 에너지를 가지고 있으며 그렇기에 큰 표시가 나지 않으나 은근하고 끈기 있는 기운에 해당된다. 그리고 이러한 힘은 많은 사람에게 강력한 이미지를 남기지는 않지만 차분한 이미지를 남길 수 있으며 평화를 유지하는 효과적인 관리를 이끌어낼 수 있을 것이다.

이소룡과 그레이스 켈리

이소룡의 끈질긴 논리 24)

태음객기를 가진 배우 중에서 지금도 그를 추모하는 사람이 많은 이소룡이란 배우가 있다. 필자는 이소룡이 태음객기를 가진 사람일 것이라고 생각해 보지 못했다. 액션배우니까 양명을 가지고 있으며 카리스마가 있으니 태양기운을 가지고 있을 것이라 생각했다. 재주가 많으니 궐음기운도 가지고 있을 것이라 생각하기도 했다. 하지만 그는 1940년 11월 27일 생으로 그의 체질에는 태음객기 태양주기 그리고 입태는 소양객기 궐음주기를 가지고 있었다.

이소룡
1940년 11월 27일

출생 체질		입태 체질	
객기	주기	객기	주기
태음	태양	소양	궐음

통솔	사교	신념	추리	논리	지혜
47	19	39	27	56	48

이소룡의 논리적 카리스마는 태음객기, 태양주기에 있다. 이러한 기운에 의해 논리성과 통솔력, 리더십을 두루 갖추게 된다.

태음기운이 유도하는 철학적 논리 – 道

사후 30년이 지나도록 인기가 식지 않는 이소룡. 왜 그럴까? 무술인으로만 알려진 그가 상당한 경지의 철학도였다는 사실을 아는 사람은 많지 않다. 실전무술인 절권도는 그의 철학적 과제인 자기구현의 결정체였다. 여기서 그의 객기가 태음인 것을 확실하게 알 수 있다. 철학적인 고뇌는 그의 무술에 대한 논리적인 설명이 가능하게 했을 것이며 이것을 통해 제자들을 가르칠 수 있었고 무술에 대해 연구했다는 것이다. 이러한 일을 수행하기 위해서는 태음객기가 제격이라 할 수 있다.

이제 '이소룡'은 더 이상 유행이 아니다. 영원히 변치 않는 고전과 같은 존재이다. 젊음과 도전, 그리고 강인함과 정의에 대한 사람들의 관심이 사라지지 않는 한 그의 이름은 사람에게서 잊혀지지 않을 것이다. 이소룡은 서른 두 살의 젊은 나이에 세상을 떠났다. 그러니까 그는 단지 한 세대를 살았으며 사후 한 세대가 지난 것이다. 그럼에도 불구하고 이소룡에 대한 관심이 식지 않는 이유는 뭘까?

태음과 태양이 만든 논리적 카리스마의 힘

대중스타의 생명력을 결정짓는 요소는 다른 무엇보다 '이미지'라고 한다. 이소룡처럼 요절한 제임스 딘과 마릴린 먼로의 예를 들어보자. 제임스 딘은 '우울한 반항아', 마릴린 먼로는 '섹시한 백치미' 라는 이미지로 한 시대를 풍미했고 여전히 많은 사람의 사랑을 받고 있다. 그러나 그들을 대체할 만한 이미지를 가진 스타는 이미 엄청나게 쏟아져 나왔다. 대중은 새로운 스타일의 반항아 리버 피니스, 키아누 리브스에 매료되면서 제임스 딘을 잊어가고, 킴 베이싱어와 파멜라 앤더슨을 소비하며 마릴린 먼로와 점차 멀어지는 것이다. 그런데 여기에는 이유가 있다. 왜냐하면 이소룡은 소모되지 않는 컨텐츠를 가지고 있었으며 이것은 후대의 배우에 의해서 대체되지 않았다.

때문에 이소룡은 여느 대중스타와는 구별된다. 그의 이미지를 흐릿하게 할 만한, 그와 대중의 거리를 벌어지게 할 만한 액션스타는 아직 등장하지 않았다. 성룡의 재기발랄한 액션이 아무리 재미있다 해도 이소룡의 괴조음(怪鳥音 · 기이한 새소리라는 의미로 이소룡 특유의 기합소리를 말함)을 들을 때 느끼는 전율과는 장르가 다르고, 장 클로드 반담의 발차기가 아무리 멋있다 해도 이소룡에 비하면 둔탁하다는 느낌을 지울 수 없다. 오죽했으면 얼마 전 새로운 무술액션 스타의 등장을 선언하면서 개봉한 영화 〈옹박〉이 32년 전에 죽은 이소룡을 염두에 두고 "이소룡은 죽었다."는 카피를 사용했을까. 그들의 생각은 이소룡은 이미 30여 년 전에 죽었으니 이제 새로운 무술 스타를 맞이할 때가 되었다는 관중끌기의 전략이었는데, 〈옹박〉은 완전하게 적중한 듯한 인상을 주지 못했다.

이소룡의 체질을 보면 태음객기에 태양주기를 가지고 있다는 점을 주목해야 한다. 이것은 논리성과 통솔 및 리더십을 의미하는 기운인데 이것이 객기와 주기를 차지하고 있다는 점이다. 이 경우 발생하는 논리적 카리스마는 많은 사람에게 작용할 가능성이 높으며 설명하기 어려운 힘을 가지고 있다고 할 수 있다.

그레이스 켈리의 논리적 선택 [25)]

태음객기를 가진 배우로 가장 화려한 삶을 살았던 그레이스 켈리가 있다. 그녀는 1929년 11월 12일 미국 펜실베이니아 주에서 태어났다. 그녀의 체질은 태음객기에 양명주기 그리고 입태는 양명객기에 궐음주기를 타고났다.

아버지는 부유한 사업가였고 어머니는 한번이긴 하지만 잡지의 표지 모델을 할 정도로 미인이었다고 한다. 그의 삼촌 조지 켈리는 퓰리처상을 수상한 극작가였다.

열 살 때 필라델피아 연극무대에 서게 된 켈리는 10대 후반 뉴욕으로 옮겨가 드라마 아카데미에 다니면서 모델로 활동했다. 영화계에 일찍이 화려하게 데뷔할 수 있었지만 고정된 역할만 맡게 될까봐 TV에서 연기경험을 쌓는다. 1949년 오거스트 스트린버그의 〈아버지〉라는 작품으로 브로드웨이무대에 본격적으로 데뷔했다.

그러던 중 〈14시간〉(1951)에 출연하면서 본격적으로 할리우드 극영화에 출연하기 시작했다. 이어 서부극 걸작 〈하이눈〉(1952)에 출연하여 좋은 연기를 펼쳤지만 기이하게도 후속작의 기회는 좀처럼 오

그레이스 켈리
1929년 11월 12일

출생 체질		입태 체질	
객기	주기	객기	주기
태음	양명	양명	궐음

통솔	사교	신념	추리	논리	지혜
22	56	32	50	57	35

태음객기를 가진 배우로 가장 화려한 삶을 살았던 그레이스 켈리는 태음이 가지는 끈질기고 논리적이며 음적인 기운을 보완하는 강한 결단력을 가지고 있다. 영화배우로서 모나코의 왕비가 되어 품위를 유지할 수 있었던 것은 양명기운에 의한 확고한 도덕적인 신념 때문이다.

지 않았다. 오히려 〈택시〉라는 작품의 오디션에서 떨어질 정도였다.

우여곡절 끝에 존 포드 감독의 〈모감보〉(1953)에 출연하여 아카데미 여우조연상에 후보에 이름을 올렸으며 MGM과 7년간 전속배우로 계약했다. 이어 알프레드 히치콕 감독의 〈다이얼 M을 돌려라〉(1954)와 〈이창〉(1954)으로 뉴욕 비평가 협회 여우주연상을 연속 수상한다.

켈리의 주가는 올라갔고, 파라마운트사는 〈회상 속의 연인〉(1954)을 찍기 위해 MGM을 찾아갔다. 이 작품으로 뉴욕 비평가 협회 여우주연상뿐 아니라 아카데미 여우주연상을 수상하면서 그녀는 연기파 배우로서 자리 잡는다.

곧이어 모나코 왕자 라니에르 3세와의 결혼과 영화계 은퇴를 발표하면서 전 세계는 세기의 결혼식에 관심을 기울였다. 성대한 결혼식으로 일약 왕비가 된 켈리는 한 때 히치콕의 작품 〈마니〉(1964)의 주인공 출연제의를 받았지만 라니에르와 모나코 국민들은 그녀가 다시 영화에 출연하는 것을 원치 않아서 무산되었다.

양명의 기운이 유도한 결단력

이후 그레이스 켈리는 어떤 영화에도 출연하지 않고, 왕비로서 품위를 지키며 살았다. 또한 일체의 연예 매체와의 인터뷰나 방문도 사절하여 모나코에서 그녀의 삶이 어떠했는지 알 수 없었다고 한다. 그래서 1982년 9월 14일 운전사고로 사망한 그녀의 죽음에 대해서도 한 때 의문을 제기한 기사들이 많았다.

그녀의 생애를 통해 보건대 나이 27세에 결혼을 했으며 결혼 후 같은 시간만큼의 삶을 살았다. 그녀의 태음객기가 만들어낸 배우의 생활은 끈질기고 열정적이었다. 또 한 번의 결혼으로 왕비의 삶을 선택했으며 이것을 끝까지 고수한 것도 양명주기와 입태 양명객기의 영향일 것이다. 도덕적으로 옳고 그 옳다고 생각한 바를 지키는 신념은 여지없이 달콤한 출연 유혹을 잠재울 수 있었을 것이다.

스릴러의 거장 알프레드 히치콕이 가장 선호한 금발미인으로서 당시 여배우들이 스캔들로 신문의 일면을 장식할 때 그레이스 켈리는 단 하나의 스캔들도 일으키지 않은 것으로 유명하다. 이는 그녀의 품위를 높이는 데 일조했으며 스캔들이 일어난 단 한명의 사람, 모나코의 왕자와 결혼에 골인함으로 영화계의 신데렐라가 되었다. 이 일화는 영화계에 아름다운 신화로 남겠지만 그레이스 켈리의 우아하면서도 기품 있는 연기를 다시 볼 수 없는 안타까움과 함께 만일 그녀가 계속해서 연기자의 길을 걸었으면 어떠했을까하는 아쉬움을 남긴 여배우로도 기억될 것이다.

그러나 그녀의 체질을 보면 출생 양명주기와 입태 양명객기가 자리하고 있어서 출생 태음객기에 필적하는 에너지로 양명의 기운이 작용하고 있음을 지목할 필요가 있다. 이것은 태음이 가지는 끈질기고 논리적이며 음적인 기운을 보완하는 강한 결단력을 유발시킨다. 도덕적인 신념이 확고하며 이것이 반영되는 상황에서 그녀에게 스캔들은 쉽게 발생할 수 있는 사건이 아닌 것이다.

파바로티와 엘비스 프레슬리

태음객기를 가지고 있는 가수로 루치아노 파바로티와 엘비스 프레슬리가 있다. 모두 내로라하는 유명한 가수이다. 이 중 루치아노 파바로티는 양명객기를 가진 플라시도 도밍고와 비교해 볼 만한 사람이어서 더욱 흥미롭다. 태음객기가 유도하는 체질심성은 생각이 깊고 논리적이며 끈질긴 사고력과 침착한 심성 그리고 과학적인 관찰을 특성으로 한다.

파바로티의 뚝심 [26)]

루치아노 파바로티
1935년 10월 12일

출생 체질		입태 체질	
객기	주기	객기	주기
태음	양명	태음	태양

통솔	사교	신념	추리	논리	지혜
22	56	32	50	57	35

루치아노 파바로티는 태음객기에서 유도되는 중후함과 양명이 만드는 완벽성으로 인해 비범함이 돋보이는 테너이다.

루치아노 파바로티는 1935년 10월 12일 출생했다. 그의 체질은 태음객기 양명주기 그리고 입태는 태음객기에 태양주기를 타고났다. 그러니 태음기에서 유도되는 중후함과 양명이 만드는 완벽성은 그의 비범함을 돋보이게 한다.

1935년 이탈리아의 모데나에서 태어난 그는 어린 시절에 한 살 어린 미렐라 프레니와 같은 유모 밑에서 자랐다고 한다. 두 사람은 모두 훌륭한 목소리를 지니고 화려하게 성악계에 등장했다. 프레니가 1963년 스칼라에 데뷔한 것에 비한다면 파바로티가 스칼라 무대를 정복한 것은 조금 늦은 감이 있는 1965년, 그의 나이 30세 때의 일이었다. 그 이전인 1961년 레초 에밀리아의 아키레 페리 콩쿠르에서 우승했고, 같은 도시 가극장에서 로돌포를 불러 오페라 가수로 데뷔했다. 하지만 이때까지만 해도 그가 20세기 후반을 풍미하는 대가수가 되리라고는 아무도 예상치 못했다. 1963년에 빈 국립가극장에 역시 로돌포 역으로 데뷔했고, 코벤트 가든에는 디 스테파노의 대역으로 역시 로돌포를 불러 데뷔했다. 연주 활동 초반에 '라 보엠' 의 로돌포 역은 바로 파바로티 그 자신으로서 인식되었을 정도다.

태음이 유도하는 대기만성

여기서 파바로티의 태음을 이해할 수 있을 것이다. 태음객기는 성숙하는 데 오랜 시간이 걸린다. 짧은 시간에 성과가 나타나는 것이 아니라 오랜 시간을 통한 지반 다지기가 이뤄져야 비로소 한 분야에서 인정받을만한 수준에 도달하게 된다. 거기에 양명까지 있기 때문에 쉽게 자신을 만족시키지 못할 것이다. 태음의 기운은 끈질기고 느린 특성이 있으나 힘이 있어 중후한 평가를 받는 기운이기 때문이다.

1997년 3월호 「객석」이 선정한 '최고의 로돌포' 도 역시 파바로티였다. 이렇게 먼저 이탈리아 밖에서 인정을 받고 다시 이탈리아로 돌아와 1964년에 나폴리의 산 카를로 극장, 1965년에 밀라노의 스칼라 극장에 데뷔한 그는 이후 정상급 무대에 뒤늦은 데뷔를 보상이나 받으려는 듯 거의 철인적으로 활약했다. 그의 목소리에 어울리는 리리코 배역은 물론, 리리코 레지에로까지 자유자재로 소화하며 빛나는 목소리로 가는 곳마다 대성공을 거두었다. 이 당시의 주요 레퍼토리는 로돌포를 비롯하여, 에드가르도('람메르무어의 루치아'), 알프레도('라 트라비아타'), 만토바 백작('리골레토'), 핑커튼('나비부인'), 이다만테('이도메네오') 등이었다. 70년대에 들어서 도니제티, 벨리니, 베르디 등 거의 모든 벨 칸토 오페라의 배역을 소화하다시피 한 그는 80년대 들어 좀 더 무게 중심이 낮아진 목소리를 바탕으로 드라마틱한 역까지 자신의 레퍼토리 영역으로 끌어 당겼고 베리스모 오페라까지 손을 뻗쳤다.

태음이 유도하는 공공성

1981년 필라델피아에서 자신의 이름을 딴 콩쿠르를 창설한 그는 90년대 들어서 몇 십만, 몇 백만 규모의 대군중을 동원하는 야외공연의 개념을 확립해 나갔다. 상업적이라는 이유로 구설수에도 올랐던 이 공연은, 월드컵 공연에서 다른 두 테너와 결합해 '스리 테너' 라는 형태로 바뀌어 이어지고 있다. 이 대목에서 태음기운이 유도하는 공적인 이익 추구의 모습이 엿보인다. 태음객기를 가진 파바로티가 자신의 이름을 딴 콩쿠르를 창설하는 것이 예사롭게 보이지 않는다. 또한 야외 공연의 개념을 확립하는 모습도 주변에서는 상업적이라는 비난을 받을지 모르지만 음악을 공적인 개념으로 이해하고 실천하는 그의 논리적인 접근이 아닐까?

그의 음반은 거의 모두가 데카에서 나온 것들이다. 프레니와 함께 한 〈라 보엠〉(1972년, 카라얀-베를린 필) 역시 대표적인 음반으로 꼽힌다. 메타 지휘의 런던 심포니, 그리고 서덜랜드와 함께한 푸치니 〈투란도트〉도 좋다. 역시 서덜랜드와 함께 한 도니제티의 〈사랑의 묘약〉(1970년), 〈람메르무어의 루치아〉(1971년) 등도 빼놓을 수 없는 벨칸토의 명반이었다.

태음 양명이 유도한 가치

파바로티는 20세기 후반을 대표하는 테너 가수로 첫손가락에 꼽힌다. 성악은 목소리가 악기이기에 그 무엇보다도 타고난 목소리의 탁월함을 필요로 한다. 목소리의 양감, 질감, 색감이 뛰어나고, 고르게 조화를 이루고 있다면 일단은 훌륭한 가수가 되는 데 지극히 유리하다.

파바로티는 일단 멀리 뻗어나가는 고르고 큰 성량과 목소리의 고운 질감, 맑고 깨끗한 색감 면에서 누구보다 뛰어나다.

테너로서 갖춰야 할 또 하나의 중요한 요건인 테너 성부의 고역을 노래할 때, 위와 같은 성질들이 흔들리지 않고 오히려 더욱 빛난다는 장점을 갖고 있으므로 그가 '최고의 테너' 로 꼽히는 데는 전혀 무리가 없어 보인다.

게다가 그는 카라얀과 더불어 20세기 후반에 가장 대중적인 인지도가 높은 클래식 음악가다.

여기서 파바로티와 도밍고를 체질심성으로 비교해보면 파바로티는 논리지수가 높은 특성을 최대한 극대화시킨 인생이며 도밍고는 신념과 지혜지수를 겸비한 성악에 대한 기술자라는 평가를 내리고 싶다. 도밍고는 기교파라고 비유한다면 파바로티는 뚝심으로 정복한 사람이라 비유하고 싶다.

엘비스 프레슬리의 무절제 27)

파바로티가 최고의 테너라면 엘비스 프레슬리는 록큰롤의 황제라 할 수 있을 것이다. 그는 1935년 1월 8일 출생했다. 그의 체질은 태음객기에 태양주기, 그리고 입태는 양명객기에 소음주기를 타고났다. 그는 파바로티가 양명주기에서 영향을 받아 완벽을 추구하는 가수로 보이는 것과 다른 느낌으로 태양주기가 유도하는 카리스마적인 흡입력이 있으며, 양명이 유도하는 완벽성을 함께 갖추고 있다.

그의 삶은 파바로티 보다 빠른 속도의 성공과 빠른 속도의 사망으로 귀결된다. 흑인의 리듬 앤 블르스와 록큰롤을 접목시켜 정열적인 섹시함과 경쾌함을 살리는 리듬 앤 블르스 스타일의 록큰롤로 대중들의 폭발적인 사랑을 받았던 가수이다. 최다 차트 앨범, 최다 양면 히트 레코드, 그리고 24년간 연속 차트 등의 기록을 가지고 있는 엘비스의 대표적인 곡으로는 'Heartbreak Hotel', 'Love me tender', 'Wear my ring around your neck' 등 많은 곡들이 있다. 이렇게 위대한 천재는 일찍 세상을 떠나고 그를 기억하는 사람의 추모만 남았을 뿐이다.

엘비스 프레슬리
1935년 1월 8일

출생 체질		입태 체질	
객기	주기	객기	주기
태음	태양	양명	소음

통솔	사교	신념	추리	논리	지혜
39	35	29	50	68	41

록큰롤의 황제인 엘비스 프레슬리는 태음객기와 양명객기가 있어 논리적이며 도덕적 신념이 강하게 드러나야 함에도 불구하고 어릴적 불우한 가정환경에 의해 올바른 신념을 형성하지 못했다. 그래서 무절제한 여성 편력과 약물 남용에 휘말리게 되는 등 비극적으로 삶을 마감하게 된다.

태음과 태양이 유도하는 끈질긴 콤플렉스

여기서는 엘비스가 왜 일찍 죽어야 했는지를 알아보고자 한다. 엘비스의 어린 시절은 매우 가난했으며 부모의 과거는 불행했다. 엘비스는 가난과 남편과의 불화에 시달리는 모친의 인생을 목격한다. 태음객기를 가진 그로서는 이것이 깊은 콤플렉스로 작용할 수밖에 없었을 것이며 비록 태양주기가 있어서 자존심을 굽히지 않는다고 해도 마음 속의 깊은 상처는 회복하기 쉽지 않았을 것이다. 특히 그는 입태 양명객기를 가진 사람이기도 하다. 때문에 도덕적인 가치관과 콤플렉스에서 형성된 삐뚤어진 가치관 사이에서 고뇌했을 것이며, 여기서 올바른 가치판단을 통한 신념이 형성될 기회를 잃었을 것이다.

그 이유는 한 번 오른 인기가 24년간 지속되었고 그로 인하여 자신을 돌아볼 심리적 여유가 없었기 때문이라고 보아야 할 것이다. 결국 그는 인기가 급상승 할수록 절제해야 했음에도 불구하고 무절제한 여성 편력, 폭식, 약물 남용에 휘말려 인간적인 면에서 상처를 가지고 있는 것이다.

그는 이 같은 굴레에서 평생 벗어나지 못하다 결국 1977년 8월 16일 42세의 나이로 절명한다. 그의 공식 사인은 심장 부정맥 질환이라고 한다. 이 질환은 양명객기가 원인이 되어 유발한 질환이라고 보아야 한다. 양명이라는 기운은 끊임없이 내분비와 자율신경계 그리고 심혈관에 스트레스를 부과하기 때문이다. 올바르게 형성되지 않은 가치관은 올바른 가치관을 가진 사람에 비하여 더 많은 스트레스를 주게 된다. 체질심성이 병을 만드는 한 예라고 할 수 있다.

아서 코난도일의 논리적 추리 28)

여기서 크리스티와 같이 추리소설로 유명한 아서 코난도일을 살펴보자. 아서 코난도일은 1859년 5월 22일 영국 에든버러에서 출생했다. 그의 체질은 태음객기 소양주기 그리고 입태는 태음객기와 태음주기를 타고났다. 그의 체질적 특성은 태음이 극단적으로 강한 특성을 가지고 있어서 매우 내성적이고 말이 없는 성격으로 발현되며, 정적인 공부를 하는 사람으로 나타나기도 한다. 하지만 다행히 소양주기가 있어서 자신의 생각을 표현하는 사교적인 마인드가 자리 잡고 있다는 점이 큰 위안거리가 될 수 있을 것이다.

아서 코난도일
1859년 5월 22일

출생 체질		입태 체질	
객기	주기	객기	주기
태음	소양	태음	태음

통솔	사교	신념	추리	논리	지혜
47	38	24	114	58	52

추리소설가 아서 코난도일은 태음기운이 유독 많아서 극단적인 특성을 보인다. 이것은 매우 내성적이고 말이 없는 성격으로 발현되며 정적인 공부를 하는 사람으로 나타나기도 한다. 하지만 다행히 소양주기가 있어 자신의 생각을 표현하는 사교적인 마인드가 자리하게 되었고 극단적인 성향을 희석시켜 주고 있다.

태음이 유도하는 독서광

코난도일은 어려서부터 엄격한 스파르타식 교육을 받았다. 그는 독서를 좋아해서 일년내내 도서관에서 살았다고 한다. 이점 또한 태음기운이 강한 사람의 특성이라 할 수 있다. 또한 태음기운이 강하게 작용하는 사람은 책과 접하는 시간이 길며 많은 책을 읽는 습성으로 나타나는 경향이 있다. 또 카톨릭 교육을 받았고, 에든버러 대학의 의과대학을 졸업하였으며 이 대학 소속 병원의 외과 과장 조셉 벨 박사와 인연이 있어, 훗날 '명탐정 홈즈' 의 모델이 됐을 정도라고 한다.

그런데 1880년 고래잡이배를 타고 북극해에 갔다 왔다는 전력과 대학 졸업 후 선의가 되어 아프리카 서해안을 다녀온 특이한 이력도 있다. 아마도 정적인 그의 체질심성이 여행을 다녀올 생각으로 유도하지는 않았을 것이다. 그보다는 태음객기가 가지고 있는 공적인 역할의 욕구가 그러한 선택을 하지 않았나 싶다.

태음이 유도하는 글재주

그는 의사 개업 후 손님이 없어 책을 읽던 중 "나도 한번 써보자" 하는 마음에 글을 쓰기 시작했다고 한다. 그리고 다시 공부해 박사 학위까지 받았으나 소설에 대한 열의를 꺾을 수 없어 아예 전업을 시도했던 것이다. 그리고 1886년 드디어 '명탐정 홈즈' 시리즈 시작되었다. 하지만 코난도일은 탐정 소설로 유명해졌지만 역사 소설이 쓰고 싶어 다수의 작품을 썼고, 과학 소설과 스포츠 소설도 다수가 있다고 한다. 이후, 나이가 들어서는 신비주의자가 되어 심령학 강연을 하고 다녔으며 1930년 병으로 사망하게 되었다.

코난도일과 크리스티는 모두 추리소설의 대가로 통한다. 그런데 한사람은 태음객기를 가진 극단적인 논리지수를 가진 사람이고 한 사람은 양명객기를 가지고 태음주기의 도움을 받아 신념이 강한 사람이다. 전자인 코난도일은 평범하고 튀지 않는 생활 속에서 의사라는 본업을 팽개치고 소설가가 된 사람이고, 후자인 크리스티는 처음부터 작가로의 자질을 바탕으로 생활 속 체허을 근거로 소설을 썼다는 점에서 차이가 있다.

칼 루이스 29)

태음객기를 가진 스포츠 선수로 칼 루이스가 있다. 아마 독자들은 태음은 논리적이고 공정하며 합리적인 기운이기에 결코 스포츠와 같이 느낌과 감성으로 접근하는 분야와 어울리기 어려울 것이라 생각할 것이다. 하지만 현대 스포츠는 과학의 발전이 없었다면 불가능한 기록들을 가지고 있다. 그만큼 과학과 밀접하게 연관되어 있다는 얘기다. 특히 아주 짧은 순간에 최고의 실력을 발휘하려면 감각과 통찰력이 아니라 오랜 시간 과학적인 훈련을 통하여 얻어진 최적의 감각과 경기력이 필요하기 때문이다.

칼 루이스의 과학적 경기력

칼 루이스는 1961년 7월 1일 앨러배마 주 버밍햄에서 태어났다. 그의 체질은 태음객기 소양주기 그리고 입태는 소양객기 양명주기를 타고났다.

칼 루이스는 '인간탄환'으로 잘 알려져 있다. 그의 폭풍 같은 질주는 아직도 많은 사람들의 뇌리에 남아 있다. 짧은 머리, 매끈하게 빠진 몸매, 그리고 롱 스트라이드 주법은 그의 트레이드마크였다. 루이스가 세계적인 명성을 얻은 것은 1984년 LA 올림픽에서다. 본격적으로 이름을 알린 것은 1983년 헬싱키 세계육상선수권 100m와 200m를 우승하면서부터이지만 LA 올림픽이야말로 루이스가 '단거리의 제왕'으로 등극한 대회로 꼽힌다.

당시 루이스는 100m, 200m, 멀리뛰기, 400m 계주를 모두 석권, 36년 제시 오웬스의 업적을 재현했다. 스타트가 느린 단점에도 불구하고 중반 이후 스퍼트에서 타의 추종을 불허했기에 가능한 업적이었다. 여기서 스타트가 느리다는 사실에 주목할 필요가 있는데, 그 이유는 바로 태음객기 때문일 것으로 판단된다. 스포츠를 논리로 접근하는 두뇌는 순간적인 판단면에서 남에게 뒤질 수밖에 없다. 그러나 중반 이후 스퍼트가 타의 추종을 불허했다는 말에서 뒤늦게 성숙해지는 태음의 기운임을 짐작할 수 있을 것이다.

긴 다리로 성큼성큼 뛰어 앞선 주자들을 하나 둘씩 제치는 장면은 장관이었다. 멀리뛰기에서는 하늘을 걷는 듯한 워킹모션을 유행시키며 단숨에 육상계 최고 슈퍼스타로 떠올랐다.

칼 루이스
1961년 7월 11일

출생 체질		입태 체질	
객기	주기	객기	주기
태음	소양	소양	양명

통솔	사교	신념	추리	논리	지혜
46	59	39	42	74	49

태음객기를 가진 스포츠인 중에 칼 루이스가 있다. 얼핏보면 스포츠와 합리적인 것이 어울리지 않아 보이지만 짧은 순간에 최고의 실력을 발휘하려면 감각과 통찰력이 아니라 과학적인 훈련을 통한 최적의 감각과 경력이 관건이다.

4년 뒤인 1988년 서울 올림픽에선 캐나다의 벤 존슨에게 100m 우승을 빼앗겼으나 존슨이 도핑테스트에 걸리는 바람에 대신 금메달을 목에 걸었다. 멀리뛰기에서도 우승, 2관왕에 등극했지만 루이스의 이름값에는 다소 못 미치는 결과여서 아쉬움을 남기기도 했다.

하지만 3년 뒤인 1991년 도쿄 세계 육상 선수권에선 100m 세계 신기록(9초86)을 수립하며 여전히 단거리의 제왕임을 증명했다. 이듬해 바르셀로나 올림픽에서도 400m계주, 멀리뛰기 정상에 오르며 관중의 기립박수를 한 몸에 받았다.

96년 애틀랜타 대회에선 35세의 나이에도 불구하고 멀리뛰기에서 8m 50cm를 뛰어 자메이카의 제임스 벡포드를 21cm 차이로 눌렀다. 1968년 투원반의 알 오어터(미국)에 이어 올림픽 사상 두 번째로 4연패를 이룬 것이다. 그리고 다음해 현역생활을 화려하게 마감했다.

소양기운이 유도하는 순발력과 친화성

이상의 칼 루이스의 업적을 돌이켜 보면서 한 가지 짚고 넘어가야 할 것이 있다. 그것은 출생의 소양주기와 입태의 소양객기의 작용이다. 필자는 태음객기를 강조하느라 소양의 기운을 설명하지 못했다. 아마 태음객기만 있었다면 칼 루이스는 결코 육상 선수로 성공하지 못했을 것이다. 물론 태양이 강하든가 양명이 강하게 작용하면 상관이 없지만 소음이나 궐음이 작용했다면 더욱 그러했을 것이다. 소양은 빠른 순발력과 감각 그리고 친화성을 제공한다. 주변환경에 적응하는 힘을 제공하는 기운으로 작용하게 되었으며 그렇기에 태음의 단점을 상당히 상쇄시킬 수 있었던 것이다.

궐음객기,
지혜로운 실천력

필자에게 궐음은 양명과 더불어 가장 어려운 개념 중 하나였다. 동양사상의 개념들 대부분이 구체적인 사실을 설명하기보다 근본적이며 포괄적인 하나를 설명하는 방법에 더 익숙하기 때문이다. 하지만 이러한 특성 탓에 오히려 더 간단하게 이해할 수 있는 여지가 있다는 사실을 명심하자.

지금까지 배운 개념을 살펴보면 마지막 남은 궐음 기운이 속한 영역을 짐작할 수 있을 것이다. 음적인 기운 중에서는 소음과 태음을 살펴보았다. 소음은 빛이 없는 불이란 뜻이며, 태음은 습기를 의미한다. 그렇다면 음을 설명하는 또 다른 빈 곳은 어디에 있을까? 결론적으로 말해서 궐음은 음의 대표적 기운인 습기를 이동시키는 기운이다.

음기의 대표적인 기운인 습기를 이동시키는 기운, 이것은 무엇인가? 그것은 바람이다. 바람은 마음을 싱숭생숭하게 하며 무언가 변화를 꾀한다. 그렇다면 일 년 중 바람이 일으키는 기운이 가장 만연하는 시기는 언제일까? 눈치 빠른 독자들은 이미 눈치 챘을 것이

여섯 가지 체질유형

1. 태양객기
2. 소양객기
3. 양명객기
4. 소음객기
5. 태음객기
6. **궐음객기**

다. 다섯 개의 기운이 만연하는 시기 이외의 기간이 궐음이 만연하는 시기이다. 그 시기는 우수이다. 우수는 겨우내 얼었던 개울물이 풀려서 흘러내리는 시기이다. 그런데 이것이 궐음의 기운과 무슨 관계가 있는가? 우수 전 30일과 후 30일을 살펴보자. 우수 전 30일에는 대한이 있고 우수 후 30일에는 춘분이 있다. 궐음의 기운은 대한에서부터 춘분의 사이에 만연하는 것이다. 이렇게 보면 조금 이해가 간다.

사실 대한에서 춘분에 이르는 기간에는 계절풍이 불어오는데 우리가 살고 있는 지역으로 북서풍이 주로 불어온다. 매우 차고 건조한 바람인데 이것이 불어오면서 산불이 많이 발생한다.

대한에서 춘분 사이에 돌풍이 불면 산의 나무가 부러지는 피해가 발생하기도 한다. 태풍이 불어서 나무가 부러지는 경우 외에 돌풍이 불어서 나무가 부러지는 시기는 대체로 궐음의 기운이 만연한 시기이다. 그래서 궐음을 풍목의 기운이라고 한다. 이렇게 바람이 불어 나무를 손상시키기도 하지만 이 시기가 되면 나무에 물이 올라 눈이 피는 시기이기도 하다.

궐음기운이 만연하는 시기

● 대한에서 춘분
(양력 1월 20일 경 ~ 3월 21일 경)
예민하고 과감하며 신경질적이고 근면성실하다. 신경과민 질환이 발생할 수 있다.

우수 전 30일은 호랑이의 달이라고 해서 인월(寅月)이라고 하며 우수 후 30일은 토끼의 달이라고 해서 묘월(卯月)이라고 한다. 이렇게 대한에서 춘분은 양력으로 1월 20일 경에서부터 3월 23일 경이다. 이 시기의 자연환경은 매우 의미 있는 특성이 진행되고 있다. 이 시기의 사물들은 계절의 영향을 받아서 매우 조심스럽고 예민한 반응을 일으키는 시기이며 잘못 적응하면 죽음과 연관성이 있기 때문에 심리적으로 위축되어 있으며 기회가 주어지면 과감하게 감행하는 심리적 특성과 매우 부지런한 심성이 작용하는 시기이다. 이러한 시기에 태어난 사람도 역시 이러한 자연의 기운의 영향인지 같은 심리적 특성을 보인다.

그러나 보다 구체적인 심리적 특성을 본다면 궐음 풍목의 기운이 작용하는 시기이므로 이 시기는 지혜로운 처신을 요하는 심리상태를 나타낸다. 이것은 주위 환경과의 유대를 통하여 생존하기 위한 실질적인 전략으로 이 시기에 태어난 사람은 지혜의 기능이 발달할 수 있는 심리적인 상태를 가지고 있다고 단언할 수 있다.

궐음의 해석

궐음객기를 가지고 있는 사람에게는 깐죽거리고 덜렁거린다는 표현보다는 지혜로운 사람, 부지런해서 하고자하는 일에 실천력이 강한 사람이라는 표현이 더 좋을 것이다. 이 체질은 기술적인 성취를 좋아하는 경향이 있어서 가능하면 매끄럽고 결과가 좋은 일의 진행을 추구하기 때문에 이렇게 시도하고 저렇게 시도하는 실천적인 실험을 좋아한다.

또한 궐음주기를 가지고 있는 사람에게는 무언가 하지 않으면 불안해하는 성격이 있어 기획력이나 손재주가 있다고 말해도 적중할 것이다.

궐음객기에 대한 간단한 해

객기	주기	
궐음	태양	지혜력이 있어 기획력이 강하며 직관과 통찰력이 있다. (로드 스튜워트)
	소양	지혜력이 있어 기획력이 강하며 자기표현력이 있다. (살만 루시디)
	양명	지혜력이 있어 기획력이 강하며 옳고 그름에 대한 가치판단을 잘한다. (마리 퀴리)
	태음	지혜력이 있어 기획력이 강하며 논리적이고 합리적인 사고를 한다. (마이클 잭슨)
	소음	지혜력이 있어 기획력이 강하며 세심하고 꼼꼼한 관찰을 잘한다. (베르너 폰 브라운)
	궐음	지혜력이 있어 기획력이 강하며 기술적인 성취도가 높아 하고자 하는 일에 조바심을 느낀다. (스티븐 잡스, 폴 뉴먼)

인물이야기

스티브 잡스의 기술적 기획 [30)]

스티브 잡스는 1955년 2월 24일 출생하였다. 그의 체질은 궐음객기와 주기 그리고 입태는 소음객기와 소양주기를 타고났다. 스티브 잡스는 미국 샌프란시스코에서 태어나자마자 버려졌고, 폴과 클래라 잡스 부부에게 입양됐다. 호기심이 많아 구석에 놓인 바퀴벌레 약을 삼키던 말썽꾸러기 스티브는 17살 때 오리건 주 리드대학교에 입학했다.

대학 생활은 낭만적이지 않았다. 학비가 없어 3학기 만에 학교를 그만두어야 했다. 친구의 방과 마루에서 자고, 빈 코카콜라 병을 팔며 생계를 이었다. 학교는 그만두었지만 완벽하고 예술적인 서체를 배운 것과 동양철학에 심취한 것은 대학생활에서 얻은 가장 큰 소득 중에 하나였다.

궐음과 양명의 조화

스티브 잡스는 HP에서 만난 친구 스티브 워즈니악과 함께 장거리 전화를 공짜로 걸 수 있는 프리킹 장치, Blue Box를 만들어서 팔고 있었다. 스티브 잡스는 스물한 살이 되던 해, 친구 스티브 워즈니악과 함께 자신의 집 차고에서 애플 컴퓨터사를 시작했다. 잡스의 재산 목록 1호였던 폭스바겐 마이크로 버스를 팔고 워즈니악의 휴렛 패커드 계산기를 팔아서 마련한 돈 1300달러가 자본금이 되었다. 지금은 누구나 책상 위에 컴퓨터를 한 대씩 놓아두고 있기 때문에 '개인용' 컴퓨터라는 것이 전혀 이상하지 않다. 하지만 스티브 잡스가 애플 컴퓨터를 만들어 내기 전까지 '컴퓨터' 라는 단어는 곧 오늘날 은행에서 볼 수 있는 거대한 메인 프레임 컴퓨터를 의미했다. 그런 상식을 180도 바꾸어 준 것이 애플 컴퓨터가 내놓은 최초의 퍼스널 컴퓨터, Apple이었다. 차고에서 2명으로 시작한 애플이란 회사가 불과 10년 후 4000여명의 종업원과 함께 20억 달러 가치의 기업이 되었다. 그는 미국 대중의 우상이 되었다.

스티븐 잡스
1955년 2월 24일

출생 체질		입태 체질	
객기	주기	객기	주기
궐음	궐음	소음	소양

통솔	사교	신념	추리	논리	지혜
56	44	30	40	62	100

스티브 잡스는 궐음객기의 작용에 의해 철저한 기획과 창조적인 연구의 진행, 그리고 기술적으로 완벽한 승리를 추구하는 것으로 성공한 기업가이다.

궐음이 유도하는 기술적인 성취

이후 IBM 16비트 컴퓨터가 자신이 창출한 애플 시장을 앗아간 뒤, 또 다시 매킨토시라는 새로운 개념의 사용자 친화적인 대항문화적 컴퓨터를 내놓으며 마우스와 그래피컬 유저 인터페이스를 필수 사양으로 만들었다. 매킨토시를 내놓을 당시 스티브 잡스는 '애플 III'의 실패 등 여러 가지 악재로 회사 내의 입지가 좁아져 있었다. 안전하게 하고자 했다면 새로운 애플 모델은 당시의 표준이었던 아이비엠과 호환되는 컴퓨터여야 했을 것이다. 그러나 철저한 완벽주의자에 '세상을 바꿔보겠다'는 야심찬 포부를 갖고 있던 스티브 잡스에게 이미 자리를 굳힌 표준에 따르는 것은 전혀 성향에 맞지 않았다. 그는 새로운 산업을 창출하고 새로운 개념을 대중화하는 쪽에 관심이 있었기 때문이다. 만약 같은 상황에 빌 게이츠가 있었다면 GUI를 담은 신개념의 컴퓨터를 내놓아서 새로운 시장을 창출하겠다는 식의 생각은 거의 하지 않았을 것이다. 오히려 IBM에 호환되는 컴퓨터를 많이 팔아서 회사 이익도 늘리고 주가도 올린다는 생각에만 주력했을 것이다. 하지만 스티브 잡스는 전혀 다른 세계를 보고 있었다. 스티브 잡스의 존재 의미는 거기에 있었다.

Point
스티브 잡스가 궐음객기를 바탕으로 철저한 기획과 창조적인 연구에 의한 기술적 승리를 추구했다면 빌 게이츠는 양명객기에 의한 호환성을 바탕으로 상업적 성공을 이루었다.

여기서 엿볼 수 있는 것은 빌 게이츠의 양명객기와 스티브 잡스의 궐음객기의 작용은 분명히 차이가 있다는 사실이다. 철저히 기획과 창조적인 연구의 진행 그리고 기술적으로 완벽한 승리를 추구하는 궐음객기에 비하여 양명객기는 호환성을 바탕으로 한 완벽한 상업주의의 추구로 귀결된다.

하지만 그의 인생 1막은 여기까지였다. 30세 때 모든 경영진이 그를 회사에서 내쫓았다. 함께 일했던 제프 래스킨은 "스티브 잡스가 있는 곳에선 항상 배신과 다툼, 편가르기가 일어났다."고 증언했다. 이후 시작한 인생 2막은 모든 것과의 싸움이었다. 돈은 떨어져가고 언론은 냉혹했으며 동업자들은 등을 돌렸다. 5년 동안

'넥스트'와 '픽사'를 설립했지만, 하루아침에 문을 닫을지도 모르는 상황까지 몰렸다. 집과 자동차까지 빚으로 빼앗길지도 모른다는 불안에 떨어야 했다.

하지만 마지막 순간, 신은 그의 편에 섰다. 픽사가 만든 세계 최초의 3D 애니메이션 〈토이 스토리〉가 엄청난 성공을 거둔 것이다. 잇달아 만든 〈벅스 라이프〉, 〈토이스토리 2〉, 〈인크레더블〉 등은 그에게 엄청난 수익과 함께 '성공한 영화 제작자'라는 타이틀을 하나 더 붙여 주었다.

궐음이 유도하는 기획력의 위력

1996년 추락하고 있던 애플은 쫓아냈던 스티브 잡스를 '임시'라는 딱지를 붙여 '구원 투수'로 불렀다. 애플의 히피 같은 독특한 기업 문화는 잡스의 작품이었고, 어떤 CEO도 이러한 애플 직원들을 휘어잡지 못했다. 2년 후 스티브 잡스는 전문가들의 만류에도 모니터와 본체를 하나로 만든 혁신적인 디자인의 아이맥(iMac)을 내놓는다. '최종 사용자가 편한 것이 가장 좋은 것'이라는 그의 신념은 맞아떨어졌다. 2000년 1월 샌프란시스코 모스코 컨벤션센터 맥월드 엑스포, 검정 터틀넥 셔츠와 청바지 차림의 스티브 잡스가 등장했다. 그가 "이제 임시 직함을 떼겠다."고 말하자 청중은 벌떡 일어나 "스티브! 스티브! 스티브!"를 외치기 시작했다. 성공가도를 달리던 2004년 8월, 그는 췌장암에 걸려 3~6개월밖에 살지 못하는 판정을 받았다. 그는 "주치의는 집으로 돌아가 죽음을 준비하며 신변정리를 하라고 말했다."고 기억했다. 하지만 수술은 성공적이었다. 인생 3막이 열린 셈이다.

스티브 잡스는 이제 컴퓨터 · 영화 업계에 이어 음반업계 평정에도 나섰다. 음악파일을 들을 수 있는 MP3플레이어 '아이포드' 와 음악 파일을 돈 주고 사는 '아이튠 뮤직스토어' 를 통해서다. 음반사들과의 협상을 통해 '합법적인' 유통 경로를 마련했다. 이제 애플은 '물건' 만 만드는 곳이 아니라 서비스를 파는 곳이다.

궐음과 소음, 소양의 조화

지난 6월 스티브 잡스는 췌장암을 극복한 모습으로 스탠퍼드대 졸업식장에 나타나 축사를 했다. 이제 세상 속으로 나가는 젊은이들에게 "매일 인생의 마지막 날처럼 살아야 한다. 헝그리 정신을 가지고 미련할 정도로 자기 길을 가라.(Stay Hungry, Stay Foolish)"는 화두를 던졌다. 2000년 그가 애플의 '임시 CEO' 직함을 떼고 창업주이자 정식 CEO로 돌아와 무대에 섰을 때는 존 레논의 노래 '이매진(Imagine)' 이 흘러나왔었다. "You may say I' m a dreamer, but I' m not the only one…." (나를 보고 몽상가라 비웃을지 모르지만, 그래도 나만 그런 건 아니랍니다)

궐음객기와 주기 그리고 입태의 소음객기 그리고 소양주기를 가진 스티브 잡스는 이렇게 끊임없이 악재를 호재로 바꾸었으며 꼼꼼하고 치밀하게 연구했다. 그러한 노력은 타의 추종을 불허했으며 능력으로 비호의적인 적들을 제압하는 뚝심을 발휘하였다. 치명적인 병에 대해서조차 기술적인 극복 의지를 보여주었으며 자신만의 길을 선택하였다는 것에 대한 자신감을 끝까지 잃지 않았다.

폴 뉴먼의 지혜 31)

폴 뉴먼은 궐음으로 유도되는 지혜지수가 가장 높은 배우이다. 그는 1925년 1월 26일 출생하였다. 그의 체질은 궐음객기에 궐음주기 그리고 입태는 궐음객기에 소음주기이다. 완벽하게 음적인 기운으로 채워져 있으며 궐음의 기운이 강하다. 이러한 체질심리는 매우 편벽한 캐릭터를 형성하는 특징이 있다.

폴 뉴먼은 미국 오하이오주 클리블랜드에서 출생하였다. 해군에 입대해 조종사를 자원했으나 색맹이라는 이유로 탈락한 뒤 통신병으로 근무하다 1946년 제대했다. 예일대학 연극학과를 중퇴한 후 브로드웨이 무대에서 주목받고 영화계에 들어섰다. 확실한 연기와 신선하고 지적인 개성으로 인기를 모았다. 이 대목에서 색맹이라는 것의 체질심리적인 이유가 있다. 궐음의 기운이 넘치는 사람은 심혈관계의 질환이나 비뇨기계의 질환에 취약한 체질적 특성을 가지고 있으며 간기능계의 문제가 다분히 존재하는 사람이다. 간기능계에서 눈은 매우 중요한 기관이며 이것에 문제가 발생할 체질적인 이유가 충분하다.

폴 뉴먼
1925년 1월 26일

출생 체질		입태 체질	
객기	주기	객기	주기
궐음	궐음	궐음	소음

통솔	사교	신념	추리	논리	지혜
62	37	20	26	68	123

폴 뉴먼은 궐음으로 유도되는 지혜지수가 가장 높은 배우이다. 자신이 하고자 하는 분야에 대한 목적이 정해지면 조바심이 날 정도로 집착하고 방해가 되는 장애물은 가차 없이 뛰어넘는 속성이 발현된다.

궐음이 일으키는 대책 없는 바람

또한 예일대학의 연극학과를 중퇴했다는 사실도 눈여겨 봐야 한다. 왜 중퇴해야 했을까? 사실 궐음이 넘치는 사람은 자신이 하고자하는 분야에 대한 목적이 정해지면, 조바심이 날 정도로 집착하며, 방해가 되는 장애물은 가차 없이 뛰어넘는 속성이 발현된다. 그러니 브로드웨이에서 주목받을 가능성을 보았을 때, 대학을 그만두었을 것이라는 추측도 가능해진다. 강한 궐음기운이 한바탕 바람을 일으킨 것이다.

곧이어 서사극 〈은술잔〉(1954)로 영화에 데뷔하였고, 〈뜨거운 양철 지붕 위의 고양이〉와 〈영광의 탈출〉, 〈허슬러〉 등에 출연하여 대중의 인기를 얻었다. 그런 그가 대중의 폭발적인 인기를 얻게 된 영화는 역시 〈내일을 향해 쏴라〉와 〈스팅〉이다. 특히나 영화 〈내일을 향해 쏴라〉에서 로버트 레드포드와 짝을 이뤄 출연해 영화 마지막 장면에 온통 그 둘을 노리고 있는 총구들 사이로 총을 쏘며 뛰어나가는 장면은 아직도 영화사의 명장면으로 사랑을 받고 있다.

폴 뉴먼은 아카데미 남우주연상 후보로 8번이나 지명되었으나 유난히 상복이 없다가 1986년 〈칼라 오브 머니〉로 아카데미 남우주연상을 받기도 했다. 이혼이 일상적으로 벌어지는 할리우드에서 여배우 조안 우드워드와 금실이 두터워 오히려 화제가 되고 있으며 각종 사회 활동에도 앞장서 미국인의 존경을 받고 있다.

궐음이라고 무조건 여성편력을 일으키지 않는다.

흔히 말하는 바람기는 궐음기운이 유도한다고 볼 수 있다. 그러므로 일견 여성편력의 경향이 많은 배우들에게서 궐음기운이 많이 발견되는 것이 사실이다. 하지만 폴뉴먼의 경우는 좀 달랐다. 사실 클린턴이 바람피운 것은 궐음객기의 발현일 것이라는 것이 필자의 견해다. 같은 이유로 폴 뉴먼도 그럴 것이라 생각했던 것이다. 그런데 역시 지혜가 깊은 사람은 그러한 오점을 남기지 않을 정도로 관리를 잘한다고 보아야 할 것이다. 그의 삶은 궐음기운이 만들어 내는 힘이 어디까지인지 보여주는 좋은 샘플이다.

마이클 잭슨과 로드 스튜어트

궐음객기를 가진 가수는 다른 기운을 가진 가수보다 많았다. 왜 그럴까? 그것은 궐음객기가 가지는 지혜지수로의 유도, 그리고 지혜라는 통에 담긴 기술적인 성취 탓이 아닐까? 사실 지혜라는 것은 실천을 전제로 한 기술적 접근을 주된 발생기점으로 한다. 그러니 한 가지 사소한 일을 하더라도 수백번 반복하여 기술적인 성취를 이루었을 때 나오는 것을 지혜라 할 수 있다.

마이클 잭슨의 기술적 집착 32)

궐음객기를 가진 가수 중에 마이클 잭슨이 있다. 그는 1958년 8월 29일 출생했다. 그의 체질은 궐음객기 태음주기 그리고 입태는 소음객기에 태양주기를 타고났다. 체질심성에 궐음객기가 불러오는 끊임없는 기술적 시도가 있어 이를 통해 춤과 노래가 조화를 이루었으며, 대중의 시선을 끄는 기획자로 적격이었다. 태음주기는 논리적이며 끈질기고 생각이 깊은 특성, 소음은 꼼꼼하고 세심한 관찰력을 바탕으로 한 완성도, 태양은 그들만의 느낌과 직관을 통한 카리스마로 승화시키는 에너지를 가지고 있었던 것이다.

마이클 잭슨
1958년 8월 29일

출생 체질		입태 체질	
객기	주기	객기	주기
궐음	태음	소음	태양

통솔	사교	신념	추리	논리	지혜
44	25	21	40	61	72

궐음 객기를 가진 마이클 잭슨은 기술적 시도를 함으로서 춤과 노래의 조화를 이루었으며 대중의 시선을 끄는 기획자로 거듭날 수 있었다.

궐음이 유도하는 허망한 바람

그러나 여기서 그의 체질적인 특성을 좀 더 살펴보기로 하자. 그가 막대한 부의 창출, 피부박피를 통한 백인화의 경향 그리고 퇴폐적인 추문을 만들어 내 법정에 올라야 했던 이유들을 생각해 보자. 사실 궐음객기는 필요하다고 생각되는 것이 있다면 어떠한 기술적인 도입을 통해서라도 성취하지 않고는 못 배기는 성격이다.

그러한 그가 백인 우월주의의 세상에서 흑인이라는 정체성을 부정하고 싶은 것은 이해할 만한 일이다. 때문에 의학의 도움을 받아 자신의 욕망을 채워야 직성이 풀리는 것이다. 또한 궐음객기는 실천력과 근력의 과시를 의미한다. 그것도 정력적인 실천을 더욱 좋아한다. 그러기에 스캔들이 많은 사람을 살펴보면 궐음기운이 많이 나타난다고 할 수 있다.

로드 스튜워트의 허스키 33)

로드 스튜워트는 1945년 1월 10일 출생하였다. 그는 궐음객기 태양주기 그리고 입태의 태음객기 소음주기를 타고났다. 그는 영국 출생으로 특유의 허스키한 목소리와 화려한 무대매너가 매력적인 뮤지션이다. 아마도 궐음객기는 음악에 있어서 기술적인 축적과 실질적인 성취로 유도했을 것이며, 태양은 통찰과 직관을 바탕으로 한 카리스마로 작용했을 것이다. 또 입태의 태음객기는 끈질기고 합리적인 선택을 하도록 했고 소음은 세심하고 꼼꼼한 자기점검을 통해서 완벽한 가수로 키웠을 것이다.

로드 스튜워트
1958년 8월 29일

출생 체질		입태 체질	
객기	주기	객기	주기
궐음	태양	태음	소음

통솔	사교	신념	추리	논리	지혜
53	29	15	28	57	75

로드 스튜워드는 궐음객기를 가지고 있어 음악의 기술적인 축적과 실질적인 성취도가 높다. 그리고 태양기운이 있어 통찰과 직관을 바탕으로 한 카리스마가 작용하여 무대 매너가 매력적인 뮤지션으로 강한 인상을 남기게 되었다. 또한 소음기운을 통해 세심하고 꼼꼼한 자기점검을 통해 완벽한 가수로 성공하게 된다.

입태 소음주기가 만든 허스키

문제는 허스키한 목소리는 어디에서 비롯된 것일까에 집중된다. 한의학에서는 약간 허스키한 목소리를 상음으로 인식한다. 입태의 소음주기가 의미하는 것은 무엇일까? 이 사람은 소음경에 하자가 발생할 가능성이 많다. 소음경에는 신장과 심장에 연계된 경락이 존재하는데 이중에서 신경은 정기를 주관하는 경락으로 정수가 부족해지면 목소리에 윤기가 없어지고 허스키한 목소리가 나오게 된다. 필자의 견해로는 이것으로 인하여 발생한 신체적 특성이 아닌가 싶다.

살만 루시디의 친화적 기교 34)

살만 루시디는 1947년 6월 19일 출생했다. 그의 체질은 궐음객기 소양주기 그리고 입태는 궐음객기 태음주기를 타고났다. 그의 궐음객기는 루시디로 하여금 평범한 길을 가기 보다는 변화무쌍하고 기술적이며 기획적인 에너지를 가진 글을 쓸 수 있는 사람으로 안내한 것이다. 그러나 그는 사교적이며 합리적이고 공적인 사람이다.

그는 인도의 뭄바이에서 태어나 자라났으며, 영국 케임브리지의 킹스 컬리지에서 학위를 받았다. 그의 서사 스타일은 신화와 환상과 현실이 혼합되어 나타나는 마술적 사실주의와 관련이 깊다.

그의 작품 활동은 환상적인 이야기이자 일부 과학소설의 면모도 보이는 그리머스로 시작한다. 이 작품은 발표 당시 독서 대중과 비평가들에게서는 외면을 받았다. 그러나 그의 다음 소설인 〈자정의 아이들〉을 통해 문명을 얻게 되었으며 현재까지 그의 가장 최고의 작품으로 일컬어진다. 이 작품은 그 후 10년간 인도의 글쓰기 형태를 규정하는 중요한 작품이 되었다. 이 작품으로 그는 이후에 'Booker of Bookers' 상을 수상했다. 〈자정의 아이들〉 성공 이후, 루시디는 〈치욕〉이라는 단편 소설을 집필했다. 이 두 작품은 마술적 사실주의의 스타일과는 조금 거리가 있는, 이민자로서의 관점으로 쓰여진 것이다.

살만 루시디
1947년 6월 19일

출생 체질		입태 체질	
객기	주기	객기	주기
궐음	소양	궐음	태음

통솔	사교	신념	추리	논리	지혜
40	45	35	35	40	61

살만 루시디의 궐음객기는 평범한 길을 가기보다 변화무쌍하고 기술적이며 기획적인 에너지를 가진 글을 쓸 수 있는 사람으로 안내한다. 그러나 소양기운과 태음기운으로 사교적이며 합리적이고 공적인 기운을 불러들여 신화와 환상과 현실이 혼합된 마술적 사실주의의 글을 써내게 된다.

궐음의 기운이 유도하는 기술적 탐구

〈자정의 아이들〉과 〈치욕〉의 주제는 각각 인도와 파키스탄이다.

그의 후기작에서, 루시디는 〈무어의 마지막 한숨〉이라는 작품을 가지고 서방 세계로 눈을 돌렸고, 인도와 이베리아 반도간의 상업/문화적인 연결을 탐구했으며, 〈그녀가 밟은 땅〉에서는 인도 사회 내에서의 미국 록큰롤의 영향에 대해 다루었다. 〈자정의 아이들〉은 루시디의 작품으로 최고의 것이라는 찬사를 얻었다. 그러나 1989년 이후의 작품들은 악마의 시와 비슷한 관점에서 비판과 논란을 불러일으켰다.

이상을 보면서 작가가 가질 수 있는 기술적인 능력은 문화와 문화의 충돌에서 빚어지는 다양한 사실을 묘사할 수 있는 것이며 이것이 지혜롭게 각색되고 기획될 필요가 있다. 이에 궐음객기는 중요한 역할을 했을 것으로 추정된다. 사실 이렇게 인류 앞에 벽처럼 존재하는 닫힌 마음은 문화적인 이질감으로 나타날 것이다. 그리고 이것은 누군가에 의해서 반드시 소통되어야 하는 문제이다. 그러나 그 기술적인 선택이 잘못될 경우 피를 부르는 반향이 발생할 수 있는 것이다.

악마의 시를 예로 본다면, 이란의 호메이니는 루시디를 향하여 공개적으로 처형할 것을 선고했으며 출판에 관여한 사람도 같은 형을 선고했다고 한다. 그리고 일본어로 번역한 사람은 실제로 암살당하고 출판사 사장은 테러로 인하여 부상을 당하는 일이 발생하였다. 루시디는 수필집인 〈선의〉를 내어 그에게 향한 비난을 진정시키고, 이슬람에 대한 존경을 표시하며 사과하고자 했다. 그러나 이란 성직자들은 기존의 선고를 철회하지 않았다고 한다. 이후 호메이니가 죽은 뒤 이란과 영국이 관계를 정상화 하면서 비로소 철회되었는데 실질적으로 용서한 것은 아니고 외교와 정치적인 이익 때문에 선택한 이란의 고육책일 뿐인 것으로 이해되고 있다.

베르너 폰 브라운과 마리 퀴리

궐음객기가 있는 과학자는 아무래도 기술적인 성취도가 높은 사람일 것이다. 그리고 기획적이며 부지런하고 성실하고 하고자하는 욕구가 강한 에너지를 소유한 사람이기에 더욱 관심이 집중된다.

베르너 폰 브라운의 기술적 진보 [35]

우선 베르너 폰 브라운을 소개한다. 그는 1912년 3월 23일 출생했다. 그의 체질은 궐음객기 소음주기 그리고 입태는 궐음객기 소양주기를 타고났다. 그의 체질 심리는 지혜지수가 높으며 추리지수와 통솔지수가 강하게 작용하는 특성을 가지고 있을 것이다. 그러므로 학문적으로 관심 있는 분야에 대한 실험정신과 실천력을 겸비하고 있으며 실험 시에 꼼꼼하고 세심한 관찰력을 바탕으로 많은 것을 통찰해 내는 능력을 가지고 있을 것이다.

독일에서 태어난 브라운은 어려서부터 밤하늘을 보며 우주에 대한 상상의 나래를 펼쳤다. 특히 수학에 남다른 소질이 있었으며 어려서 스위스 취리히에서 초등 교육을 받았다. 그는 중학교를 졸업한 17세의 어린 나이에 자신도 우주여행을 할 수 있을 것이라는 기대감으로 로켓을 연구하기 시작했다. 로켓을 연구할 일념으로 독일 우주여행협회의 회원으로 가입한 브라운은 우주여행의 희망을 안고 로켓 연구에 열광적인 협회원들과 2년간 80여 회나 로켓 발사 실험을 하였다. 이러한 실천력은 궐음객기를 가진 사람이기에 가능했을 것이며 이러한 과정에 매우 소중한 기술적 노하우를 축적하게 되었다.

베르너 폰 브라운
1912년 3월 23일

출생 체질		입태 체질	
객기	주기	객기	주기
궐음	소음	궐음	소양

통솔	사교	신념	추리	논리	지혜
56	44	30	40	62	100

베르너 폰 브라운은 궐음객기 소양주기를 타고 났다. 그래서 지혜지수가 높고 추리지수와 통솔지수가 강하게 작용하는 특성을 가지고 있다. 학문적으로 관심이 있는 분야에 대한 실험정신과 실천력을 겸비하고 있으며 실험 시에 꼼꼼하고 세심한 관찰력을 바탕으로 많은 것을 통찰해내는 능력을 가지고 있다.

궐음이 유도하는 기술적 성취

그러다가 독일 육군의 로켓 연구소 드룬 베르거 소장을 만나게 되었다. 드룬 베르거 소장의 권유로 베를린 공과대학에 입학한 브라운은 액체연료 로켓을 전공했다. 그 후 드룬 르거 연구소의 연구원으로 로켓 실험을 계속했다. 전쟁 준비 중이던 히틀러는 베르너 폰 브라운에게 로켓을 개발하도록 지원하게 되었다. 그리하여 '페에데문데' 로켓 연구기지가 세워졌고 많은 과학자들과 함께 본격적으로 로켓을 개발하게 되었다. 결국, A-1, A-2, A-3, A-5 로켓과 함께 최종적으로 V-2로켓이 완성되었고 계속 개량되면서 2차 세계대전 당시 적국에 큰 피해를 주는 강력한 무기가 되었다.

그러나 독일은 세계 2차 대전에서 패망했다. 독일에 진주했던 연합군에게 이들의 기술이 넘어가게 되었다. V-2로켓의 부품과 이를 개발하였던 많은 과학자들은 미국으로, 실무진들과 기술자들은 소련으로 가게 되었다. 이후 두 나라는 로켓 개발의 근간을 이루며 훗날 최초의 인공위성인 스푸트니크 1호를 우주상공으로 띄움과 함께 두 나라의 본격적인 우주대결이 시작되었다.

궐음이 유도하는 기획력

1957년 10월 24일, 소련은 세계 최초로 다단식 로켓으로 인공위성 스푸트니크 1호를 발사 성공하였다. 이 사건으로 미국에서도 브라운에게 연구 과제를 주어 미국도 인공위성 발사계획을 서두르게 되었다. 마침내 1958년 1월 31일에 쥬피터를 개량해서 최초로 인공위성 발사에 성공하였다. 드디어 인류에 의한 우주탐험의 문이 열리게 된 것이다. 아폴로 우주선이 달에 착륙하여 그 충격적인 소식이 온 세계에 전달되는 순간 브라운은 벌써 화성까지의 우주탐험선을 계획하고 있었다. 그러나 브라운은 위성 간 비행연구는 다음 세대에 맡겨 더욱 발전하기를 바라면서 NASA를 떠나 조용히 말년을 보냈다.

이 대목에서 생각해 볼 것이 있다. 브라운은 궐음객기를 가진 사람으로서 기획의 천재라고 할 수 있다. 기술적인 발달을 통하여 미래를 기획하고 계획하여 실질적으로 이룰 수 있는 모든 것을 이루려고 노력하는 사람이다.

마리 퀴리의 기술과 기획적 생활 36)

또 다른 궐음객기를 가진 과학자로 퀴리 부인이 있다. 피에르 퀴리의 부인이다. 피에르 퀴리는 원래 소음객기를 타고난 과학자이다. 이 장에서는 퀴리 부인과 비교 연구해 보고자 한다. 퀴리 부인은 1867년 11월 7일 폴란드 바르샤바에서 출생하였다. 그녀의 체질은 궐음객기 양명주기 그리고 입태는 태음객기 궐음주기를 타고났다.

여기에 비해서 피에르 퀴리는 1859년 5월 15일 출생하였다. 그의 체질은 소음객기 소음주기 그리고 입태는 태음객기 태음주기를 타고났다. 이 두 사람의 지수를 보면 천생연분이란 생각이 든다. 겹치는 기운으로는 태음이 있을 뿐이다. 원래 음적인 피에르 퀴리의 좁은 그릇에 퀴리 부인은 궐음객기와 양명주기인 비교적 양적인 기운을 가지고 보완할 수 있는 관계에 있다. 그래서 피에르 퀴리는 부인과 함께 노벨상을 한번 수상했지만 퀴리 부인은 이후 다시 한 번 노벨상을 수상한 사람이 되었던 것이다.

어렸을 때부터 기억력이 뛰어나고 비범했던 그녀는 16세에 러시아 고등중학교에서 중등교육을 마치면서 금메달을 받았다. 아버지가 사업에 실패해 그녀는 교사 자리를 얻어 일을 해야 했으며 동시

마리 퀴리
1867년 11월 7일

출생 체질		입태 체질	
객기	주기	객기	주기
궐음	양명	태음	궐음

통솔	사교	신념	추리	논리	지혜
33	27	27	23	45	61

궐음객기를 가진 마리 퀴리 부인은 연구에 대한 대단한 근면성과 기술적 숙련을 통해 핵물리학을 연구하는 실천력을 발휘한다.

에 여성 노동자들에게 폴란드어를 가르치면서 민족주의자의 '자주 강좌' 에 비밀리에 참여했다. 18세에 가정교사직을 얻었는데 그곳에서 불행한 연애사건을 겪었다.

궐음기운이 만든 근면성

마리는 나중에 언니 브로냐가 그녀를 도와준다는 합의 아래 자신의 수입으로 파리에서 의학공부를 하는 언니를 도와주었다. 1891년 마리는 파리로 가 소르본대학교에서 P. 아펠, G. 리프만, E. 부티의 강의를 들으며 공부하기 시작했다. 그곳에서 그녀는 J. 페랭, C. 모랭, A. 코통 등 이미 잘 알려진 물리학자들을 만났다. 그녀는 학생기숙사에서 밤늦게까지 공부했으며 실제로 빵과 버터와 차만 먹고 살았다. 1893년 1등으로 물리과학 학사자격을 얻었고 그후 리프만의 연구실에서 일하기 시작해 1894년 2등으로 수리과학 학사자격을 얻었다. 그해 봄 그녀는 피에르 퀴리를 만났다.

그들의 결혼으로 인해 폴로늄(마리가 자신의 모국을 기념하여 그렇게 불렀음)과 라듐의 발견 등 세계적으로 중요한 결과를 성취하게 될 협력이 시작되었던 것이다. 학위 논문의 주제를 찾고 있던 마리 퀴리는 H. 베크렐이 발견한(1896) 새로운 현상(그녀는 후에 이 현상을 '방사능' 이라고 불렀음)을 접하고 우라늄에서 발견되는 성질이 다른 물질에서도 발견되는가를 찾아보기로 했다.

궐음기운이 만든 기술적 숙련

피에르 퀴리가 주로 새로운 복사(輻射)를 물리적으로 연구하는 데 몰두하고 있는 동안 마리 퀴리는 금속상태에서 순수 라듐을 얻기 위해 애썼는데 피에르 퀴리의 제자 중 한 사람인 화학자 A. 데

비에른의 도움으로 이를 얻을 수 있었다. 이 연구 결과 그녀는 1903년 6월 과학 박사학위를 받았으며 피에르와 함께 왕립학회의 데이비 메달을 받았다. 또한 1903년 그들은 방사성을 발견한 공로로 베크렐과 함께 노벨물리학상을 받았다. 여기서 피에르 퀴리는 소음객기와 소음주기가 작용한 세심하고 꼼꼼한 관찰로 라듐이 발생시키는 복사 현상을 연구한 것이다.

1906년 4월 19일 갑작스럽게 피에르 퀴리가 죽었다. 그의 죽음은 마리에게 쓰라린 충격이었지만 그녀의 생애에 결정적인 전환점이 되기도 했다. 마리는 그 이후 남편과 수행하던 과학 연구를 홀로 완성하는 일에 자신의 모든 힘을 쏟았다. 1906년 5월 13일 마리는 남편이 죽은 후 공석으로 남아 있던 교수직에 임명되었는데, 이로써 소르본대학교의 첫 번째 여교수가 되었다.

궐음기운이 만든 기술적 집착

제1차 세계 대전 동안 마리 퀴리는 딸 이렌의 도움으로 'X선 사진법'(X-radiography)의 이용법을 개발하는 데 몰두했다. 1918년 이렌이 합류한 라듐 연구소는 활발히 움직이기 시작했고 핵물리학과 화학의 세계적인 중심지가 되었다. 이제 최고의 명성을 얻었을 뿐만 아니라 1922년부터 의학 아카데미의 일원이 되어 방사성 물질의 화학적 성질과 이를 의학적으로 이용할 수 있는 방안을 연구했다.

마리 퀴리의 뛰어난 업적 중 하나는 질병 치료를 위해서 뿐만 아니라 핵물리학 연구를 위해 강력한 방사성원을 축적할 필요를 이해한 일이었다. 그 결과 비축된 방사성원은 1930년 입자가속기가 출현할 때까지 매우 중요한 도구였다. 이를 통해 중성자가 발견되고 결국 졸리오 퀴리에 의해 인공 방사능이 발견되는 계기가 마련되었다. 그 뒤 몇 개월 후 마리 퀴리는 복사작용으로 생긴 백혈병으로 죽었다. 2회의 노벨상 수상으로 그 중요성이 드러난 그녀 자신의 연구뿐만 아니라 이후 세대의 핵물리학자와 화학자에게 미친 영향으로 보아 물리학에 대한 그녀의 공헌은 지대한 것이었다.

사실 방사성 원소에 대한 물리적 화학적 안전성과 유효성이 연구되기 이전의 상황에서 기술적인 축적을 하는 것은 매우 중요한 일이며 이러한 일을 하면서 체질심성에 따른 연구의 진행은 매우 중요한 일이며 용감한 일이었다. 하지만 퀴리부부에 있어서는 피할 수 없는 상황이었으며 이러한 희생은 더욱 값진 일이 되었다.

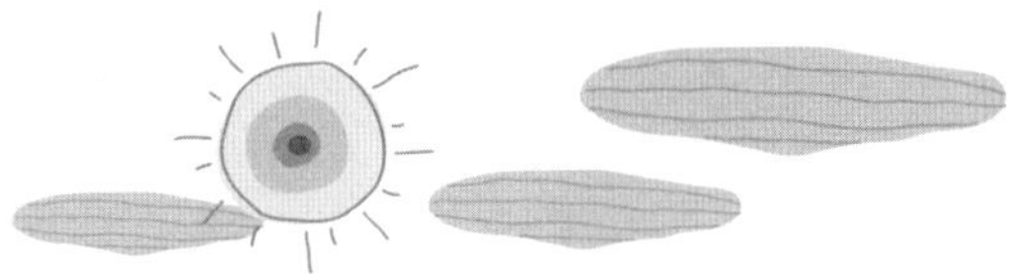

CQ 4

체질별 맞춤 학습법

체질 분석을 통한 자녀교육

우리는 지금까지 각 개개인의 체질 분석 방법을 알아보고 실제 인물들에 적용해 보았다. CQ 2를 정독하고 이 자리까지 온 독자들은 인간이 얼마나 복잡하고 미묘한 존재인지 알게 되었을 것이다. 때문에 복잡한 인간을 간단한 수치로 일반화 시킨다는 것이 얼마나 위험한 일인지도 알게 되었을 것이다. CQ는 인간이 어떤 존재인지, 사람마다 어떤 특성을 지니고 있는지 알아보는 과정에서 이러한 오류를 배제하려고 최대한 노력했다.

그럼 이제부터는 지금까지 익혀온 개념들을 바탕으로 사람의 체질을 분석해보고 이것을 가장 의미 있게 활용할 수 있는 자녀교육에 적용해 보자. 물론 자녀교육은 체질을 활용할 수 있는 다양한 분야 중 하나에 불과하다. 체질적 특성을 파악할 수 있다면 건강관리뿐 아니라 대인관계, 적성에 따른 직업의 선택 등에도 참고할 만한 좋은 자료가 될 수 있기 때문이다.

준비가 되었다면 이제 출발하자.

Point

체질적 특성을 파악할 수 있다면 건강관리뿐 아니라 대인관계, 적성에 따른 직업의 선택 등에도 참고할 만한 좋은 자료가 될 수 있다.

만인을 위한 껌

독자들은 '만인을 위한 껌' 이라는 얘기를 들어봤을 것이다. 택시를 탔을 때 택시운전기사로부터 들은 얘기, 혹은 공원에 모여 담소를 나누고 계신 할아버지들의 화제거리를 가만히 살펴보면 사회문제에 대해 비판적인 시각을 가지고 계신 분들이 많다는 사실을 알 수 있다. 요즘 대통령이 문제가 많다는 이야기부터 시작해서 국회의원들은 다 도둑놈들이라는 이야기까지 정치, 사회, 경제, 문화 전반에 걸쳐 한번씩 씹고 넘어가지 않는 얘기가 없다. 이 중에서도 교육정책은 단골 메뉴라고 할 수 있는데 독자들도 한번쯤은 비판의 칼날을 세워본 적이 있을 것이다. 하지만 이것은 상식적인 수준에서만 생각해 보아도 우리나라의 교육정책이 가지고 있는 문제점이 얼마나 심각한지 반증해 주는 실례라 할 수 있을 것이다.

그렇다면 무엇이 문제인가? 우리가 그렇게 즐겨 씹는 교육정책 또는 교육제도에 대해서 우리는 얼마나 자유롭게 비판할 수 있겠는가? 우리는 과연 우리가 생각하는 교육과 그것에 대한 올바른 가치관을 가지고 있는가? 이제는 한번쯤 고민해 보아야 할 문제가 되었다. 반성적인 자세로 교육에 대한 우리의 인식이 과연 어느 수준에 머물러 있는지 고민해 보아야 할 것이다. 그렇게 해야, 체질에 따른 교육의 긍정적인 의미를 이해할 수 있을 것이다.

이제는 교육에 대한 인식전환이 필요한 때

현재 우리사회는 성적이라는 획일적인 잣대로 계층화, 서열화가 이루어지고 있다. 하지만 이러한 교육 하에서는 바람직한 미래를 설계할 수 없을 것이다. 일곱 살에 초등학교 입학하여 6년의 초등학교 과정, 중학교 3년, 고등학교 3년, 그리고 4년 과정의 대학교를 졸업해야 비로소 제대로 된 교육을 받았다고 생각하는 획일적인 사고 방식이 만연해 있는 것이다. 때문에 고등학교 졸업 후, 전문 기술을 바탕으로 직업전선에 뛰어든 소신있는 젊은이들은 상대적으로 열등의식에 젖어있어야 하며 사회에서도 공정한 시선으로 바라보지 않는 것이 현실이다.

그러나 직장생활을 하다가 늦은 나이가 되어서도 다시 대학문을 두드리거나 적성에 맞는 교육을 찾아 새로운 인생을 설계하는 경우를 종종 보기도 한다. 또 혹자는 10년 가까이 고시 준비를 하다가 뒤늦게 직장을 구해 취직하는 경우도 있다. 사업을 하다가 공무원 시험을 준비해 공무원이 되기도 하고 학교 선생님을 하다가 다시 사업을 하는 등 다양한 이력의 소유자들이 늘고 있다. 엘리트 코스를 통과하여 외국유학에 박사학위까지 받고 국내에서 좋은 직장을 가졌다가 종교인이 되는 사람이 있는가 하면 어떤 사람은 최고의 교육을 받고도 실업자로 전락해 힘든 시간을 보내기도 한다. 왜 이런 일이 일어나야 하는가?

우리 교육의 방향 설정이 올바르지 못하며 이에 대한 사람들의 인식이 빗나가 있기 때문이다. 교육을 단지 좋은 직장이나 개인의 만족을 위하여 존재하는 하나의 수단으로만 바라보고 있기 때문이다. 그리고 그 결과가 좋지 못하면 모든 것을 교육의 탓으로 돌린다. 교육을 통해 얻은 많은 지식들은 자존심만 키워 아무 능력도 발휘할 수 없는 존재로 만들고 만다. 자신의 행복과 능력을 극대화시키기 위해서 존재하는 교육이 아니라면 무슨 가치가 있을까?

그렇기 때문에 살며 공부하며 일하고 또 공부하는 것은 절대로 불행한 삶이 아니다. 평생을 통해 공부해야 하며 그렇게 해야 나날이 새로운 인간으로 발전할 수 있는 것이다. 스스로 능력을 발휘하여 배운 바를 일상에서 실천하고 남는 힘으로 다시 공부하여 자신의 능력을 극대화 시키는 일, 이를 통해 또 다른 사회로 진출을 모색하는 자세가 필요하다. 사람들마다 뜻하는 바가 다르고 삶의 방식, 성향, 특성 등이 다르다는 사실을 인정해야 하는 것이다.

때문에 남들 공부할 때 같이 공부하고, 남들이 취직할 때 취직해야 하며, 남들이 놀 때 같이 놀아야 한다는 생각은 이제 설득력이 없다는 사실을 알게 됐을 것이다. 사람들마다 공부할 때와 놀 때가 다르며 성취 방법도 다르기 때문이다. 이제는 획일화된 사고 방식에서 다양한 경우의 수가 있다는 생각으로 인식의 전환을 꾀해야 할 것이다.

이것은 단순한 수치로 인간을 일반화 시켜놓는 기존의 Q-지수와 달리 저마다의 체질에 맞는 교육법과 일맥상통하는 얘기이며, 체질에 적합한 능력을 개발했을 때, 가장 최고의 효과를 볼 수 있는 것이다.

우리 선조들의 교육법과 육예

그러나 많은 부모들은 우리의 교육이 바뀌어야 한다는 생각에는 동의하지만 구체적인 대안이 없다고 반론을 제기한다. 모든 사람이 하나의 길로 나아가고 있는데 내 자식만 홀로 걸어가게 할 수는 없다고 말한다. 또한 많은 사람들에 의해서 검증된 바도 없는

선조들의 육예

어(御), 악(樂), 예(禮), 수(數), 서(書), 사(射)

데, 무턱대고 교육방법을 바꾸는 일에 주저하게 되는 것이 사실이다. 하지만 과연 그럴까?

여기에서 우리는 우리 선조들의 교육법에 대해 살펴볼 필요가 있다. 과연 우리 선조들은 어떠했을까?

우리는 조선시대 선비에 대해 두 가지 상반된 견해를 가지고 있다. 하나는 체면 때문에 능력도 없으면서 양반 행세를 하고 있다는 경우이며, 또 하나는 학문연구에 충실하여 과거를 준비하였으며 국난시 나라의 부름에 응할 수 있는 자질을 익히기 위해 어, 악, 예, 수, 서, 사에 관련된 육예를 익혔다는 것이다.

전자에 의해서 조선은 국난을 맞았으며 후자에 의해서 조선은 존재할 수 있었다. 국가가 위기에 처하게 되면 전국 방방곡곡에서 의병이 일어났는데 이들의 중심에는 굳건한 기개를 가진 선비가 있었던 것이다. 또 나라가 위기에 닥치게 되면 어김없이 그릇된 선비들의 경솔함과 어리석음이 있었던 것이다.

그렇다면 육예란 무엇인가?

눈치가 빠른 독자들은 이미 알아챘을 것이다. 아마도 독자들은 필자가 CQ에 대해 설명하면서 이미 언급한 인간에게 필요한 6가지 능력을 떠올렸을 것이다. 맞다. 통솔능력, 사교능력, 신념능력, 추리능력, 논리능력, 지혜능력으로 이것들을 갖춘 사람은 사회 속에서 사람이 살아가면서 꼭 필요한 기본적인 소양을 갖추었다고 할 수 있는 것이다. 그렇다면 다시 육예에 대해 살펴보기 전에 먼저 인간에게 필요한 6가지 능력에 대해 알아보자

통솔능력이란 자신을 통솔하고 주변을 통솔하고 자신이 속한 집단을 통솔할 수 있는 기본적인 소양에 대한 능력이라고 할 수 있다. 지금의 교육 체계에서는 협동 혹은 그룹별 경쟁 프로그램에 해당된

다. 주로 우리의 교육 풍토에서는 전문적인 과목이 없이 소풍이나 수학여행, 체육대회를 통하여 이뤄지는 소극적인 프로그램이다. 이것을 봉사나 레크레이션, 체육행사, 수학여행을 통하여 체계적으로 교육되어야 할 것이다.

사교능력은 언어를 통한 자기 표현능력과 상대방의 사고를 이해하는 능력, 그리고 자신의 기분을 표현하는 능력에 해당된다. 그러기 위해서는 자신의 생각을 표현하고 함께 어울릴 줄 아는 사람으로 교육되어야 한다. 현재의 교육 프로그램에서는 영어, 국어 등의 어학 프로그램과 음악과 미술 등이 여기에 해당될 수 있다. 부분적으로 문화제나 축제를 통하여 소극적으로 교육되는 것이다. 이것을 보다 적극적으로 의사소통을 할 수 있는 능력의 배양과 자신의 능력을 다수의 사람 앞에서 발표하고 상대방의 기분에 영향을 줄 수 있는 음악과 미술, 시에 대한 기본적인 능력을 배양시켜 주어야 한다.

신념능력은 세상의 옳고 그르고 좋고 나쁨에 대한 가치를 제대로 이해하고 자신에게 맞는 가치관을 형성시킬 수 있는 능력에 해당된다. 그러기 위해서는 세상의 사물에 대한 가치를 교육하며 거기서 가치 있는 존재를 찾아내어 비교할 수 있도록 해야 한다. 현재의 교육은 사회, 경제, 정치, 윤리, 체육이 해당된다. 이러한 교육의 실제 목표는 바로 올바른 가치관을 형성하게 만드는 것이다. 그런데 이들 교육에 대한 가치를 평가절하하고 있다.

추리능력은 미래지향적인 사고를 통하여 세상의 사물을 꼼꼼하게 관찰하고 파악하는 기본적인 능력을 의미한다. 그러기 위해서는 수리를 알아야 하고 통계를 알아야 하고 이것을 어떻게 일상사에 적용하는지를 교육시켜야 한다. 현재의 교육에서는 수학이나 기하학 등의 학문이 있으며 이를 통하여 추리능력이 배양되는 것이다.

인간에게 필요한 6가지 능력

- **통솔능력**
  자신과 주변을 통솔하고 자신이 속한 집단을 이끌어 갈 수 있는 기본적인 소양
- **사교능력**
  언어를 통한 자기 표현능력과 상대방의 사고를 이해하는 능력
- **신념능력**
  옳고 그름의 가치를 부여하고 자신에게 맞는 가치관을 형성할 수 있는 능력
- **추리능력**
  미래지향적인 사고를 통해 세상의 사물을 관찰하고 파악하는 기본적인 능력
- **논리능력**
  과거지향적인 사고를 통해 합리적이고 공정하게 판단할 수 있는 능력
- **지혜능력**
  일상에서 우리 삶을 원활하고 행복하게 하는 여러 기술에 대해 효과적으로 활용할 수 있는 능력

이러한 교육의 실제 목표는 바로 현실 생활에 적용하여 자신이 하는 일에 대한 정확한 예측과 적절하게 적응하는 방법을 가르치는 것이며 이것을 통하여 자신의 능력과 분수를 이해할 수 있도록 하는 것이다.

논리능력은 과거지향적인 사고를 통하여 합리적이고 공정하게 돕고 살 수 있는 방법을 찾아가는 능력을 의미한다. 그리고 이것을 위해서 자연과 사회를 관찰하여 논리적이고 언어를 통하여 토론하고 작문을 하여 발표하는 교육이 이뤄져야 한다. 현재의 교육은 과학이라는 과목을 통하여 이뤄지고 있으나 이것은 역시 입시를 위한 점수 확보를 위한 교육의 범주를 뛰어넘지 못하고 있다.

지혜능력은 일상에서 우리의 삶을 원활하고 행복하게 하는 각종 기술에 대해서 알아보고 선택할 수 있는 능력을 의미한다. 그리고 이것을 위해서 일상에서 발생하는 문제를 스스로 해결하고 이것을 해결하기 위해서 선택하는 기술에 대해서 교육이 이뤄져야 한다. 현재의 교육은 기술이나 농업, 가정과 같은 과목에서 다루고 있으며 역시 상급학교의 진학을 위한 점수 확보 차원의 교육을 벗어나지 못하고 있다는 점에서 우리의 교육은 쓸데 없는 곳에 낭비를 하는 비효율적인 교육으로 멍들어가고 있는 것이다.

그렇다면 이제 선조들의 육예에 대해서 알아보자.

선비는 임금을 모시기 위해서는 어(御)를 할 줄 알아야 했다. 수레를 몰고 말을 타고 임금과 전쟁에 나갈 수 있는 자질을 익혔으며 이러한 학습을 통하여 많은 사람과 함께 일을 하는 법을 익혔다. 이것을 통솔능력이라 할 수 있을 것이다.

선비는 스스로의 정서를 조절할 수 있어야 하며 백성 또는 지인들과 친하기 위하여 음악을 할 줄 알아야 했기에 악(樂)을 공부했

육예와 인간에게 필요한 6가지 능력

- **어(御) – 통솔능력**
  적극적인 봉사, 레크레이션, 수학여행 등을 통해 체계적으로 교육될 수 있다.
- **악(樂) – 사교능력**
  영어, 국어 등의 어학 프로그램과 문화제나 축제를 통해 교육될 수 있다.
- **예(禮) – 신념능력**
  사회 · 정치 · 윤리 과목 등을 통해 올바른 가치관을 교육할 수 있다.
- **수(數) – 추리능력**
  수학이나 기하학 등을 통해 교육될 수 있다.
- **서(書) – 논리능력**
  자연과 사회를 통해 논리력을 배양하고 토론과 작문을 통해 합리적 사고력을 기를 수 있다.
- **사(射) – 지혜능력**
  기술이나 농업, 가정과 같은 과목을 통해 기술력을 향상시킬 수 있다.

다. 사실 음악만을 공부한 것이 아니라 글 또는 시를 읽을 때의 운율과 장단을 맞추고 몸을 움직이는 무용을 같이 배웠다. 이러한 교육을 통하여 선비는 사교능력을 배양했다.

선비는 부모에게 효도하고 윗사람을 공경하고 아랫사람을 아끼기 위하여 예(禮)를 공부해야 했고, 이러한 과정에서 스스로 자신을 다잡는 신념능력을 배양했다.

선비는 사서삼경을 공부하면서 국가 정치의 옳고 그름을 판단하는 식견이 생기고 자신의 생각을 토론하며 자신의 주장을 글로써 밝히기 위하여 서(書)를 공부해야 했다. 이러한 과정에서 선비는 논리능력을 배양했다.

선비는 세상의 삶에 있어서 나아가고 물러서는 분수를 알기 위하여 수(數)를 공부해야 했다. 이러한 과정에서 일의 진행을 파악하는 추리능력을 배양했다.

선비는 심신을 단련하고 국난이 닥치면 전쟁에 나가 전투에 임하기 위하여 사(射)를 익혀야 했다. 이러한 과정에서 일을 진행하는 지혜능력을 배양했다.

적어도 제대로 된 선비라면 이상의 여섯 가지에 대해서 기본 교육이 이뤄져야 했으며 기본 소양으로 삼았다. 이러한 선비가 있었으므로 국가에서는 군비를 운영하지 않고도 잠재된 인재를 활용할 수 있었고 이들은 국난 시에 큰 역할을 했다.

체질별 맞춤 학습법

지금까지의 내용을 살펴본다면 사람들에게는 다양한 능력이 있으며 이것은 각각의 개개인마다 독특한 양식으로 발현된다는 사실을 알게 되었다. 사교적이며 많은 사람들과 친화력을 발휘해 어느 모임에서나 분위기 메이커로서의 역할을 해 내는 사람이 있는가 하면 또 다른 사람은 내성적이며 조용한 성격을 가진 반면 논리적이고 추리능력이 뛰어나 혼자만의 힘으로 모든 일을 해내는 내면 지향적인 성격의 사람도 있다.

그렇다면 무엇보다 중요한 것은 지금까지 앞에서 설명한 것처럼 자신의 체질적 특성이 어떠한 지를 따져보는 일이 될 것이다. 그래야 그에 맞게 적성을 살리고 체질에 맞는 학습방법을 찾아볼 수 있을 것이다. 이제 우리는 보다 구체적인 접근을 시도할 것이다. 대부분의 독자들은 다음 내용에 더 많은 관심이 있었을 것이다.

이제 우리 자녀들의 체질 분석을 바탕으로 실제 학교에서 배우고 있는 과목의 학습방법을 살펴보자.

수학을 잘하는 아이

"넌 이렇게 쉬운 문제도 이해하기 어렵니?"

"과외까지 시켰는데 수학점수가 이게 뭐니?"

이렇게 아이들에게 핀잔을 주거나 머리를 쥐어박는 엄마를 종종 본다. 사실 누구 때문에 수학을 못하는지 인지하지 못하고 아이 탓만 하는 것을 지적해 주고 싶지만 그저 바라볼 뿐이다.

그런데 왜 우리의 교육 속에 수학이라는 과목이 있어서 아이를 고생시키는지 한번 짚고 넘어가자. 과거 우리의 선조들은 논어, 맹자, 주역 등을 공부하면서 지금과 같은 수학 과목은 없었는데 말이다.

요즘 교육에서 수학에 집착하는 이유가 어디에 있을까? 일단 수학을 못하면 좋은 성적으로 대학에 진학하기 어렵다. 특히 자연계의 경우 기초학문인 수학을 모르고서는 전문 분야의 공부는 이해하기 어렵다. 그런데 한의사가 된 필자가 전공과정을 이수하는 동안 고등학교 시절에 배운 수학이 별로 쓸모가 없었던 것은 무슨 이유일까?

필자는 수학을 공부 하는 이유가 미래를 예측하고 추리하는 능력을 키우기 위해서라고 생각한다. 이것은 우리로 하여금 수학공부의 필요성을 느끼게 해 줄 것이다. 우선 우리 선조들의 경우를 살펴보자. 우리 선조들이 수학공부를 하지 않았다고 생각할 수도 있겠지만 자세히 살펴보면 우리 선조들에게 있어서 수학은 생활과 매우 밀접한 관계가 있음을 알 수 있을 것이다. 사서삼경 중에서 서전과 주역을 들여다보면 수학적인 계산을 하지 않고는 책장을 넘기기 어렵다. 이들 책에서 수학이 왜 필요한가를 들여다보면 양력으로 1년

이 365일이며 음력은 354일이라는 이야기가 나온다. 이뿐 아니라 윤달이 언제 올 수 있으며 이를 계산하는 이유가 어디에 있는지 밝히고 있다. 이것은 서양의 천문학에서 설명하는 부분과 상당부분 일치하는 것을 볼 수 있다.

수학이라는 학문이 서양의 경우 천문학과 기하학에서 시작되었다고 본다면 동양도 마찬가지라 할 수 있다. 특히 천문학적인 접근을 통하여 시작되었다고 할 수 있다. 그렇다면 이러한 학문이 발생하게 된 동기와 목적은 어디에 있는 것일까?

과거에는 지금보다 더욱 많은 고난과 시련이 닥쳤으며 천재지변도 심하게 발생했다. 기계문명이 지금보다 덜 발달되어 모든 일을 인력에 의존했기 때문에 어쩔 수 없이 앞날을 예측하려는 노력이 필요했다. 이렇게 앞날을 예측하기 위해서는 자연계에서 발생하는 현상을 수학적으로 정확하게 정리할 필요가 있었으며 그 수리적인 의미를 해석하여 미래를 예측하는 것이 주먹구구식보다 정확했을 것이다.

필자가 전술했듯이 필자의 출생체질에는 객기에 소음이 자리하고 있다. 소음이 자리하고 있는 사람은 대체로 꼼꼼하고 세심하며 혹은 세심이 지나쳐 소심하고 시야가 좁으며 생각이 많은 성격이 발현된다. 그런데 이러한 소음기를 추리능력과 결부시켰다. 그리고 이것이 높으면 수학을 잘한다고 했다.

그런데 이렇게 이야기 하면 많은 사람은 수학을 잘하면 수학성적이 좋아야 한다고 생각하는 사람이 많다.

수학을 잘하는 것과 수학성적이 좋다는 것의 차이

"이 아이는 수학을 못해서 이과에서 문과로 지망을 바꿨는데
문과에 가서도 공부를 못하니 어떻게 합니까?"

가끔 한의원에 찾아와서 이렇게 말하는 부모들이 있다. 아이의 체질을 보니 소음이 객기로 있었다. 그래서 "이 아이는 수학을 못하는 아이가 아닌데 착각하신 것 아닙니까?" 하고 물었다. 그랬더니 그 엄마는 "아이를 지도한 과외선생님은 수학을 가르쳐 보면 매우 어려운 문제도 잘 풀고 이해도 잘하는 것 같은데 성적은 신통치 않으니 무슨 조화인지 모른다고 하더군요."라고 실토했다.

사실 필자도 고등학교시절 그랬다. 쉽게 말해서 연습 선수였던 것이다. 수학을 좋아했으며 어려운 문제를 척척 풀어내는 실력도 가지고 있었다. 하지만 시험을 보면 왠지 실수가 잦고 착각을 하거나 답은 맞았는데 과정이 틀려 감점을 받곤 했다.

그런데 고교 3학년이 되면서부터 점점 좋은 점수를 받을 수 있었다. 예비고사에서 실수를 하긴 했지만 그래도 굴하지 않고 본고사에서 수학점수를 높이 받아 한의대에 입학할 수 있었다.

수학은 추리력을 높이는 공부

대학에 진학 후 필자는 수학에서 멀어졌다. 한의학에서 수학을 사용할 일이 없었기 때문이다. 그런데 필자가 남보다 강한 능력이 있다면 추리능력이었다. 치밀하게 국면과 국면을 연산하여 예측하는 능력이 남보다는 뛰어나다고 자부한다. 새로운 영역을 공부하면서 지식의 가치를 계산하고 어디에 쓰여질 것인지 비교적 정확하게

예측할 수 있기 때문에 결국 기술적인 학습이 빠르고 정확하며 빠른 속도로 배울 수 있었다. 그렇게 해서 현실에 적용할 수 있는 능력이 생긴 것이다.

초등학교 때나 중 · 고등학교 때 필자의 초기 성적은 신통치 않았다. 그런데 졸업할 때 쯤 가서는 상위권으로 향상되었으며 그 영역에는 수학이 자리하고 있었던 것으로 기억된다. 대학에서는 성적에 치우친 공부를 하지 않았지만 그 결과는 한의사가 된 뒤에 나타났다고 생각한다. 어려운 영역의 공부를 현실에 쉽게 적용하는 추리력을 가지고 독특한 임상영역을 구축하게 된 것이다.

그래서 추리력이 높은 아이의 부모는 절대로 경거망동해서는 안 된다. 수학을 잘하는 것 같다는 선생님의 언질이 있다면 당연히 성적에 연연하지 말고 지조있게 믿어줘야 한다. 성적이 안 오른다고 "적성이 안 맞는가 봐!" 하며 바꾸는 것은 비단을 주고 삼베옷을 바꿔 입는 형국을 만들기 십상이다. 오랜 시간을 두고 지켜보아야 한다.

수학을 잘하는 아이는 추리능력이 발휘될 아이이므로 당장 그 효과를 모르더라도 참고, 사랑이 가득 찬 눈으로 아이를 지켜보는 태도가 필요한 것이다. 아울러 수학을 공부하는 목적이 성적을 높이는 데 있지 않다는 사실을 명심해야 할 것이다.

과학을 좋아하는 아이

"우리 아이는 과학에 재능이 있는 것 같아."

"우리 아이는 관찰력이 있으며 자연에 대한 호기심이 많아."

이렇게 이야기하는 엄마들을 보면 부러운 마음을 감추지 못한다. 왜냐하면 어린 아이들이 새로운 일에 호기심을 발동시키지 않는다면 문제가 되기 때문이다. 알아야 할 것이 많은 시기에 호기심을 가지고, 관찰하고 덤벼드는 것은 당연한 것이다.

문제는 어떻게 접근하느냐에 있는 것이다. 자연의 현상을 보고 그냥 감탄하고 넘어간다면 이것은 과학을 하는 것이 아니다. 자연의 현상을 관찰하고 기록하고 왜 그런 현상이 일어나는지 의문을 가져야 하며 그것에 대해 논리적인 대답을 얻어내야 한다. 사실 어린 아이들이 원숙하게 접근하려는 태도를 보일 수는 없으나 접근하려고 노력하는 경향이 있다면 이것은 분명히 과학에 재능이 있는 것이라 단정할 수 있다.

그런데 왜 과학을 공부해야 하는 것일까? 대부분 좋은 대학에 가기 위해서, 좋은 직장을 가지기 위해서, 모르면 엄청 힘드니까! 라고 대답할 것이다. 그런데 왜 과학을 모르면 좋은 대학에 못 가고 좋은 직업을 가지지 못하는 것일까? 중학교 시절 미술 선생님이 하셨던 말이 생각난다. "너희들은 원소기호, 삼각함수 이런 것을 안다고 앞으로 세상을 잘 살 수 있다고 생각하지 마라. 너희 부모는 그것 몰라도 너희를 학교에 보내고 입히고 먹일 수 있지 않느냐?"

당시 그 얘기가 무엇을 의미하는지 몰랐는데 수 십 년이 지나서야 그것이 무엇을 의미하는지 깨닫게 되었다. 자! 과학을 공부해야 하는 이유가 어디에 있는지 다시 생각해 보자.

과학은 논리능력을 키운다.

필자의 생각으로 과학을 공부시키는 이유는 논리적인 능력을 키워주기 때문이라고 단언한다. 논리라는 것은 다양한 자연계의 현상을 취합하여 이것이 왜 일어나야만 하는지에 대한 당위성을 찾아내는 작업이다. 그래서 합리적이고 공명정대해야 한다. 사실 어린 나이에 논리라는 것을 알기는 쉬운 일이 아니다. 논리는 가설을 만드는 작업이며 따라서 억측을 불러올 가능성이 많은데 이로 인해 현실과는 동떨어질 가능성이 높다. 그러니 끊임없이 현실에 적용시켜 현실과 일치하는지 확인해야 한다.

이러한 능력은 하루아침에 생기는 것이 아니다. 자연을 보고 물리적인 현상, 생물학적인 현상, 화학적인 현상을 분석하고 공부해야 한다. 그 이치를 깨닫는 작업을 통하여 억측을 줄이고 실수를 줄이며 일에 대한 정확성을 높일 수 있는 것이다.

알버트 아인슈타인
1879년 3월 14일

출생 체질		입태 체질	
객기	주기	객기	주기
태음	궐음	소양	소양

통솔	사교	신념	추리	논리	지혜
58	63	36	46	91	70

아인슈타인은 태음객기를 가지고 있어 생각이 깊고 판단이 신중하며, 논리적이고 과학적인 두뇌가 발달하였다. 또한 궐음기운이 있어 기술적인 욕구가 매우 강하다.

아인슈타인의 경우 [37)]

아인슈타인을 모르는 사람은 없다. 이 사람의 생년월일을 살펴보면 1879년 3월 14일로서 태음객기에 궐음주기를 타고 태어났다. 이러한 기운을 타고난 사람은 생각이 깊고 판단이 신중하며 매우 조심스럽기 때문에 시간을 놓치기를 잘하며 말수가 적고 자기를 표현하는 능력도 부족하다. 매사 관심이 있는 일이 발생하면 끊임없이 집착하는 성격이 발휘되며 이것을 하지 않으면 조바심을 느낄 정도로 부지런하다. 그러나 평소에 관심사항이 없을 경우 느리고 게으른 모습으로 관찰된다. 태음을 객기로 태어난 사람은 자율신경계와 내분비계의 질병에 취약한 특성이 발휘되어 심리적인 갈등이 지속되면 두통이나 불면증 그리고 신경증이 빈발하며 심계항진 증상이 발생하는 경향이 많다.

아인슈타인의 어린 시절을 보면 이러한 사실을 확인할 수 있다. 알버트 아인슈타인은 독일의 울름에서 출생했다. 1880년 아버지의 사업이 경제공황에 의해 실패했고 일가는 뮌헨으로 이사했다. 뮌헨에서 아인슈타인의 아버지는 아들 야곱과 함께 전기 공장을 열었다. 그러나 앨버트는 지진아였고 아홉 살의 나이에도 말을 제대로 못하고 더듬거렸다고 한다.

그의 아버지는 별로 신앙심이 깊지 않아서 유태인의 규칙을 관습 정도로 생각했기 때문에 알버트를 가톨릭 학교에 보냈다. 그러나 아인슈타인은 권위주의적인 가톨릭 독일학교를 싫어했고 늘 교실에서 말썽을 일으키기 일쑤였다. 그래서 성적이 좋지 않았는데 특히 언어 영역 쪽에 성적이 좋지 않았다.

1884년에 앨버트의 가족은 이탈리아의 밀란으로 이사하면서 아인슈타인을 하숙집에 맡겼는데 그는 심한 스트레스에 시달리다 두 달 뒤에 신경쇠약이란 진단을 받게 되었다. 그의 아버지의 사업은 계속 실패를 거듭하여 더 이상 알버트는 학업을 지속할 수 없게 되었다. 더구나 알버트는 생각이 많고 운동하기를 싫어하는 성격 때문에 명령에 복종해야 하는 엔지니어가 되는 것을 싫어했다. 이것은 태음객기가 강하게 작용하여 발생하는 현상으로서 주기가 궐음으로 추측되는 기술적인 지배욕구보다는 논리적이고 과학적인 두뇌가 더욱 강하게 작용하기 때문인 것으로 파악된다. 그가 이론 물리학자가 된 것도 이와 관련 있다고 보아야 할 것이다.

아인슈타인은 스위스 취리히의 연방공과대학에 들어가려 했지만 입학시험에서 낙방하였다. 그러나 그의 수학적인 학습 능력이 뛰어났기 때문에 그는 스위스 아라우에 있는 칸톤 학교에 들어갔다. 여기서 알버트는 수학과 실용적 학문을 강조하는 자유로운 분위기인 아라우에서의 생활을 즐겼으며, 그해 말 대학에 입학할 수 있는 자격시험에 합격했다.

억압과 통제를 싫어하는 논리적 기운

태음객기와 궐음주기

논리적인 생각을 통한 가치관이 형성되어 타인에 의한 억압적 상황을 싫어하고 어려운 상황이 생기더라도 스스로 대책을 모색하는 성향이 발현된다. 또한 궐음주기가 있기 때문에 억압이나 통제에 대한 거부감이 유독 심하게 나타난다.

이러한 사실에서 태음객기가 있는 사람은 논리적인 생각을 통하여 자신의 주관을 세우고 있음을 알 수 있다. 때문에 통제하고 억압하는 상황을 싫어하고, 오히려 전전긍긍하며 대책을 모색하는 성격이 발동된다. 특히 궐음주기가 있는 경우 억압이나 통제에 대한 거부감이 유독 심하게 나타날 수 있다. 다행히 자유로운 상황에서 공부할 수 있었던 것이 체질적 심리 상태와 부합되어 상승효과가 발생할 수 있었다. 따라서 아라우에서의 교육은 후일 아인슈타인의 사고형성에 중요한 부분을 차지하게 된다.

아인슈타인은 자유로운 생각을 많이 할 수 있었던 이 시절 이미 물체가 빛과 같은 속도로 달리면 어떤 현상이 나타날 것인가에 대해 골몰했다. 결국 그의 위대한 업적인 상대성이론은 스위스 아라우의 자유로운 교육환경에서 잉태되었다고 할 수 있다. 특히 논리지수가 높은 사람의 경우, 깊은 사고와 논리적인 학습에 대해서는 타의 추종을 불허할 정도로 능력을 발휘할 수 있다는 사실도 이를 뒷받침해 줄 수 있을 것이다.

과묵한 성격으로 유도하는 태음

알버트는 천재라고 불리는 것이 싫었기 때문에 자신의 생각을 혼자만 간직했다. 태음이 객기로 있는 사람은 자신의 생각을 쉽게 밖으로 노출시키지 않는 습관이 있다. 완벽하게 알아낸 후에 비로소 발표하는 경향이 있으며 암묵적인 노력을 통하여 아주 끈질기고 집요하게 연구하는 성격이 발휘된다.

곧 이어 그는 거울을 가지고 빛의 속도로 함께 움직인다면 빛은 거울에 도달할 수 없을 것이라는 사실을 알게 되었다. 따라서 거울에 비친 모습이 사라지게 될 것이다. 알버트는 이것을 10년 동안이나 탐구하게 된다.

자율신경계와 내분비계의 질병을 이끄는 태음

아인슈타인은 또 다음과 같은 말을 하기도 했다.

"내 속에서 특수상대성이론이 태동할 무렵 나는 온갖 정신적 압박에 시달려야 했음을 시인할 수밖에 없다. 그와 같은 의문에 처음 부딪쳤을 때의 어안이 벙벙한 상태처럼 어렸을 때 나는 혼란스러운 상태에서 몇 주일씩 돌아다니곤 했다."

이러한 술회를 살펴보면 아인슈타인이 얼마나 많이 고뇌했는지 알 수 있을 것이다. 또 이러한 고뇌가 집중될수록 자율신경계의 부조화와 내분비의 부조화는 심화되기 마련이고 이로 인한 증상이 발생하는 것은 당연했을 것이다. 사실 태음객기가 있는 사람은 고뇌를 거듭하게 되면 심한 고통을 받게 되며 이것을 해결하는 방법으로 궐음주기의 특성을 활용하는데 이것은 산책이나 방황을 통하여 스트레스를 해소하려는 자발적인 시도로 나타난다. 이것은 문제에 대한 답이 얻어질 때까지 지속되며 무언가 해결책이 얻어지지 않는다면 고통을 함께 가지고 있어야 하는 숙명인 것이다. 불가능할 것 같이 보인 해답이 바로 알버트 아인슈타인의 특수상대성이론이라

할 수 있을 것이다.

입태체질의 영향

아인슈타인의 경우 입태에 소양주기와 소양객기가 있는데 이것은 아마도 그가 끊임없이 고뇌하는 과정에서 스스로 견뎌낼 수 있는 힘으로 작용했을 것이다.

아인슈타인의 입태를 살펴보면 소양주기와 객기가 있는데 이것은 아마도 그가 끊임없이 고뇌를 하는 과정에서 그래도 견딜 수 있는 힘으로 작용했던 것 같다. 아인슈타인은 나름대로 말수는 적지만 유머감각이 있었던 것 같았으며 그 증거로 다음과 같은 유머를 남겼다고 한다. "만약 상대론이 옳다고 판명된다면 독일인들은 나를 독일 사람이라고 부를 것이고, 스위스 사람들은 스위스 시민이라고, 그리고 프랑스 사람들은 나를 위대한 과학자라고 부를 것이다. 그러나 상대론이 틀릴 경우에는 프랑스인들은 나를 스위스 사람이라 할 테고, 스위스인 들은 나를 독일 사람이라고, 그리고 독일 사람들은 나를 유태인이라고 할 것이다."

1933년 미국에 정착한 아인슈타인은 프린스턴 고등연구소의 종신회원이 되었으며 1955년 4월 18일 프린스턴에서 세상을 떠났다.

아인슈타인의 경우처럼 과학적인 업적은 전 생애를 걸어야 할 정도로 끈질긴 인내가 필요하기 때문에 신중하고 낙천적이며 의지가 강해야 한다. 이것은 둔하고 게으르며 느린 경향으로 관찰되며 고집스러움으로 관찰될 수 있다. 이러한 징후가 있는지 지금부터 자녀를 면밀히 관찰할 필요가 있다.

언어 표현을 잘하는 아이

"영어는 미국에 가서 배우는 것이 좋아."

"문법이나 배우는 한국의 영어교육은 아무 필요가 없어."

미국에서 살다온 친구에게서 종종 위와 같은 이야기를 듣는다.

"왜냐고? 문법 생각하면서 영어하는 사람이 어디 있어. 미국에 가보니 그들의 생활영어는 문법과 아무런 관련이 없어. 그냥 적당히 떠들 수 있으면 되는 것인데 주어 동사 목적어를 모두 생각하면 복잡해서 의사소통하기가 더 어려워진다네."

이 친구의 생년월일은 1961년 12월 23일이다. 분석해 보면 출생의 객기와 주기가 모두 태양이고 입태의 객기와 주기는 모두 소음이다. 이러한 체질은 통솔지수와 사교지수가 높으며 지혜지수가 작용 할 수 있는 심리적 특성이 있다. 학습을 하는 중고등학교 시절에는 추리지수가 작용하는 시절이므로 이 친구는 원래 문과를 선택해야 합당했는데 아마 추리지수가 작용하여 꼼꼼하고 잔 생각을 많이 하는 성격이 발동되어 자연계를 선택한 것으로 해석된다. 그래서 필자와 인연이 되었는지 모르겠다.

이 친구는 고교시절 필자보다도 영어 성적이 좋지 않았다. 그러나 대학 졸업 후, 대기업 사원으로 미국에 파견근무를 나가 영어를 익혔으니 그 자신감이란 알만한 것이었다.

이 친구는 통솔지수가 높은 이유로 벤처기업의 사장이 되었다. 그리고 항상 자신의 자존심과 주변의 장악력을 자랑하였으며 치밀한 기획력과 사교력을 바탕으로 유능한 사장으로 자리를 잡았다. 전공이 전자공학이었던 것은 역시 지혜지수의 작용이 아니었나 생각한다. 그러나 전공은 이 친구의 운명이 아니었던 것 같았다. 그보다는 전공을 살리면서 파급되는 직장에서의 직위 및 업무의 장악능력이 결국 전공과 다른 경영의 측면으로 발전하게 된 것이다.

CQ 분석사례
1961년 2월 23일

출생 체질		입태 체질	
객기	주기	객기	주기
태음	태양	소음	소음

통솔	사교	신념	추리	논리	지혜
72	53	36	49	81	132

빌 코스비
1937년 7월 12일

출생 체질		입태 체질	
객기	주기	객기	주기
태음	소양	소양	양명

통솔	사교	신념	추리	논리	지혜
49	64	44	50	83	55

빌 코스비는 사교지수가 높아 유머감각이 풍부하며 자신의 생각을 다른 사람에게 리얼하게 표현할 수 있는 능력을 가지고 있다. 또한 태음 기운이 작용하고 있어, 언어를 논리적으로 창조하는 능력이 남다르다.

빌 코스비의 유머감각 38)

사실 말을 잘하려면 말에 대한 이해가 빨라야 하며 논리적이야 한다. 예를 든다면 미국의 코미디언인 빌 코스비의 생년월일에서 재미있는 현상을 찾아 볼 수 있다. 빌 코스비는 1937년 7월 12일 미국 펜실베이니아 필라델피아에서 태어났다. 그의 체질은 태음 객기에 소양주기를 타고 났다. 입태를 따져보면 소양객기에 양명주기를 타고 났다.

이렇게 태어난 빌 코스비는 자수성가한 흑인 코미디언으로 많은 흑인들의 우상으로 알려져 있다. 그는 일요일 아침, 사춘기 자녀들과 부모들과의 관계를 비중 있게 다루었던 가족 시트콤, '코스비 가족'에서 자상한 아빠, 헉스터블 박사로 우리나라에서도 많은 인기를 얻었으며, 1986년 미국에서 출판된 『고독한 아빠 자랑스러운 아버지』가 베스트셀러가 되면서 저자로도 그 명성을 높였다. 그렇다면 빌 코스비의 CQ는 어떻게 될까?

태음객기는 논리지수가 높다는 뜻이다. 즉 언어 영역에서 논리적인 사고방식을 표현할 수 있는 기본이 되어 있다는 뜻이다. 여기에 소양주기와 입태의 소양객기가 들어 있으므로 사교지수가 충분히 작용할 수 있다는 뜻이다. 사실 남을 웃기려면 실제로 웃길만한 논리가 필요하고 이것이 바탕되어야 제대로 웃길 수 있는 것이다. 그런데 사교지수가 있는 사람은 유머감각이 풍부하며 자신의 생각을 다른 사람에게 리얼하게 표현할 수 있고 연기해 낼 수 있는 것이다.

필자의 처음 빌 코스비는 출생에 소양객기가 있을 것으로 생각했다. 그런데 태음객기가 있어서 한편으로 오운육기 체질의 해석에 문제가 있는 것이 아닌가 생각했는데 실제로 유머라는 것이 무엇인지 공부한 다음에는 비로소 논리적인 사고가 바탕이 된다는 사실을 알게 되었다. 유머라는 것은 일단 논리를 뛰어넘어야만 성립하는 것이기 때문에 논리를 뛰어넘기 위해서 논리를 알아야 한다.

그런데 빌 코스비는 태음객기를 가지고 있어서 논리를 쉽게 알 수 있는 선천적인 기운을 가지고 있다. 여기에 소양기운이 더해져 사교적인 언어표현력을 선천적으로 타고났다고 보아야 한다.

체육을 좋아하는 아이

체육은 육체적인 능력을 시험하고 확인하는 작업에 해당된다. 가령 100미터를 달리는 데 나는 15초에 주파할 수 있다는 것을 확인한다든가 10km를 이동하는 데 2시간이 소요된다는 사실을 파악하는 작업이다. 이런 것은 직접 해 봐야 안다. 그래서 자신의 육체적인 능력이 어디에 해당되는지 알아야 능력에 맞는 처신을 할 수 있는 것이다.

필자는 체육을 하는 것이 예(禮)를 학습하는 것과 같다고 생각한다. 이런 고리타분한 이야기를 왜 또 하려고 하는가 하고 힐책할지 모르지만 그것은 사실이다. 예(禮)를 공부하는 것은 웃어른을 공경하고 아랫사람을 이끌어줄 수 있는 여유를 배우는 것이다. 그런데 이것이 체육과 무슨 관계가 있단 말인가?

여기서 체육은 육체적인 능력을 키우는 매우 좋은 과목에 해당된다. 육체적인 능력을 최대한 발휘하는 사람을 사회에서 찾는다면 운동선수나 프로선수들을 예로 들 수 있을 것이다. 이들은 분명 존경받을 만하며 높은 경지에 오른 사람이어서 더 많은 기회가 주어져야 한다. 실제로 운동장에서 뛰는 프로선수는 관중보다 더 많은 기회를 부여 받은 것이 사실이다. 여기에 예(禮)가 있는 것이다.

우리는 학교에서 운동회를 하면서 학급대항 축구나, 농구, 배구, 달리기 시합을 했던 기억이 난다. 이때 뛸 수 있는 기회가 주어지는 것을 보면 역시 체육시간에 잘 뛰고 잘 넣고 잘 차며 잘 치는 사람에게 기회를 양보한다. 그 능력이 비슷하면 겨루기를 해서 서열을 정하는 풍토가 있기도 했다. 그래서 저 친구가 나보다 농구를 잘하니까 학급대표로 내보내고 나는 저 친구 보다 사격을 잘하니까 사격 선수로 나가는 식으로 서로를 추대하고 경쟁하는 모습을 볼 수 있었다. 이것을 잘하는 학급은 다른 학급을 이기게 되어 있다. 정말 능력 있는 선수를 내보내면 당연히 경기력이 향상되고 결과가 좋을 수밖에 없지 않은가?

이렇게 자신의 능력에 따라서 서열을 정하고 잘하는 사람을 인정하고 자신을 낮추는 행위가 자연스럽게 나오는 것, 이것이 예의를 체득하는 것과 무엇이 다른가? 그러니 체육은 예의를 배우는 가장 좋은 수단인 것이다.

슈테피 그라프의 신념 [39)]

그녀의 생년월일은 1969년 6월 14일이다. 체질을 분석해 보니 양명객기에 소양주기를 타고났다. 입태의 기운은 태양객기에 양명주기였다. 아마도 슈테피 그라프는 테니스를 위해서 태어난 천부적인 선수였다고 해도 맞는 말이 될 것이다. 왜냐하면 양명객기와 입태의 양명주기를 가지고 있었으니까 말이다.

양명이 작용하면 신념지수가 높다. 신념이 높다는 뜻은 이상과 꿈이 크며 이러한 의지는 스스로 좋고 나쁨, 옳고 그름에 대한 확실한 태도 표명을 할 수 있는 심리적 특징을 가지고 태어났다는 뜻이다. 그래서 좋으면 반드시 해내려고 노력하며, 싫어하는 일은 거들떠보지도 않는다. 마치 모 아니면 도인 성격인 것이다. 행동에 절도가 있으며 비위를 거스르면 호승심을 발휘하며 일단 지지 않으려고 노력한다. 양명인의 단점은 중간이 없다는 점이다. 적당히 넘겨 버리는 성격이 아니어서 간혹 좌절을 불러올 수도 있으며 포기라는 단어를 쓰기는 하지만 일단 쓰면 내일이 없다는 태도로 일관한다. 절도가 있고 위계질서가 뚜렷하며 도덕적이다.

슈테피 그라프는 독일 하이델베르크와 만하임에서 그리 멀지 않은 작은 마을 브륄에서 태어났다. 그 당시 그녀의 아버지 페터 그라프가 자동차 영업과 자동차 보험, 그리고 부업으로 테니스 코치 생활을 하고 있을 때였다. 그때 아버지는 그녀의 나이 만 3세 9개월이었던 1973년 3월에 테니스 라켓을 들고 놀도록 했다고 한다. 사랑스러운 딸이 장난감으로 테니스 라켓을 선택했다는 것은 테니스 코치를 부업으로 하는 아버지의 입장에서 얼마나 대견스러웠을까?

양명기운의 가치 추구

그녀는 거실에서 의자를 네트삼아 아버지가 넘겨주는 공을 받아치는 방식으로 테니스 연습을 하기 시작했다. 처음엔 의자네트를 넘기기는커녕 공을 라켓에 맞추는 것조차 힘들었지만 아마도 이것을 좋아했나보다. 그래서 아버지는 그녀에게 좋아하는 장난감을 걸고 공을 네트 위로 넘기도록 동기를 부여 했으며, 이러한 꼬임에 넘어간 그라프는 자기가 좋아하는 장난감이 선물로 기다리고 있었기 때문에 고사리 손으로 들기도 힘든 라켓을 줄기차게 휘둘러댔다.

결국 매번 의자 네트를 넘기는 실력이 되었으며 다음 단계로 아버지는 딸을 집 근처 테니스장으로 데려가 정기적으로 연습시켰고

슈테피 그라프
1969년 6월 14일

출생 체질		입태 체질	
객기	주기	객기	주기
양명	소양	태양	양명

통솔	사교	신념	추리	논리	지혜
50	77	99	49	20	30

슈테피 그라프는 양명기운이 작용하여 신념지수가 대단히 높다. 옳고 그름에 대한 판단력이 확실한 그녀는 목표로 정한 일은 반드시 해내는 성향을 가지고 있다. 또한 행동에 절도가 있어 비위를 거스르면 호승심이 발휘되고 지지 않으려고 끊임없이 노력하는 모습을 보인다.

이때부터 그녀의 실력은 점점 더 향상되었다.

양명기운의 승부 근성

그라프가 5세 때인 1974년에 그녀는 첫 토너먼트에 참가하게 되었는다. 그녀는 1회전에서 패하자 눈물을 펑펑 쏟으며 아버지의 품에 안겼다. 이는 어린 슈테피에게 최초의 좌절감이었던 것이다. 그러나 이듬해엔 동년배의 어린 테니스선수들을 이기고 때때로 자기보다 한두 살 나이가 많은 주니어 선수들을 이기면서부터 급격히 실력이 향상되기 시작했다. 이러한 경력을 보건대 그라프의 양명객기가 주도하는 신념지수의 역할을 미루어 짐작할 수 있다. 그라프의 성격은 모 아니면 도인 것이다. 그런데 일단 자신이 하고자 하는 분야에서는 모가 되어야 용납하는 성격이다. 이것을 만족하기 위하여 그라프는 모든 것을 걸었다. 이러한 성격은 어려서부터 타고나는 것이다. 이후 그녀는 라이멘 지역 테니스연맹에서 주임코치를 맡고 있던 보리스 브레스크바의 지도를 받았다. 7세였던 슈테피 그라프는 브레스크바의 지도를 받으며 국내의 각종 주니어 대회를 휩쓸었고 12세에 이르러서는 미국으로 원정을 떠나 권위 있는 국제 주니어 대회 오렌지 보울의 타이틀을 차지하게 된다. 이미 세계의 주니어 선수들 중에서는 그녀의 적수가 없었다.

그녀는 1983년 만 14세도 안된 상태에서 프로로 전향하였고 바로 프랑스오픈에 참가하여 2회전까지 진출하였다. 이듬해인 1984년 로스엔젤레스 올림픽의 테니스 시범경기에 최연소선수로 참가하여 금메달을 따기도 했다. 연말 랭킹도 급격히 상승하여 1985년엔 16세로 랭킹 톱텐에 진입, 6위에 랭크되기도 했다. 이어 1986년 8개의 타이틀을 따내며 랭킹 3위에 올라 세계를 놀라게 했다.

또한 당시까지만 해도 난공불락이었던 나브라틸로바의 아성을 프랑스 오픈에서 무너뜨리면서 그녀 생애 처음으로 랭킹 1위에 올랐다. 랭킹 1위에 걸맞은 성적은 1988년에도 이어졌다. 그라프 생애 최고의 해인 1988년에는 4대 메이저대회를 모두 휩쓸며 모린코놀리, 마거릿 스미스 코트에 이어 여자 테니스 역사상 세 번째로 그랜드슬램의 위업을 달성하였던 것이다. 그녀는 정식종목으로 채택된 88 서울 올림픽에서도 미모의 아르헨티나 선수 가브리엘라 사바티니를 일축하며 금메달을 획득, 언론으로부터 골든슬램이라는 칭호가 부여되었다.

완벽을 추구하는 신념, 양명

1987년부터 1996년까지 10년간 한 차례도 거르지 않고 매년 메이저 타이틀을 획득했던 그라프도 1997년 프랑스오픈 후 부상을 입게 되어 한동안 경기에 출전하지 못했다. 이 때문에 1997년 연말 랭킹은 28위로 떨어지게 되었으나 1998년 윔블던 대회에서 다시 코트에 복귀하여 전성기 때의 감각을 찾는데 성공, 톱텐에 재진입하게 된다. 그라프는 1999년 프랑스 오픈에서 힝기스를 상대로 그녀의 마지막 메이저대회 타이틀을 차지하였고 그해 윔블던에서도 결승까지 올랐으나 데이븐 포트에게 패하였다. 1999년 프랑스오픈과 윔블던 준우승으로 랭킹이 3위까지 올랐으나 그라프는 곧 은퇴의 길을 택하게 되었다. 만 30세를 넘겨 선수생활을 계속하기는 무리라고 판단했던 것이다. 여기에서도 이해할 수 있는 것이 그라프의 모 아니면 도의 성격을 이해할 수 있다. 최고의 길이 아니면 포기하는 것을 선택하는 것이다. 아마도 신념이 강한 사람이라면 이러한 선택도 보는 사람에게 아름답게 보일 수 있는 요소일 것이다.

슈테피 그라프를 훌륭한 테니스 선수로 키우는 데 결정적인 기여를 했던 사람은 바로 그녀의 아버지 페터 그라프였다. 하지만 그는 슈테피가 여자테니스를 평정하며 상당한 상금수입을 올리게 되자 돈을 직접 관리하기 시작하였는데 수입을 개인적으로 유용, 탈세 등의 범죄를 저질러 1997년 정부로부터 실형을 선고받고 수감되었다. 그는 이듬해 감형이 되어 풀려났지만 이 사건으로 슈테피와 아버지는 결별하게 되었다.

이 대목에서 필자는 과연 그럴 수 있을까 생각해 본다. 무려 10년 이상 아버지를 믿고 상금수입에 대한 관리 및 관심 자체가 없을 수 있을까? 아마 그녀에게는 가능한 일일 것이다. 슈테피의 체질심리 상태로 보건대 앞만 보고 가는 성격이며 최선을 다하여 자기자신을 관리를 했을 것이다. 그렇게 하지 않고는 그렇게 오랜 시간 꾸준한 성적을 올릴 수 없었기 때문이다. 자신의 상금을 자신의 행복과 즐거움을 위해서 쓸 기회가 많았을 것이고 그러자면 많은 돈이 필요했을 것인데 이것을 선택하지 않았다는 것은 그녀의 신념이 높다는 사실로 밖에는 이해가 되지 않는다.

체육을 잘한다는 것은 프로선수가 되어서 돈을 잘 벌 수 있기 때문에 좋아할 일은 아니다. 그보다는 자신을 이길 수 있고 효과적으로 통제할 수 있으며 이것을 확인할 수 있기 때문에 좋아할 일이다. 이것은 자신을 이해하고 남을 이해하고 비교할 수 있으며 협동할 수 있는 기회를 제공할 수 있다는 점에서 더욱 필요하다. 이러한 능력을 가지는 것은 가지지 않는 것에 비하여 얼마나 다행스러운 일인가?

기술을 좋아하는 아이

"저 아이는 손재주가 좋아서 집에서 고장 난 기기는 모두 고쳐 놔."

"둘째 아이는 손으로 무언가를 가지고 작동시키지 않으면 조바심이 나는 것 같아."

이러한 자랑을 늘어놓는 부모들을 가끔 본다. 예전에는 이것을 자랑삼아 이야기 했는데 요즘에는 이것을 흠으로 여기는 부모들이 많다는 것이 조금 다를 뿐이다. 사실 기술을 가지는 것은 가지고 있지 않은 것 보다는 나쁠 것이 없다. 필자가 어린 시절 아버지께서 주판알이 아주 큰 투박한 주판을 봉투에 담아주시며 고향 선배에게 보내 배우도록 하셨다. 그때 어린 마음에 투박한 주판을 가지고 창피를 무릅쓰고 찾아 갔던 기억이 난다. 아버지의 함자를 대며 구석의 방으로 들어섰는데 주산 선생님께서 반갑게 맞아 주시며 투박한 주판은 놔두고 당신이 쓰시던 날렵하고 쓸모 있는 주판을 빌려 주셨다.

필자는 이분에게 약 6개월 정도 주산을 배웠는데 아버지께서는 시작한지 1개월 만에 4급의 실력이 되었다는 점을 자랑삼아 말씀하시던 기억이 난다. 초등학교 4학년 겨울방학 기간이었는데 개학할 때쯤 4급 수준의 연습지를 거뜬히 해결하고 3급 수준의 연습지를 가지고 연습을 하는 수준에 이르렀던 것이다. 그때는 왜 그토록 빠른 성취를 보였는지 이해가 되지 않았는데 요즘에 와서 이해가 되기도 한다. 바로 필자의 걸음주기 때문이었다.

그 당시 선생님은 한두 살 더 먹은 언니들과 경쟁을 시켰으며 호산 및 암산 등을 가르쳤는데 틀리면 주판으로 머리를 강하게 미는 벌칙을 주셨다. 그런데 그 당시 이 벌칙을 받으면 얼마나 머리가 아프던지 이를 악물고 열심히 하지 않을 수 없었다. 또 선생님께서는 조금 무지막지한 숙제를 내주셨는데 1부터 100까지 놓는 것을 바를 정자 100개를 쓸 때까지 하라는 것이었다. 손가락을 빠르게 움직이게 하기 위해서 다른 몇 가지 숙제 역시 바를 정자 100개를 쓸 정도로 시켰다. 그 당시 이 숙제를 똑같이 내줬는데 이를 제대로 이행한 사람이 필자 혼자였던 것으로 기억한다.

그런데 이 숙제를 약속한 기일까지 맞추려면 하루 종일 쉬지 않고 해야 하며 어깨가 아프고 등이 쑤시는 고통을 참아내야 했다. 그런데 이러한 노력을 한 이후에 기적이 일어났다. 필자는 먼저 배웠던 누나 형들의 능력을 추월하고 있다는 사실을 알았던 것이다. 이러한 일들이 주산을 배운지 불과 2~3주에 걸쳐서 일어난 것이다. 주산을 다루는 속도도 매우 빠르게 늘기 시작했는데 이러한 경험은 다른 공부에 대한 자신감을 갖게 해주었다. 이후 필자의 공부 방법은 무식해졌다. 무조건 될 때까지 반복하는 습성이 생긴 것이다. 그리고 일단 꼼꼼하게 해보는 것이 중요하다는 것을 알았다. 100번 생각해 보는 것보다는 한 번 해보는 것이 더 정확하다는 사실을 알았으며 이것을 반복하다보면 기술적으로 숙달된다는 사실을 알게 된 것이다.

지금도 필자는 이러한 방법으로 공부를 한다. 책을 읽으면서 무언가 기술적으로 성취해야 할 것이 있다면 일단 한 번 읽어보고 다시 반복해서 읽어본다. 그리고 생각해보고 이해하는 데 문제가 없는 것을 중점적으로 찾아보는 방식이다. 그리고 이러한 문제가 해결될 때까지 반복하면서 원활한 수준을 만드는 작업을 계속한다.

그러나 이러한 공부 방법은 성적을 내는 데는 별로 도움이 되지 않는다. 시간이 많이 걸리고 성취하는 데 많은 노력을 허비해야 하기 때문이다. 그러나 일단 성취하게 되면 쉽게 망각되지 않기 때문에 오랜 시간 기술을 발휘할 수가 있다.

기술적 성취와 성적은 별개의 사항

필자의 주산 경력은 이후에도 3년 정도 급수를 올릴 수 있었지만 결론적으로 말하면 실패였다. 왜냐하면 그 이후 열심히 해야 할 동기를 잃었기 때문이며 다른 관심사가 생겼기 때문이다. 그래서 6개월을 했는데 겨우 2급을 따는데 만족해야 했다. 왜냐하면 기술적으로 성취하고자 하는 것보다는 다른 일에 이것을 적용하는 데 급급했기 때문이며 그것이 더 매력적이었기 때문이다. 아버지께는 더 이상의 실력이 늘지 않으니 딴짓 한다고 걱정을 많이 하셨지만 더 이상 노력하지 않았던 것이 후회되지는 않는다.

그런데 왜 그 당시 필자는 주산이라는 기술을 성취하려고 노력했을까? 오히려 요즘은 기술이 있다고 좋은 대학에 진학하는데 큰 도움이 되지 않으며 성적 향상에도 도움이되지 않는다고 생각하기 때문에 기술적인 성취에 대해서 별로 달갑게 생각하지 않는다.

그러나 왜 기술을 배워야 하는지, 이제는 그 목적을 명확하게 할 필요가 있다. 우리는 많은 지식을 학교나 책을 통하여 배운다. 그리고 이것을 활용하려고 노력한다. 그런데 아직 많은 사람들은 일단 어떻게 활용할 것인가를 생각하지 않고 머릿속에 쌓아놓으려고만 하는 경향이 있다. 그래서 시험 볼 때 성적을 올리는 수단으로 사용하고 나면 곧 잊어버린다. 그리고 다음에 시험 볼 때 이를 반복한다.

기술은 그런 것이 아니다. 기술을 배우는 것이 아니라 수련하는 것이다. 처음에 잘하지 못하고 두 번째에도 잘하지 못한다. 백 번,

천 번 반복하여 숙달되고 물리(物理)를 통하게 되었을 때 비로소 잘하게 되는 것이다. 피아노를 배우는 것도 피아노를 연주하는 기술을 수련하는 것이며, 바이올린을 연주하는 것도 바이올린을 연주하는 기술을 수련하는 것이다. 컴퓨터 자판을 잘 다루는 것도 자판을 다루는 기술을 수련하는 것이다. 이렇게 하지 않으면 빠르고 정확하게 다루지 못하며 기술적으로 부족한 것이 되기 마련이다.

미술을 잘하는 아이

"우리 아이는 그림을 잘 그려."

"우리 아이는 디자인 감각이나 색조 감각이 뛰어나."

이러한 자랑을 하는 엄마들을 가끔 본다. 그런데 이렇게 막연하게 그림을 잘 그리고 디자인이나 색조 감각이 뛰어나다고 미술을 잘한다고 할 수 있을까?

필자가 초등학교 시절에 이웃에 살던 친구가 하나 있었는데 그림을 아주 잘 그렸다. 그 친구는 다른 과목은 별로였지만 미술은 항상 '수'를 받을 정도로 월등했다. 특히 만화 주인공을 따라 그리는 능력이 탁월하여 우리의 눈을 심심치 않게 했다. 그런 손재주와 더불어 유머감각이 뛰어나 항상 웃음을 주었다. 그 친구의 생일이 1961년 8월 30일 경이었던 것으로 기억하는데 이 시기라면 소양객기, 태음주기의 기운을 타고났다. 그러니 표현력과 사교력이 뛰어났으며 언변이 좋아서 웃기를 잘했던 것이다. 그런데 입태가 양명객기와 태양주기를 타고 났으니 성격이 강하고 배짱이 있으며 자기주장이 매우 강했다.

이 친구는 사생대회에 나가면 일단 입상을 하는 학교의 대표선수로 활동하였는데 초등학교 시절과 중학교 시절에는 지역에서 몰라보는 사람이 없을 정도였다. 그런데 체질에 태음주기를 빼고는 모두 양이 작용하기 때문에 자기주장을 많이 내세우며 주변의 충고를 듣지 않았다. 또한 이 친구 주위에는 항상 이 친구의 비위나 맞추며 놀고 즐기는 친구들뿐이었다. 그래서 급기야 고등학교 진학도 포기하고 자신의 재능을 사줄만한 곳을 찾아 서울의 만화가 사업소에 취직했다. 하지만 자기주장이 강한 그 친구의 마음을 사로잡기에는 많은 문제가 있었다. 만화를 잘 그린다는 재주꾼들과의 경쟁에서 자기주장이 강한 성격으로 인해 중도에 포기하게 되었다.

이 친구는 결국 고향에 돌아와 극장의 그림 그리는 일을 하다가 간판업을 배우게 되어 사업을 시작했다. 그러나 이것도 몇 년을 넘기지 못했다. 음주벽이 심했으며 일찍 결혼하여 얻은 자식과 부인을 난폭하게 대하여 파경을 맞았기 때문이다. 이런 일이 일어나니 일감이 줄고 간판업도 망하게 되었다. 결국 일을 때려치우고 외항선을 타게 되었는데 이것이 또 잘못된 선택이었으며 결국 이역만리에서 간경화로 일찍 세상을 떠났다.

그림을 잘 그린다는것이 화가로 성공한다는 것을 의미하는 것은 아니다. 역대 화가들을 한번 연구해 볼 필요가 있다.

CQ 분석사례
1961년 8월 30일

출생 체질		입태 체질	
객기	주기	객기	주기
소양	태음	양명	태양

통솔	사교	신념	추리	논리	지혜
49	79	58	33	39	38

이 사람은 소양기운이 강하게 작용하여 표현력과 사교력이 뛰어나며 언변술이 좋아 주변을 장악하는 능력이 있다. 하지만 입태에 양명과 태양기운이 있어 성격이 강하고 배짱이 있으며 자기주장이 세다.

낙천적인 고갱 40)

폴 고갱은 1848년 6월 7일에 태어났다. 이 사람의 체질을 분석해보면 소양객기와 주기 그리고 입태에서는 소양객기와 태음주기를 타고났다. 이러한 지수는 천부적인 사교지수를 타고났다고 말할 수

고갱
1848년 6월 7일

출생 체질		입태 체질	
객기	주기	객기	주기
소양	소양	소양	태음

통솔	사교	신념	추리	논리	지혜
55	104	52	16	23	37

고갱은 천부적으로 사교지수가 타고 났으며 자기 표현능력이 매우 뛰어나고 낙천적이다.

폴 고갱의 낙천성에 대해

사교지수가 극단적으로 높은 사람은 새로운 환경에 대한 친화성이 강하고 이것을 즐길 수 있는 낙천성을 겸비하고 있어 무슨 일이든 성공적으로 이끌어 갈 수 있는 능력이 탁월하다. 이러한 지수를 가진 사람은 자신만의 행복을 추구하고 누릴 수 있는 천부적인 능력을 가졌다고 할 수 있다.

있으니 자기의 표현능력은 매우 뛰어나며 낙천적인 사람이다. 입태의 태음주기는 그 힘이 너무 미미하여 작용하기 힘든 것이 폴 고갱의 체질지수의 구조이다.

1851년 쿠데타 이후 반 나폴레옹파 지하신문 기자였던 그의 아버지는 망명했고 파나마에서 사망한다. 고갱은 어머니의 고향인 페루의 리마에서 성장했고 17세 때인 1865년부터 1871년까지 외항상선에 근무했다. 1871년부터 베르뎅의 금융거래소에서 근무하면서 인상주의 화가들의 그림을 수집하기 시작했고 1874년부터 직접 그림을 그리기 시작했다. 그는 금융거래소에서 큰 성공을 거두었다.

여기서 주목할 것은 사교지수가 천부적으로 높은 사람은 통솔력과 신념을 겸비하게 되는데 이로 말미암아 사업가의 기질이 있으며 상업이나 금융업, 주식업 등에서 큰 힘을 발휘할 수 있는 심리적 체질을 만들기 쉽다. 그리고 낙천적이며 자기를 표현하는 일에는 일가견을 가지고 자신의 인생을 스스로 통솔하려는 시도를 할 수 있는 배짱이 있다.

고갱은 주식 중개인으로 부유했으나 예술을 하려면 가난해야 한다는 고집으로 재산을 처분하고 보헤미안 생활을 전전하는 화가가 되었으며 타히티 섬으로 떠나 원주민과 원시적인 생활을 하며 많은 작품을 남겼다. 여기서 폴 고갱의 천부적인 사교지수가 작용하는 방향을 가늠해볼 수 있다. 사교지수가 극단적으로 높은 사람은 새로운 환경에 대한 친화성이 아주 강하며 이것을 즐길 수 있는 낙천성을 겸비하고 있고 성공적으로 적응할 수 있는 능력이 있다. 아마 이러한 지수를 가진 사람은 자신만의 행복을 추구하고 누릴 수 있는 천부적인 능력을 가졌다고 평가할 수 있다.

소심한 고흐 41)

그런데 같은 시대에 살았던 고흐의 경우는 정반대의 현상을 보였다. 네덜란드 태생의 빈센트 반 고흐는 1853년 3월 30일 지방의 그로트 준더르트에서 목사 집안의 장남으로 출생하였다. 그의 체질을 분석해보면 소음객기와 주기, 그리고 입태의 경우 소음객기와 소양주기의 기운을 타고났다. 이러한 지수를 가진 사람은 세심하고 꼼꼼하며 소심하고 자기 표현력이 약하여 자기를 들어내기보다는 감추고 생각을 많이 하다가 시기를 놓치는 경향이 큰 성격이다. 이러한 단점을 해소할 수 있는 소양의 기운이 하필이면 가장 영향력이 작은 입태의 주기에 포진하고 있어서 자신의 장점을 표현할 수 있으나 상대방을 설득할 수 있는 힘이 부족했다.

빈센트는 지방의 여러 학교를 다녔고, 1869년 헤이그에 있는 프랑스계 예술 회사에 취직하였으며, 몇 년 뒤 런던과 파리 지사에 보내졌다. 그러다가 1876년 회사를 그만두고 영국에서 교사생활을 했다. 1877년부터 1880년까지 벨기에의 탄광 지역에서 목사로 일하기도 했다. 여기까지의 삶을 그의 체질지수에 비추어 본다면 그는 매우 혼란스러웠을 것으로 추측된다.

그리고 위의 직업에서 그는 삶의 안식을 얻지 못했을 것이며 그의 성격에 맞지도 않았을 것이다. 극단적인 추리지수를 가진 그는 고갱과 달리 내성적이며 자기를 자신 있게 표현할 수 없으며 세심하고 꼼꼼한 관찰력과 깊은 사고력을 바탕으로 일할 수 있는 직업을 선택해야 했다. 그러기에는 회사원이나 교사생활 그리고 목사로서의 직업은 결코 그의 마음을 편안하게 해주지 못했던 것이다.

그러던 그가 27세가 되던 해에 드디어 화가가 될 것을 결심, 그해 1881년 말부터 헤이그 시로 주거지를 옮겼다. 여기에서 그는 그의

고흐
1853년 3월 30일

출생 체질		입태 체질	
객기	주기	객기	주기
소음	소음	소음	소양

통솔	사교	신념	추리	논리	지혜
20	28	76	136	70	18

소음객기와 소음주기의 체질

세심하고 꼼꼼하며 자기 표현력이 약하여 자신을 감추는 성향이 있으며 생각을 많이 하다가 시기를 놓치는 경향이 큰 성격을 가지고 있다. 소양의 기운이 있기는 하지만 가장 영향력이 작은 입태주기에 포진하고 있어 자신의 장점을 표현할 수는 있으나 상대방을 설득할 수 있는 힘은 부족했다.

사촌으로부터 기초 화법을 배웠다. 고향으로 돌아간 그는 북브라반트 지방 시골 풍경만을 전문으로 그렸다. 그 당시 그는 작품에서 경치뿐만이 아니라, 현지 사람의 일상생활의 모습도 리얼하게 표현했다. 네덜란드 최고의 대표적인 작품 '감자 먹는 사람들'을 완성한 것도 이 무렵이었다

그는 자신의 성격과 맞는 일로 화가의 길을 선택한 것인데 이것은 그래도 이전의 직업보다는 적응하기 쉬웠을 것이라 판단된다. 왜냐하면 화가의 일은 홀로 하는 일이며 말을 많이 하지 않아도 되고 남의 눈을 의식할 필요가 없어, 외향적인 성격이 아니어도 할 수 있는 일이기 때문이다. 또한 그에게는 꼼꼼하고 세심하게 관찰할 수 있는 천부적인 심리적 특성이 있지 않은가?

1886년 반 고흐는 파리로 갔다. 그는 먼저 이 도시에서 화가로 활동하며 그에게 재정적 지원을 해주던 동생 테오네 집에서 더부살이를 하게 되었다.

파리에서 그는 인상파와 후기 인상파를 발견하며 영향을 받았는데, 그의 초기 작품에서 주로 볼 수 있던 어두운 색깔들이 이 당시의 작품에서는 차츰 밝은 색깔로 바뀌어 갔다. 그러나 2년 동안의 파리 생활에 싫증이 난 그는 프로방스 지방의 아를르로 다시 활동무대를 옮겼다.

아를르 시에서 빈센트는 자신만의 독창적인 화법을 개발하고, 뜻이 맞는 동시대 화가들과의 공동체 설립을 원해, 고갱과는 9주 동안 같은 스튜디오를 썼었다. 이 두 화가는 자주 의견 충돌을 보였는데 어느날 자신의 화를 참지 못하고 이성을 잃은 반 고흐가 자신의 왼쪽 귀를 자르는 사태까지 일어났다. 1889년 5월, 그는 자진하여 부근에 있는 요양소에 입원하였는데, 그의 혼란한 정신 상태는 때

때로 그를 괴롭게 했으나 이곳 입원기간 12개월 동안 많은 작품을 남겼다.

여기에서 고흐가 자신과 정반대되는 성격의 천재를 만났다는 것은 매우 불행한 일이 아닐 수 없다. 사실 고갱이 낙천적이고 외향적이며 생각하는 관점이 즉흥적이고 상상을 초월하는 시야를 가졌다고 본다면 고흐는 염세적이고 내향적이며 생각이 꼼꼼하고 세심하며 아주 좁은 시야를 가졌다고 할 수 있다. 이러한 극단적인 관점을 가진 사람들의 만남은 반드시 의견의 차이를 보일 것이며 이것을 그대로 인정하고 함께 조화하기에는 그들의 사이가 너무 가까웠다. 이러한 두 사람의 만남에서 피해를 보는 것은 당연히 고흐 쪽일 것이다. 착실하게 작품을 그려가던 반 고흐는 어느날 또 다른 발작으로 자기 자신에게 권총을 쏘아 치명상을 입혔는데, 이틀 뒤 1890년 6월 29일에 동생 테오만의 입회하에 비극적인 삶을 마감했다.

공정한 피카소 42)

그런데 불세출의 예술가인 피카소를 연구해보면 고흐와 고갱의 세계와는 또 다른 일면을 볼 수 있다. 피카소는 1881년 10월 25일 출생하였다. 그의 체질은 태음객기 양명주기, 입태는 양명객기 궐음주기를 타고났다. 태음객기라는 기운은 사람을 깊이 생각하게 하며 논리적이고 합리적이며 공정한 사고를 하도록 안내한다. 양명주기라는 기운은 사물의 좋고 나쁨, 옳고 그름을 간파하고 거기에 알맞는 가치를 부여하는 능력을 키워준다. 입태의 궐음주기는 공간기획 능력 내지는 기술적인 접근 및 공학적인 접근의 폭을 넓혀주기도 한다.

피카소가 1900년 파리에 도착했을 때만 하더라도, 사람들은 그

파블로 피카소
1881년 10월 25일

출생 체질		입태 체질	
객기	주기	객기	주기
태음	양명	양명	궐음

통솔	사교	신념	추리	논리	지혜
30	31	50	57	80	50

태음 객기의 기운을 가진 피카소는 생각이 깊고 논리적이며 공정한 사고를 이끌도록 노력하는 성향이 있다. 또한 양명기운이 있어 사물의 옳고 그름을 간파하고 알맞은 가치를 부여하는 능력이 탁월하다. 여기에 궐음기운이 있어 공간 기획 능력 내지는 기술적인 능력이 접목되었고 따라서 그의 예술 세계는 더욱 확장되었다.

를 그 시대에 뛰어난 미술의 천재로만 인식하고 있었을 것이다. 그러나 그의 미술이 프랑스의 현대 조형예술 분야에 혁명을 일으키리라고는 아무도 생각하지 못했다. 그의 미술은 이전의 미술과 다른 관점에서 접근되었으며 그러한 접근이 세상의 이목을 집중시켰던 것이다. 피카소는 1904년에 몽마르트의 바토 라브와르에 정착하고, 1907년에는 큐비즘의 발판이 되는 중요한 작품 〈아비뇽의 아가씨들〉을 제작한다. 그는 동요하던 20세기 초 미술의 주역들과 친분을 맺게 되는데, 특히 브라크와는 함께 작업하고 경쟁하면서 우정을 나누었다. 1936년 스페인에서 전쟁이 일어나자 그는 곧 공화파에 가담했고, 옛날에 고야가 그랬던 것처럼 〈게르니카〉를 통해 전쟁의 참혹함을 고발한다.

여인들을 열렬히 사랑했던 피카소는, 우리가 가장 많이 거론하는 화가이며, 어떤 경우에도 20세기의 가장 중요한 화가임에는 틀림없을 것이다.

피카소의 작품을 보면서 필자는 미술에 대한 비전문가적인 입장에서도 미술에 대한 고정적인 관점을 벗어날 수 있었다고 생각한다. 사실 사물에 대한 관찰의 결과는 현실적이어야 하고 그것은 시야의 각도에 따라서 사물의 영상은 변할 수 있는 것이며, 이것을 잘 간파한 피카소의 입장에서는 가장 합리적이고 공정한 그림으로 표현한 것이다.

매일 직선적이고 사실적인 관념과 관점에서 지루한 나날을 보내는 필자에게 순간적인 시야의 접촉과 공간의 이동에서 비쳐지는 다양한 영상의 변화는 직관과 통찰을 통하여 접근할 수 있는 요소라 단언한다. 그런데 이것을 고정된 미술로 표현할 수 있다면 그것이 바로 피카소의 작품이라고 할 수 있을 것이다.

우리는 과거의 천재화가 3명의 독특한 삶과 작품세계에서 다양한 체질지수의 작용을 연구해 보았다. 사실 과거를 돌이켜 의미를 부여하는 일은 매우 손쉬운 일이다. 작은 현상 하나를 분석하면 그 안에 우주가 담겨져 있는데 하물며 시대를 풍미했던 천재화가들의 작품에서 우주를 발견하지 못한다면 그것은 관찰자의 안목에 문제가 있다고 봐야 한다.

핵심은 그림을 잘 그린다고 화가가 되는 것이 아니고 자신을 잘 표현한다고 화가가 되는 것도 아니다. 화가는 눈에 보이는 영상을 그림으로 그려내는 것이 아니라 마음으로 느끼는 사물의 변화를 간파하여 그림으로 표현하는 작업일 것이다. 그러니 그림을 통한 표현을 화가의 전부로 볼 수 없는 것이며 화가는 그림을 그리는 것이 아니라 마음을 그리는 것이다.

그러니 손재주만으로 할 수 없으며 즉흥적인 기분으로 할 수 없는 것이다. 통찰과 직관, 기분과 기억, 좋고 나쁜 정서, 합리적인 생각, 세심한 관찰 그리고 기술적인 기교 이런 것이 모두 합쳐져야 비로소 하나의 작품이 나오는 것이다. 이것을 잘하는 사람 그는 분명 인생을 그릴 수 있는 화가가 될 것이다. 미술을 잘하는 아이를 교육하려면 이 정도는 파악하고 교육해야 할 것이다. 저마다 마음에서 느끼는 방법이 다르고 느끼는 폭이 다르며 해석하는 방법이 다르니 다른 그림을 그릴 수 있는 것이다.

그림을 잘 그린다는 것

화가는 눈에 보이는 영상을 그림으로 그려내는 것이 아니라 마음으로 느끼는 사물의 변화를 간파하여 그림으로 표현하는 작업을 한다. 때문에 화가는 사물을 그리는 것이 아니라 마음을 그리는 것이다.

음악을 잘하는 아이

"노래를 못하면 장가를 못가요 아 미운사람…."

필자가 가장 싫어하는 노래 구절이다. 내성적이고 자기 표현력이 부족하며 소심한 필자의 경우 학창시절 사람들 앞에 나가서 노래 부르는 것을 제일 무서워했다. 대학 시절 친구들은 필자가 노래 부를 차례가 되면 이러한 노래로 독촉을 했는데 이것은 필자에게 아픈 추억으로 남아있다. 그런데 왜 필자는 어려서부터 음악을 싫어했으며 노래 부르기를 싫어했을까? 대중들 앞에 서기만 하면 괜히 가슴이 두근거리고 얼굴이 화끈 달아오르는 것을 감출 수 없었다. 필자의 학생시절 삶은 매우 절제되어 있었으며 오락이나 게임은 해 볼 엄두를 내지 못했다. 오로지 공부 내지는 실질적인 이익이 된다고 생각하는 일에 몰두하는 것이 전부였다.

학교에서 음악시간이 되면 건전한 가곡을 배우고 불렀으며 이것이 그 시절 필자가 아는 노래의 전부였다. 그것도 몇 개의 흔한 노래가 전부였다. 그러니 그 시절 유행하던 가사들을 기억할리 만무하였고, 고교시절 못하는 노래로 야구부를 응원하면서 부르던 유행가가 전부였다.

그러니 대학에 입학하여 각종 동아리나 학과 신입생 환영회에 참석하여 술마시고 노래를 부르는 차례가 되면 도망가기 바빴다. 어쩔 수 없이 차례가 되어 도망가지 못할 경우 그냥 가곡이나 한곡 마지못해 부르는 것으로 모면하였고, 이것도 몇 번 지나자 분위기 깬다고 시키지도 않았다. 혹여 순서가 되어 부르면 각자 자리에 돌아가 잡담을 하면서 쉬는 시간으로 알았으니 얼마나 노래를 못 부르는지 미루어 짐작할 수 있을 것이다.

사실 필자의 체질을 보면 소음객기와 궐음주기 그리고 입태에는 태음객기와 소양주기를 타고 났다. 그렇다면 노래를 잘 부를 가능성이 있는 기운은 입태의 소양주기에 해당되는데 이것이 워낙 약하게 작용하는 것이어서 아무래도 잘 부르지 못할 심리적 조건을 만들고 있었던 것 같다. 사실 소양의 기운은 사교력을 의미하는 기운이어서 사람을 사귀고 대화를 하며 분위기를 즐기는 낙천적인 기운이다. 그런데 이것이 약하게 작용하는 사람이니 현실에서는 어떠했을까?

실제로 필자에게는 마음으로 받아들이는 친구가 손에 꼽을 정도로 적다. 소음객기가 작용하여 시야가 매우 좁았을 것이며 그러니 친구를 폭넓게 사귀지 못했을 것이다. 이 때문에 대중 앞에서 자신을 표현하는 것이 매우 어려웠을 것이다. 충분한 자기 강화가 일어나기 전에는 정말로 가슴이 두근거리고 얼굴이 붉어졌으며 무슨 말을 해야 할지 모를 정도로 얼어버리는 것을 막을 수 없었다.

그런데 이런 사람은 모두 음악을 못하는 것일까? 사실 필자와 같은 소음객기가 들어 있는 사람은 대다수 노래를 잘 부르지 못한다. 적어도 양적인 기운인 태양이나 소양이나 양명이 출생주기 혹은 입태객기로 존재하고 있다면 모를까, 그렇지 않다면 표현력에 문제가 있으며 이것을 극복하는데 많은 어려움이 있을 것이라 생각한다. 그러니 노래를 가지고 먹고 사는 사람은 많지 않을 것이라 생각했다. 그러나 다음의 사례를 살펴보자. 필자의 의견이 잘못되었음을 알 수 있을 것이다.

존 레논
1940년 10월 9일

출생 체질		입태 체질	
객기	주기	객기	주기
소음	양명	소음	태양

통솔	사교	신념	추리	논리	지혜
21	20	60	99	50	15

존 레논은 꼼꼼하고 세심하며 추리지수가 높아 관찰력이 뛰어나다. 그리고 핵심을 간파해, 옳고 그름에 대한 분명한 가치관을 가지고 있다.

존 레논의 소음객기 43)

존 레논은 1940년 10월 9일 생이다. 체질은 소음객기와 양명주기 그리고 입태의 소음객기와 태양주기를 타고났다. 이러한 체질은 꼼꼼하고 세심하며 생각이 많아 관찰력을 높다. 핵심을 간파해 좋고 나쁨에 대한 가치를 잘 파악하는 성격을 가지고 있다. 거기에 쿨한 성격으로 이끄는 양명주기 그리고 자신의 주장이 강한 입태의 태양주기가 발동하였을 것이다.

비틀즈의 해체 후 멤버들 가운데 가장 흥미로운 솔로 활동을 보여준 존 레논은 고백적 가사와 뛰어난 멜로디 곡들을 선보였다. 폴 맥카트니가 락 스타가 된 것에 만족할 때 레논은 70년대 초 혁명적 정치로부터 TV 토크 쇼에 이르기까지 모든 것에 관여했다. 하지만 그의 음반작업은 평탄하지 못했고, 그의 행동들은 종종 팬들을 당황스럽게 만들었다. 5년간 그는 공연을 그만두고, 평범한 남편과 아버지로 생활했다. 1980년 그의 아내 오노 요코와 함께 〈Double Fantasy〉를 발매했다. 앨범은 대히트 였지만, 그는 1980년 12월 뉴욕에 있는 그의 집 앞에서 암살당했다.

존 레논의 비극적인 종말을 보면서 소음객기가 양명주기와 입태 태양주기와 작용하는 것은 결코 좋은 결과만을 초래하지 않을 것이라는 생각이 든다. 가수라는 공인이 보여주는 독선적이고 자기중심적인 사고는 아무래도 주변에 적을 만들 수밖에 없으며 이것을 간파하지 못하는 좁은 시야가 비극적인 종말을 불러들였는지 모른다. 스타에게는 긍정적이고 매력적인 부분이 부각되기 마련이며 부정적이며 좁은 시야라는 숨겨진 단점은 부각되지 않았을 것이며 이러한 단점을 조화롭게 수용할 그릇은 아니었을 것이다. 그러나 존 레논이 탁월한 가수인 것은 누구도 부정하지 않는다.

존 본 조비의 가수 생애 44)

존 본 조비는 1962년 3월 2일 뉴저지의 노동가 계층이 사는 마을에서 태어났다. 그의 체질은 소음객기 궐음주기 그리고 입태는 태음객기에 소양주기로 필자와 같은 체질이다. 그의 출생도 필자와 같은 운기를 가진 시절에 태어난 것이다. 그런데 필자는 음치이고 존 본 조비는 가수이다. 어떠한 이유가 있을까?

존 본 조비는 13세의 어린 나이에 락 스타가 되겠다는 꿈을 키운다. 이윽고 80년대 초반에 그룹 '본 조비'를 결성. 세계적인 성공을 거둔다. 하지만 80년대 후반에 접어들면서 그룹 본 조비는 수년 간의 투어공연에 지치게 된다. 결국 존 본 조비는 오랜 기간을 함께 했던 매니저를 해고하고, 자신의 트레이드 마크였던 갈기 머리를 싹둑 자르고, 음악 스타일도 바꾼다. 뒤이어 'Young Guns 2'의 사운드트랙을 발표하여 1991년도 골든 글로브 상을 수상하며 첫 솔로활동에 박차를 가한다.

그룹 본 조비는 통산 8천만 장의 앨범 판매고를 올렸으며, 현재도 꾸준히 앨범이 팔리고 있다. 그가 가장 소중히 여기는 부모님과 그의 두 동생들, 그룹 멤버들의 인터뷰를 수록하였으며, 존 본 조비의 절친한 친구로 알려진 여배우 칼리스타 플록하트, 가수 엘튼 존, 앨 고어 부통령, 바비 슈라이버의 인터뷰가 포함돼 있다. 이것으로 보아 이들과 친분을 가지고 있다는 것을 과시하고자 하는 마음이 있는 것으로 추정된다. 아마 이것은 입태 소양주기의 영향이 아닐까 한다.

사실 소음객기가 주도하는 심성은 소심하고 세심하며 꼼꼼한 관찰력이 있다. 그리고 궐음주기가 작용할 경우 시야를 넓히기 위하여 다양한 시도를 한다. 이러한 시도를 통하여 자신의 능력을 개발하여

존 본 조비
1962년 3월 2일

출생 체질		입태 체질	
객기	주기	객기	주기
소음	궐음	태음	소양

통솔	사교	신념	추리	논리	지혜
37	32	50	92	81	56

본 조비는 소음객기가 주도하는 심성으로 소심하고 세심하며 꼼꼼한 관찰력을 지닌다. 또한 궐음주기가 작용하여 새로운 영역에 대한 다양한 시도를 잘한다.

전리품을 챙기는 시도를 잘한다. 아마 그룹 본 조비를 결성하여 성공을 했지만 '영건2'의 사운드트랙을 발표하는 변신을 통하여 자신을 돋보이게 하는 능력을 보여주는 것을 보더라도 알 수 있다. 궐음주기가 작용하면 정체되어 있지 않고 변신을 꾀한다. 치밀하게 기획하고 기술적으로 완벽한 변화를 시도하는 것이다.

논리지수가 있어서 다양한 장르에 대해서 관찰하고 연구하며 논리적인 체계를 세우고 이들 세계에 뛰어드는 능력은 영화연기 및 영화계의 데뷔를 통하여 짐작할 수 있으며 역시 궐음주기의 기운도 짐작할 수 있다.

자료를 통해 본다면 음악을 잘하는 아이의 경우 일시적인 손재주나 좋은 발성 및 천부적인 절대음감과 같은 능력을 통하여 재능이 드러나지는 않는다. 소양, 궐음, 태양, 양명 등 감각과 기술적인 습득력이 탁월한 체질 특성을 출생객기가 아니라 주기나 입태에서 찾을 수 있다면 이미 그는 음악적인 자질을 갖추고 있다고 보아야 한다. 요는 출생객기가 함축하고 있는 장점을 어떻게 살리느냐가 관건인 것이다.

이럴 땐, 이렇게!

본래의 체질을 알았다면 이것을 가지고 어떠한 대안을 제시할 수 있을까? 어린아이를 둔 부모의 입장에서 자식의 체질이 자신과 다르다면 어떤 대응책을 마련해야 할지 많이 고심할 것이다. 체질과 체질의 심리적 특징을 알았다는 점은 중요하다. 문제는 어떻게 할용하느냐 하는 것인가? 여기에는 다음과 같은 대안이 준비되어 있다.

같은 체질은 같은 체질끼리

이 대안이 실현되기 위해서는 부모의 체질지수가 파악되어야 할 것이다. 그래서 아이의 체질이 어디에서 비롯된 것인지 분석하면 쉽게 이해될 수 있다. 그리고 아버지와 어머니 중 유사한 체질의 한사람은 반드시 피상담자가 되어 아이와 허심탄회하게 이야기할 필요가 있다. 그리고 상담자의 권고를 심사숙고하여 이해할 수 있다면 아이의 문제는 쉽게 해결할 수 있는 통로를 찾았다고 할 수 있다.

그리고 같은 체질을 가지고 있는 친구에게서 그 이해를 구할 수 있으며, 같은 체질을 가지고 있는 선생님으로부터 동의를 구할 수 있다. 같은 무리끼리 어울리는 것을 배우는 것은 그래서 중요하며 다른 체질이라면 어떠한 차이를 유발하는지 관찰하고 이해하는 차분한 마음이 더욱 필요할 것이다.

페이스메이커 설정하기
장점을 부각시키는 페이스메이커
단점을 보완하는 페이스메이커

페이스메이커란?
동기유발, 마라톤에서 목표 시간대 페이스 유지를 위하여 함께 달리는 선수

체질별 페이스메이커 설정하기

장점을 부각시키는 페이스메이커

장점을 부각시키는 페이스메이커

태양객기가 있는 아이
악기를 다루거나 그림을 그림으로써 각각의 국면을 통솔하는 것으로 태양의 기운을 순화시킨다. 자신만의 자존심을 키우고 정신을 안정시키는 것은 통솔의 대상을 다양하게 전환시켜 스스로 만족을 느낄 수 있게 할 것이다.

아이가 출생 태양객기가 있는 경우 주위가 산만하고 집중력이 부족하고 변화무쌍하며 쉽게 좌절할 가능성이 있다. 이것은 분명 자신의 체질에 맞지 않는 교육이 진행되었거나 자존심을 세울 수 없는 상태에 있다고 볼 수 있다. 이러한 경우 태양의 기운을 순화시킬 수 있는 페이스메이커가 필요하다. 예전에는 수레를 몰고 말을 타는 것으로 통솔력을 키워주는 방법이 있었으나 지금은 그렇지 못하다. 이 경우 악기를 다룬다든가 그림을 그리면서 국면을 통솔하는 것은 태양의 기운을 순화시키는 매우 중요한 방법이다. 자신만의 자존심을 키우고 정신을 안정시키는 것은 통솔의 대상을 엄마와 가족이 아니라 악기나 그림으로 전환시켜 스스로 만족을 느낄 수 있도록 하여 태양기운을 순화시키는 것이다.

소양객기가 있는 아이
친구들과 우정을 나눌 수 있도록 기회를 주고 구연동화나 웅변, 노래를 함께 부르도록 해서 자신을 표현하는 경험을 많이 주어 스스로 소양기운을 순화시킬 수 있도록 한다.

아이가 출생 소양객기가 있는 경우 말이 많고 자유분방하고 주위가 산만하며 집중력이 없고 실질적으로 소득이 없이 말로만 하는 척하는 경우일 가능성이 높다. 이것은 자신의 체질에 맞지 않는 주

변의 강압이 있거나 자신을 표현하고 주변과 친화력을 발휘할 수 없는 상태에 있는 경우에 더욱 그러하다. 이러한 경우 소양의 기운을 순화시킬 수 있는 페이스메이커가 필요하다. 예전에는 풍류를 가르쳐 더불어 즐길 줄 아는 사람을 만들어 사교력을 키웠다. 지금은 친구와 우정을 나눌 수 있도록 기회를 주며 구연동화나 웅변 혹은 노래를 함께 부르도록 해서 자신을 표현하는 경험을 많이 주어 스스로 소양기운을 순화시킬 수 있도록 돕는다.

아이가 출생 양명객기가 있는 경우 좋고 나쁨과 시시비비를 잘 가리고 완벽하지 않으면 둘 중 하나만을 택하고 자신의 마음에 들지 않는 모든 것을 거부할 가능성이 있다. 이것은 분명히 자신의 체질에 맞지 않는 억압이 진행되든가 주변에서 강압적으로 완벽을 추구하도록 유도했을 가능성이 있다. 이러한 경우 양명의 기운을 순화시킬 수 있는 페이스메이커가 필요하다. 예전에는 예법을 가르쳐 신념을 키워주는 방법을 선택했지만 지금 그렇게 하는 것은 일을 그르칠 가능성이 높다. 이러한 경우에는 테니스, 배드민턴, 탁구 등 둘이서 혹은 넷이서 할 수 있는 운동을 시켜서 그 과정에서 경험되는 중간 현상들을 이해할 수 있게 해야 한다. 이기고 지고 비기고 나아가서 서로를 위해 노력하면서 게임을 원만하게 유도할 수 있는 사회성을 키운다면 스스로 양명기운을 순화시킬 수 있으며 이 과정에서 원만한 자기 신념을 키울 수 있다.

양명객기가 있는 아이
둘 혹은 여럿이 할 수 있는 운동을 시켜서 그 과정에서 경험하는 현상들을 이해할 수 있게 해야 한다. 승패를 떠나 서로를 위해 노력하면서 게임을 원만하게 유도할 수 있는 사회성을 키운다면 스스로 양명기운을 순화시킬 수 있다.

아이가 출생 소음객기가 있는 경우 말수가 적고 내성적이며 자기가 관심이 없는 분야에 대해서는 전혀 안중에도 없고, 소심하고 꼼꼼하고 시야가 좁으며 자기를 표현하는데 수줍음을 잘 탈 가능성이 있다. 이것은 분명히 자신의 체질에 맞지 않도록 주변의 상황이 무리하게 변화되고 스스로 적응하지 못하기 때문이다. 이러한 경

소음객기가 있는 아이
추리소설이나 수를 읽는 바둑이나 장기 등을 통하여 향후 나타날 일들에 대해 추리능력을 배양시키며 심리적 안정을 도모한다.

우 소음의 기운을 순화시킬 수 있는 페이스메이커가 필요하다. 예전에는 수나 역학을 배우도록 함으로써 이런 문제를 해결하려 하였으나 지금은 이것도 매우 어렵다. 따라서 추리소설이나 수를 읽는 바둑이나 장기, 서양장기 등을 통하여 향후 나타날 일들에 대한 추리능력을 배양시키며 심리적 안정을 도모한다. 또한 수를 읽으면서 상대방과 대화하며 어떤 수가 옳고 효과적인지 토론하는 과정에서 스스로 소음기운을 순화시킬 수 있으며 원만한 추리능력을 배양할 수 있다.

태음객기가 있는 아이
특정한 테마의 책을 끝까지 읽도록 해서 그 내용을 가지고 토론을 하거나 독후감을 쓰도록 하고 남들 앞에서 발표하게 함으로써 무엇이 공명정대하며 논리적인지 알게 하는 것이다. 이 과정에서 아이는 스스로 논리성을 키워 편협되고 주관적인 생각에서 벗어나 보다 합리적이고 균형잡힌 태도를 가지게 될 것이다.

아이가 출생 태음객기가 있는 경우 생각이 많고 논리정연하고 끈기 있고 집착이 강하며 우유부단하고 게으르고 잠이 많으며 어둔하며 굼뜬 행동을 보일 가능성이 많다. 이러한 경우 자신의 체질에 맞지 않은 교육과 강압적인 명령에 의해서 아이는 논리성에 상처를 입었을 가능성이 높다. 따라서 태음의 기운을 순화시키기 위한 페이스메이커가 필요하다. 예전에는 붓글씨를 쓰도록 해서 문제를 해결하였는데 지금은 그렇게 간단하지 않다. 그보다는 특정한 테마의 책을 끝까지 읽도록 해서 그 내용을 가지고 토론을 하거나 독후감을 쓰도록 하고 그렇게 느낀 점을 남들 앞에서 발표하게 함으로써 무엇이 공명정대한 생각이며 논리적이고 상대방에게 공감을 어떻게 일으키는지 경험하게 할 필요가 있다. 이 과정에서 아이는 스스로 논리성을 배양시키고 편협되고 주관적인 관점에서 벗어나 보다 합리적이고 균형 잡힌 태도로 발전할 수 있다.

궐음객기가 있는 아이
그림을 그리거나 악기를 다루는 훈련을 통하여 기술을 익히고 표현하는 훈련이 필요하다. 이 과정에서 겪게 되는 시행착오는 아이의 지혜능력을 배양시켜 자신을 돌아보고 집중력을 높혀줄 것이다.

아이가 출생 궐음객기가 있는 경우 궁리가 많고 호기심이 많으며 가전제품을 분해하고 조립하길 좋아하고 덜렁대며 이것저것 진득하게 집중하지 못하며 자신의 욕구가 충족되지 않을 경우 조바심을 느낄 가능성이 많다. 이것은 아이의 체질에 맞지 않게 획일화되고 하고 싶은 일들을 억압하고 이해하지 못하는 경우 지혜력에 상처를 입혔을 가능성이 높다. 따라서 궐음의 기운을 순화시키기 위한 페이스메이커가 필요하다. 예전에는 활쏘기를 통하여 문제를 해결했는데 지금은 이것을 하기에는 어려움이 있다. 그보다는 그림을 그리거나 악기를 다루는 등의 과정을 통하여 기술을 익히고 표현하는 훈련이 필요하다. 이 과정에서 시행착오를 거치면서 문제해결의 집중력을 키우고, 보다 숙련된 자신을 발견하도록 유도한다. 이 과정에서 아이는 지혜력을 배양시키고 자신을 돌아보며 시행착오가 덜 발생하도록 계획하며 실천하는 힘을 키울 수 있다.

단점을 보완하는 페이스메이커

아이가 통솔력이 부족하며 이로 인해서 문제가 발생한다고 인식되는 경우 통솔력을 키울 수 있는 페이스메이커가 필요하다. 이 경우 선택할 수 있는 페이스메이커로서는 난이도가 낮은 분야를 선택하여 기본적인 소양을 갖추는데 목적을 두어야 하며 남들과 경쟁하여 패배감을 맛보지 않도록 세심하게 지도할 필요가 있다. 그래서 선택할 수 있는 것은 모형항공기나 모형자동차, 모형배 등을 조종하는 취미를 살리거나 자전거나 오토바이 혹은 스키, 롤러브레이드를 통해 자신의 몸을 가누고 통제하는 일 등이 있다. 이 과정을 통하여 자신을 통솔하고 주위의 사물과 조화하는 과정을 몸소 느끼도록 유도한다. 그리고 이 느낌에 관해 토의하고 발표하는 과정을 준다면 통솔력을 이해하고 느끼는 데 좋은 페이스메이커가 될 것이다.

아이가 사교력이 부족하며 이로 인해서 문제가 발생한다고 인식되는 경우 사교력을 키울 수 있는 페이스메이커가 필요하다. 이때 선택할 수 있는 페이스메이커로는 친구들과 간단한 춤을 배우게 하

단점을 보완하는
페이스메이커

통솔력이 부족한 아이
모형항공기나 모형자동차 등을 조정하는 취미를 살려주거나 자전거 혹은 스키, 롤러 블레이드를 통해 자신의 몸을 가누고 통제하는 훈련이 도움이 될 것이다. 이 과정을 통해 자신을 통솔하고 주위의 사물과 조화하는 과정을 몸소 느끼도록 유도한다.

사교력이 부족한 아이
친구들과 간단한 춤을 배우게 하든가, 함께 따라할 수 있는 군무를 즐기게 하는 방법, 노래를 같이 불러서 함께 즐기는 방법을 진행시킨다. 이를 통해 자신에게 잠재되어 있는 어울리고 동질감을 느끼며 자신의 특성을 남에게 보이고 이해시킬 수 있는 기회를 준다.

든가, 함께 따라할 수 있는 군무를 즐기게 하는 방법, 노래를 같이 불러서 함께 즐기는 방법 등 놀이로 함께 즐기는 방법을 이용한다. 이를 통해 자신에게 잠재되어 있는 어울리고 동질감을 느끼고 자신의 특성을 남에게 보이고 이해시킬 수 있는 기회를 준다. 그리고 좀 더 잘하고 함께 어울릴 수 있으며 상대방을 이해하고 마음을 열고 도움을 줄 수 있으며 자신의 장점과 단점을 파악하고 함께 어울릴 수 있게 한다. 이 과정에서 남을 이해하고 자신을 이해할 수 있다면 이것은 사교력을 보완하는데 좋은 페이스메이커가 될 것이다.

신념이 부족한 아이
유도나 태권도를 통해 몸과 행동이 일치되며 자신의 몸이 일으킬 수 있는 가치를 이해할 수 있도록 한다. 등산이나 간단한 운동을 통하여 땀을 흘리고 가족이 함께 집안일이나 정원을 가꾸는 일이 도움이 된다.

아이가 신념이 부족하여 문제가 발생한다고 인식되는 경우 신념과 결단력을 키울 수 있는 페이스메이커가 필요하다. 이때 선택할 수 있는 페이스메이커로 유도나 태권도를 통해 몸과 행동이 일치되며 자신의 몸이 일으킬 수 있는 가치를 이해할 수 있도록 안내한다. 또 등산이나 간단한 운동을 통하여 땀을 흘리고 가족이 함께 집안일이나 정원을 가꾸는 일을 한다. 그러면 그 가치에 대해서 생각할 수 있는 기회를 주고 토론하는 것을 페이스메이커로 활용할 수 있다. 가능하면 다양한 세상사 활동을 경험할 수 있는 기회를 주고 그 가치가 어떠한 것인지 느끼고 말할 수 있도록 하면 신념을 키우는데 매우 좋은 페이스메이커가 될 것이다.

추리력이 부족한 아이
바둑과 장기를 함께 두면서 수의 변화에 대해 예측하는 대화를 통하여 향후 발생할 수 있는 현상에 대해서 추리하여 찾아내는 예측력을 키울 수 있는 길을 가르쳐준다.

아이가 추리력이 부족하여 문제가 발생한다고 인식되는 경우 추리력을 키울 수 있는 페이스메이커가 필요하다. 이때 선택할 수 있는 페이스메이커는 바둑과 장기를 함께 두면서 수의 변화에 대해 예측하는 대화를 통하여 향후 발생할 수 있는 현상에 대해서 추리하여 찾아내는 예측력을 키울 수 있는 길을 가르쳐준다. 또한 산이나 들에 나가 산책을 하면서 새와, 나무와 풀들을 자세하게 관찰해 보는 것도 좋을 것이다. 이때 계절별로 어떻게 변할 수 있으며 1년

후, 어느 정도 자랄 수 있는지 예측하는 문제를 제시하여 해결하는 방법을 찾고 토론하는 과정에서 추리력을 키울 수 있도록 하면 매우 좋은 페이스메이커가 될 것이다. 또 드라마나 만화영화를 보고 다음에 나올 수 있는 내용의 진행에 대해서 미리 예측하는 대화를 통하여 추론하고 예측하는 사고를 발달시켜 추리력을 배양하는 페이스메이커로 삼는다.

아이가 논리력이 부족하여 문제가 발생한다고 인식되는 경우 논리력을 키울 수 있는 페이스메이커가 필요하다. 이때 선택할 수 있는 페이스메이커는 책을 함께 읽고 그 내용을 가지고 토론하면서 논리적인 답을 찾는 연습의 과정이 필요하다. 가능하면 두껍지 않으며 간단하고 짤막한 내용을 가진 수필이나 단편소설 또는 시를 가지고 토론하는 것이 좋다. 이때 내용이 복잡하고 너무 두꺼운 볼륨의 책은 선택하지 않는 것이 좋다. 책 읽기를 싫어할 경우 좋아하는 영화나 만화, 드라마 등을 선택하는 것도 또 하나의 해결책이다. 이러한 과정에서 줄거리의 흐름과 왜 그렇게 진행되어야 하는지 작가는 무엇을 생각했는지 등을 토론하며 사고의 방향을 합리적이고 공명정대하고 누구나 이해할 수 있는 정도로 다듬을 수 있다면 논리적인 힘도 커질 수 있으므로 매우 좋은 페이스메이커가 될 수 있다.

논리력이 부족한 아이
책을 함께 읽고 그 내용을 가지고 토론하면서 논리적인 답을 찾는 연습의 과정이 필요하다. 가능하면 두껍지 않으며 간단하고 짤막한 내용을 가진 수필이나 단편소설 또는 시를 가지고 토론하는 것이 도움이 될 것이다.

아이가 지혜력이 부족하여 문제가 발생한다고 인식되는 경우 지혜를 키울 수 있는 페이스메이커가 필요하다. 이 경우 퍼즐 맞추기나 모형을 뜯었다가 다시 맞추고 조립하는 행위를 통하여 기술적으로 이해하며 왜 그렇게 조립해야 하는지를 알게 한다. 이처럼 같은 작업도 여러 번 반복하여 시간을 줄이거나 숙련되게 할 때 얻는 이익이 무엇인지 파악하는 공부는 지혜를 키울 수 있는 페이스메이커

지혜력이 부족한 아이
퍼즐 맞추기나 모형을 뜯었다가 다시 맞추고 조립하는 행위를 통하여 왜 그렇게 조립해야 하는지를 이해하게 한다. 이처럼 같은 작업도 여러 번 반복하게 하여 시간을 줄이거나 숙련되게 할 때 얻는 이익이 무엇인지 파악하는 훈련이 도움이 될 것이다.

로 적격이다. 특히 퍼즐 맞추기를 반복하면서 가능하면 초시계를 가지고 시간을 재면서 어떻게 하면 완성하는 데 시간을 단축시킬 수 있는지 궁리하게 한다. 이를 통하여 숙련되고, 그 결과 얻는 것이 무엇인지 토론하는 과정에서 자연히 지혜롭고 실천적인 사람으로 바뀔 수 있으므로 매우 좋은 페이스메이커가 될 수 있다.

CQ 5

보다 높은 차원의 CQ의 세계

보다 높은 CQ의 세계로

우리는 지금까지 오운육기학이 만들어낸 체질유형 파악법을 공부해 보았다. 그리고 이것을 인물별로 적용해 보았다. 하지만 이것은 아마추어의 세계에 불과하다. 내용을 맹신하기보다는 나의 체질지수를 파악하여 나의 인생에 있어서 중요한 전환점 또는 자아를 발견하는 소박한 길이라고 생각하면 될 것이다.

그리하여 가족과의 화목을 이끌어내며 자녀의 소중한 능력을 발견하고 진정으로 자녀가 행복할 수 있도록 도울 수 있으면 된다.

그러나 필자는 보다 높은 수준의 학문으로 연계하는 작업을 진행할 것이며 현재 체계화된 자료와 정보를 바탕으로 컴퓨터 프로그램 및 웹페이지도 개발할 것이다. 필자는 이 학문이 다음과 같은 방향으로 발전하리라 생각한다.

개개인에게 적합한 예방의학적 체계로의 접근

사람은 태어나면서부터 자신만의 독특한 생리적 특징 및 심리적 특성을 가지게 된다. 이것은 살아가면서 비슷한 질환을 끊임없이 반복시키는 경향이 있으며 질병의 근원으로 작용하는 경향이 있다. 따라서 이것을 미리 알아보는 것은 매우 유익한 일이며 개인에 따른 예방의학적인 처치가 가능해진다. 이러한 처치는 다양한 방향으로 진행될 수 있으며 특히 교육적인 차원에서 진행될 경우 개개인의 능력을 극대화시키는 방향으로 작용할 수 있다.

예를 든다면 태양객기를 가진 사람은 간기능이 약하거나 하체가 약한 특성이 있고 몸은 차며 위장이 약할 가능성이 높다. 이러한 사람에게 처방할 수 있는 질병예방의 대안은 따뜻한 음식을 먹게 하거나 위와 장의 질환을 소홀하게 생각하지 않고 즉시 치료하도록 한다. 가능하면 독성이 강한 약물이나 음식을 먹지 않도록 관리해 건강한 삶을 유도한다.

이 사람은 심리적으로 자신을 효과적으로 통솔하려고 노력하며 이러한 노력이 주변을 통솔하고 장악하려는 욕구로 강하게 작용한다. 그러나 이러한 성격은 자신의 주장과 고집을 강하게 발휘하는 경향으로 작용할 것이며 이것을 감당하기 위하여 많은 일에 매진하게 될 것이다. 이렇게 되면 간이나 근골격에 무리를 불러온다. 따라서 이러한 습성을 스스로 알아서 조절하고 자신의 이성을 흔들만한 생활 습성을 제거하는 대책을 세워야 한다. 가령 이러한 사람은 자신이 속한 무리를 자신의 의도대로 이끌려는 습성이 강해서 술을 좋아하는 사람은 술 먹으러 가는 것을 주도한다. 그러니 이러한 사람에게 술을 먹지 않도록 제한하는 것은 또 하나의 해결책인 것이다.

이러한 사람이 초등학생이라면 자신의 주장이 강하고 말을 듣지 않거나 주의가 산만한 경향이 강하다. 이렇게 되면 이 학생에게는 자신이 관찰한 것을 정리하고 표현하는 의미로 그림을 그리게 한다든가 말로 표현하도록 교육시킨다. 웅변을 통하여 표현시키기 위해서 웅변학원에 보내는 것도 좋은 방법이 될 것이다. 이런 식으로 집중력을 키워주기 위해서 다양한 교육 방법을 선택하여 체질적인 단점을 보완하는 대책을 수립할 수 있다.

체질에 따라 먹는 맞춤 식단

우리는 다양한 음식을 섭취할 수 있으며 시기에 따라서 체질에 따라서 좋은 음식을 섭취할 수 있어야 한다. 일 년의 기운의 변화를 평생의 상황에 비추어 놓는다면 대체로 다음과 같이 구분할 수 있다.

궐음시기

인생에 있어서는 출생에서 15세 전후까지로 본다. 빠른 사람은 사춘기 전 시기까지로 보는 것도 타당하다. 이 시기는 2차 성장이 발달하기 이전의 시기로서 성장기에 필요한 다양한 섭취를 요구하는 시기이다. 특히 근골격의 성장이 빠르며 정신적 성장도 활발한 시기이다. 이 시기에 궐음기운을 가진 음식을 섭취하도록 하는 것은 매우 필요한 선택이다.

궐음기운을 가진 식재료는 강렬하지 않고 너무 맵지 않으며 엽록소와 단백질을 많이 함유하고 있는 재료에 해당된다.

궐음시기
출생에서 15세 전후로 성장기에 필요한 다양한 섭취를 요구하는 시기이다. 근골격 및 정신적 성장이 활발하여 강렬하지 않으며 엽록소와 단백질이 많은 음식이 좋다.

궐음기운을 가진 식재료
모과, 쑥, 녹두, 매실, 다시마, 가지, 무화과, 녹차, 사과, 시금치, 돼지고기, 뱀장어, 미꾸라지, 고래, 개구리, 번데기 등

소음시기

인생에 있어서 16세부터 30세까지의 시기로 청년기에 직업을 갖는 시기라 할 수 있다. 이 시기에는 성적인 발달이 이뤄지고 남녀간의 교제를 위해 감성적이고 세심하고 꼼꼼한 자세로 이성에게 자신감을 키우게 된다. 또한 결혼을 하는 소음기운이 심리적으로 많이 작용하는 시기이다. 고등학교에서 대학에 진학하고 직장을 가지며 경제활동을 하는 시기로서 사회에서 생활할 수 있는 자신의 가치를 구현하기 위하여 끊임없는 발전과 변신을 모색한다. 이 시기는 왕성하게 자신의 능력을 배양하는 데 심신을 바치는 시기라 할 수 있다. 특히 근골격의 성장과 강력한 정신적 단련이 이뤄지는 시기여서 소음기운을 가진 음식을 섭취하도록 하는 것이 중요하다.

소음기운을 가진 식재료는 너무 싱겁거나 차지 않으며 적절하게 익힌 음식이 중요하다. 특히 단백질과 엽록소 그리고 탄수화물과 지방이 적절하게 함유된 음식이 더욱 유리하다.

소음시기
사춘기부터 청년기까지로 성적인 발달과 정신적 성숙이 이루어지는 시기이다. 단백질과 엽록소, 탄수화물, 지방이 적절하게 함유되어 싱겁거나 차지 않으며 적절하게 익힌 음식이 좋다.

소음기운을 가진 식재료
부추, 팥, 해조, 고추, 감, 메밀, 파, 샐러리, 구기자, 산수유, 복분자, 해삼, 후추, 들깨, 참깨, 해바라기, 포도, 수박, 오리알, 계란, 명태알, 연어알 등.

소양시기

인생에서 31세부터 45세까지를 소양의 기운이 지배하는 시기라고 할 수 있다. 이 시기는 결혼을 하고 가정을 갖고 자식을 양육하는 시기이며, 사회에서는 말단사원에서 중견사원으로 진급하기 위하여 정열적으로 일하며 사교적인 마인드를 가지고 자신을 표현하는 시기이다. 따라서 성적인 강화 및 근육노동 혹은 정신노동을 함께 할 수 있는 에너지의 섭취가 중요한 시기이다. 이 시기에 소양기운을 가진 음식을 섭취하도록 하는 것은 매우 필요한 선택이다.

소양기운을 가진 식재료는 대체로 발효하기 적절한 음식이라고 할 수 있다. 인체에 필요한 효소의 섭취 및 비타민, 미네랄, 단백질,

소양시기
31세 전후에서 45세 전후까지로 성적인 강화, 육체 및 정신노동에 강한 에너지가 필요한 시기이다. 이 시기에는 비타민, 미네랄, 단백질, 지방 탄수화물이 적절하게 필요한 시기

소양기운을 가진 식재료
맥아, 오가피, 신곡, 강황, 우엉, 토란, 홍차, 갈치, 넙치, 농어, 대구, 돔, 방어, 복어, 아구, 홍어, 소라, 게, 바닷가재, 달팽이, 해삼, 멍게 등

지방, 탄수화물이 적절하게 필요한 시기이다.

태음시기

인생에서 46세부터 60세에 이르는 시기는 태음의 기운이 지배하는 시기이다. 이 시기는 사회의 중간층에서 상위 지도층을 형성하는 시기이며 자녀들의 교육에 공을 들이는 시기이다. 또한 사회에서 이성보다는 지위나 명성 혹은 부를 찾아가는 시기에 해당된다. 따라서 자신과 가족을 돌보고 자신과 연계된 상사와 부하직원을 돌보는 안목을 키우는 시기이다.

이 시기가 되면 주변을 돌아보고 합리적이고 공정하게 배려해야 할 사람이 많아지며 사회적으로 그러한 요구를 많이 하는 시기가 된다. 따라서 정신적 피로가 누적되는 시기로서 미네랄이나 비타민이 풍부한 음식이 필요한 시기이며 점차 건강을 걱정하는 시기이다. 이 시기에는 태음기운을 가진 음식을 섭취하도록 하는 것이 매우 중요한 선택인 것이다.

태음기운을 가진 식재료는 찌거나 끓여 탕으로 섭취하기 좋은 음식이 해당된다. 수분과 미네랄, 단백질, 지방산 등이 풍부한 음식으로 구성되어 있으며 특히 칼로리보다는 각종 효소와 미량원소의 섭취가 용이한 식재료이다.

태음시기
46세부터 60세에 해당하는 시기로 정신적 피로가 누적되어 미네랄이나 비타민이 풍부한 음식이 필요하다.

태음기운을 가진 식재료
오미자, 호도, 대맥, 소맥, 오이, 파래, 김, 배, 호박, 들깻잎, 밤, 오렌지, 귤, 대추, 용안육, 연밥, 꿀, 이당, 소고기, 우유, 마늘쫑, 복숭아, 토마토, 표고버섯 등

양명시기

인생에 있어서는 61세부터 75세에 이르는 시기가 양명기운의 지배를 받는 시기라 할 수 있다. 이 시기는 사회의 상위층을 형성하거나 가족사회에서 지배적인 위치에서 정신적인 지주가 되는 시기이며 자녀의 성장을 보고 분가를 시키는 시기이다. 그리고 정년을 맞

아 점차 노후를 준비하는 시기이며 스스로의 몸에는 노화로 인하여 각종 질병들이 찾아오기 시작한다. 따라서 자신을 돌보고 가족을 돌보고 또 다른 가정을 분가시키고 관리하는 등 다양한 역할을 맡아 육체적으로, 정신적으로 힘든 시기이다. 따라서 정신적 피로와 노화가 진행되는 시기로서 각종 단백질, 지방, 탄수화물, 미네랄, 비타민이 많이 요구되는 시기이기도 하다. 그러나 섭취량에는 많은 문제가 있기 때문에 조절이 필요한 시기이기도 하다. 이 시기에는 양명기운을 가진 음식을 섭취하도록 하는 것이 매우 중요하다.

양명기운을 가진 식재료는 건조하거나 구워 먹기 좋은 음식에 해당된다. 소화가 잘되고 적은 량으로 충분한 에너지가 함유된 음식이 여기에 해당된다.

양명시기
61세에서 75세에 이르는 시기로 노화로 인하여 각종 질병이 찾아오는 시기이다. 정신적 피로와 노화가 진행되는 시기로서 각종 단백질, 지방, 탄수화물, 미네랄, 비타민이 많이 요구된다.

양명기운을 가진 식재료
도라지, 무, 냉이, 더덕, 감자, 고구마, 땅콩, 달래, 둥글레, 마늘, 양파, 생강, 연어, 뱀장어, 굴, 홍합, 꼬막, 문어, 낙지, 조기, 참치, 정어리, 고래, 고등어, 닭고기 등

태양시기

일 년 중 자, 축월에 해당된다. 인생에 있어서는 76세에서 90세에 이르는 시기로서 태양의 기운이 지배하는 시기이다. 이 시기는 사회에서 은퇴하여 인생을 정리하는 시기이며 자녀의 성공을 바라보고 손자의 재롱을 보는 시기이다. 스스로 몸을 돌보기를 힘겨워하고 노화의 진행으로 자녀의 도움을 받아야 하는 시기이다. 또 육체적으로 노쇠하고 기력이 떨어지는 시기이다. 자식에게 명령하여 들어주지 않으면 노여움을 많이 타는 시기이니 심리적으로 태양기운이 지배하는 시기인 것이다.

이 시기에는 육체적으로 불편하고 정신적으로 피곤하므로 건강관리에 만전을 기하는 시기이다. 각종 단백질, 지방, 탄수화물, 미네랄, 비타민이 많이 요구되는 시기이기도 하다. 그러나 섭취량에는 많은 문제가 있기 때문에 조절이 필요한 시기이기도 하다. 이 시

태양시기
76세에서 91세에 이르는 시기로 육체적으로 불편하고 정신적으로 피곤한 시기이다. 각종 단백질, 지방, 탄수화물, 미네랄, 비타민이 많이 요구되는 시기로 성인병을 예방하고 혈압을 낮추고 기력을 증진시키는 식재료가 필요하다.

태양기운을 가진 식재료
당귀, 참나리, 마, 생지황, 천문동, 연근, 당근, 개고기, 가물치, 메기, 미꾸라지, 쏘가리, 붕어, 굴, 간장, 소금, 명태, 노가리, 새치, 새우, 멸치 등

기에는 태양기운을 가진 음식을 섭취하도록 하는 것이 매우 중요한 선택인 것이다. 태양기운을 가진 식재료는 성인병을 예방하고 혈압을 낮추고 기력을 증진시키는 효과가 있어야 한다. 또한 소화 흡수가 용이하며 배설이 잘되야 한다.

이상과 같은 구분은 단순하게 인생의 시기에 따라서 우직하게 선택하는 것이 아니다. 체질에 따라서 완급을 조절할 필요가 있다. 물론 여기에는 전문가의 처방이 필요하기는 하지만 체질과 나이에 다라서 선택해야 할 음식을 적절하게 선택하는 지혜는 오운육기학에서 가르치는 효과적인 웰빙 문화인 것이다.

예를 든다면 태양객기가 있는 사람의 경우 28세가 되었다면 위의 음식 중에서 소양기운을 가진 음식을 섭취할 필요가 있는데 이 외에 소화기가 약하기 때문에 양명기를 가진 음식과 하체가 약할 경우 궐음기를 가진 음식을 함께 섭취하도록 안내할 수 있다. 이렇게 나이에 따라 체질에 따라서 음식을 골라 섭취하도록 하는 것은 매우 중요하며 이것은 항상 같은 것이 아니라 시기에 따라서 섭취하는 음식이 달라야 한다는 이론이기 때문에 사상체질의 식이요법과는 다른 차원의 지혜인 것이다.

또 태양객기를 가진 사람이 나이가 20세일 경우와 40세일 경우 섭생이 달라질 수 있다. 시기에 따라서 나이가 20세일 경우 소음의 심성이 지배하지만 태양객기에서 파생하는 양명의 기운이 같이 작용할 수 있으므로 신념과 의리를 중시하는 심리가 함께 작용하고 학습하는 형태를 보일 것이다. 이 사람이 40세가 된다면 소양의 심성이 작용하면서 태양의 심성이 같이 작용하는 심리로 발전할 것이다. 20세에는 매우 도덕적인 관점이 강했었는데 40세가 되니까 자기주장이 강하며 독선적으로 바뀔 수 있다는 뜻이다. 그리고 여기에 따라서 다양한 체질 특성과 기호성이 발전할 것이기 때문에 나이에 따라서 차별화된다.

이것만은 반드시!

기 운	특 징
태양기운을 누적시키고 있는 한약	땅속에 뿌리를 두고 있으며 수분의 운행을 원활하게 하는 기운을 받고 자란다. 또한 수기를 땅속에 저장하는 특징이 있어서 약용부위가 땅속의 뿌리에 있는 경우에 해당된다. 그래서 그 효능도 수분대사와 정기의 저장에 있다
소양기운을 누적시키고 있는 한약	땅속에 뿌리를 두고 있으며 땅의 화기를 받고 자란다. 그래서 화기를 저장하거나 운행시키는 효능을 땅속의 뿌리에 두고 있다. 그 효능도 화기의 저장이나 운행 배설에 영향을 주는 데 있다.
양명기운을 누적시키고 있는 한약	땅속에 뿌리를 두고 있으며 척박한 상황에서 진기를 뿌리에 누적시킨 기운을 저장하고 있다. 그래서 기운을 운행하고 보강시키는 효능을 가진다.
태음기운을 누적시키고 있는 한약	지상부에 있으며 대기 중의 음습한 기운을 받고 자란 식물. 이들 식물은 대기 중의 음기가 많고 달며 기운을 잎이나 열매 혹은 줄기에 저장시킨다. 이들 식물은 습기의 운행을 돕거나 습기 중 진기를 취하여 보음시키는 성분을 많이 함유하고 있다.
소음기운을 누적시키고 있는 한약	대기 중의 소음 군화의 기운을 취하여 성장하는 식물. 이들은 맵거나 정미로운 기운을 잎이나 열매 혹은 줄기에 진기를 저장시킨다. 이 식물의 효능은 보음, 안심, 보정시키는 효과가 있다.
궐음기운을 누적시키고 있는 한약	대기 중의 궐음 풍목의 기운을 취하여 성장하는 식물. 이들 식물은 인체에 섭취되어 근골격의 운영에 필요한 기운을 잎이나 열매, 꽃, 혹은 줄기 껍질에 저장한다. 이 식물의 효능은 강근골, 청간명목하는 효과가 있다.

태양기운을 누적시키고 있는 한약
복령, 택사, 당귀, 방풍, 강활, 독활, 저령, 지모, 백합, 산약, 지황, 구척, 천문동 등

태음기운을 누적시키고 있는 한약
용안육, 연자육, 산사자, 어성초, 삼백초, 감국, 마황, 진피, 후박, 지실, 지각, 금은화 등

소양기운을 누적시키고 있는 한약
천궁, 백작, 시호, 황금, 강황, 오가피, 파극, 부자, 원지, 용담, 천오 등

양명기운을 누적시키고 있는 한약
인삼, 황기, 만삼, 백출, 창출, 목향, 길경, 사삼, 전호, 맥문동, 백지, 고양강 등

소음기운을 누적시키고 있는 한약
산조인, 구기자, 산수유, 연교, 사인, 금앵자, 마자인, 가구자, 육계, 도인, 하고초 등

궐음기운을 누적시키고 있는 한약
곡기생, 결명자, 두충, 모과, 인진, 하고초, 청피, 유향, 몰약, 조구등, 박하 등

이상과 같이 사람의 특성만을 연구하는 것이 아니라 자연 만물의 특성을 파악하고 이에 대한 쓸모 있는 구분을 위하여 필요한 체계이기도 한 것이다. 이것은 결국 복합처방을 구사하는 한의학적 처방원리의 기초이론으로 발전한 것이다.

체질에 맞는 자녀교육법

이 책을 읽기 전 독자들은 우리 자녀들의 체질적 성품이 어떠했는지, 어떤 특성을 가지고 있었는지 알아보지 못했을 것이다. 그래서 자녀들과 충돌이 있었으며 이로 인하여 가정에는 갈등이 있었을 것이다. 그런데 스스로의 체질적 특성과 자녀들의 체질적 특성을 알고 나면 왜 충돌이 일어났으며 어떻게 해결해야 할 것인지 이해할 수 있고 대책을 세울 수 있게 된다.

이러한 처방을 내릴 수 있는 것은 삶 자체가 독특한 기운을 가지고 있으며, 교육 자체가 독특한 기운을 형성하고 있기 때문이다. 그래서 체질에 맞는 교육적 접근이 이루어지면 자녀에 대한 그릇된 기대와 능력의 한계에 대해서 이해하고 사랑할 수 있게 된다. 자녀는 부모를 알아보고 효도할 수 있으며 스스로 자신의 능력을 개발하여 사회에 나가고 성취하는 일에 대한 기쁨을 맛볼 수 있는 것이다.

여기에서는 먼저 두 가지를 생각해 보아야 한다. 나의 장점을 부각시킬 능력을 배양시킬 것이냐, 아니면 나의 단점을 보완하는 능력을 배양시킬 것이냐를 선택하는 것이다.

가령 소양객기를 가진 사람이라면 소양기운을 가진 교육 프로그램을 선택할 필요가 있으며 이 과정을 통하여 더욱 능력 있는 사교력을 갖추게 될 것이다. 그런데 이 사람이 집중력이나 끈기가 부족하여 허풍선이가 될 가능성이 높은데 체질지수도 논리지수가 가장 낮았다고 가정해보자. 그러면 이것을 보완시키기 위해서 태음기운을 가진 교육 프로그램을 선택하여 교육시킬 필요가 있다. 물론 이러한 경우 큰 욕심을 내기 보다는 교양수준의 능력을 배양한다는 차원에서 접근하는 것이 바람직하다.

또한 교육의 기회가 이미 지나 직업에 대한 회의와 전업의 기회를 찾는 분의 경우는 이상의 프로그램을 눈여겨 볼 필요가 있을 것이다. 이것은 직업세계와도 연계되기 때문에 자신이 직업으로 삼을 영역에서 어떠한 능력이 필요할 것인지 찾아야 할 것이다. 그리고 그 능력이 자신의 체질과 부합되면 당연히 선택할 것이며, 그렇지 않을 경우 재고하거나 능력을 배양시키기 위해서 적합한 교육 프로그램을 선택할 것이다.

또한 기업에서 사원을 배치하고 적절한 교육이 필요할 때, 효과적인 선택 방법이 될 수 있다. 사람은 누구나 같지 않다. 다른 차원의 생각과 능력을 가질 수 있으며, 이것을 통하여 보다 능력 있는 인력을 효율적으로 활용할 수 있게 될 것이다.

체질을 상담하며

우리는 주변의 많은 사물들을 보면서 그들의 다양성을 분별할 수 있고, 아름다움과 자연스러움을 긍정적으로 생각하는 경향이 있다. 여행을 할 때, 일상과는 다른 풍경과 정서를 느끼려고 하는 것은 변함없는 일상은 새로울 것이 없으며 행복하지 않기 때문일 것이다.

세상은 이렇게 아주 다른 특성을 가진 생명체와 생명체 아닌 것들이 모여서 존재하는 것이다. 그런데 우리는 자녀를 교육하면서, 주변의 친구를 보면서 또 자신의 옆에서 함께 살아가는 반려자에게서 무조건 같아야 한다는 동질성만을 찾으려고 한다. 자신과 같은 의견이어야 기꺼워하고 사랑스러워하며 비로소 안도할 수 있는 것이다.

왜 그럴까? 자신의 주변 사람이 자기와 비슷하고 동질성이 있다고 생각해야 안심이 되고 실수할 가능성이 적기 때문일 것이다. 때문에 어떤 여성은 자신이 잘 모르는 사람이 자신과 같은 옷을 입고 있거나 자신이 쓰는 향수와 같은 향수를 쓰거나 자신의 남편이 쓰던 향수가 맡아질 때 불안감과 불쾌감을 느낀다고 한다.

사람은 누구나 자신만의 체질적 특성을 가지고 있다. 그 그릇에 무엇을 담던 그것은 그 사람의 자유일 것이다. 그런데 자신의 아이는 자신과 같은 체질이기를 바라며 자신과 같은 내용물을 담기를 바란다. 문제는 여기에서 시작되는 것이다. 자신이 가지고 있는 체질에 담긴 내용물이 아주 좋은 것이라는 자부심의 유무는 중요하지 않다. 일단 자신의 체질에 담긴 것과 같은 것이어야 안심이 되는 것이 일반적인 심리라 할 수 있다.

그런데 이렇게 획일적인 사고에서 벗어날 필요가 있다. 사람마다 가지고 있는 체질이 다르다는 것이다. 그래서 거기에 담겨야 할 내용물이 다를 수밖에 없다는 것이다. 그것을 사람을 그릇으로 비유했을 때, 그 그릇의 형태가 다른 것 뿐이다.

가령 내가 접시와 같은 그릇을 가지고 있다고 생각해 보자. 여기에는 유동성이 많은 물을 담을 수 없다. 여기에는 통닭을 익혀서 담아 올리거나 탕수육을 담아서 올려야 한다. 그리고 그것을 품위 있게 먹는 것이다. 그런데 자식이 호리병처럼 입이 작은 그릇이라면 어떻게 할 것인가? 부모는 자식에게 자신의 그릇과 같은 것이라 생각하고 계속하여 통닭이나 탕수육을 담아주려고 할 것이다. 그러면 자식은 절대로 부모가 주는 것을 받아들일 수 없는 것이다.

만약 부모가 현명하여 자식이 가지고 있는 그릇이 호리병이라는 것을 알았다면 절대로 통닭이나 탕수육을 주지 않을 것이다. 닭을 푹 과서 한약을 넣고 우려내어 병에 담아 주어야 옳을 것이다.

우리는 이제 획일화된 사고방식에서 벗어나야 한다. 항상 일류대를 나와야 출세하고, 화이트 칼라가 되어야 하며, 의사나 변호사가 되어야 성공한 인생이라는 생각을 버려야 한다. 사람마다 형성된 그릇대로 그것을 담아야 하고 상대방의 그릇을 인정해 주어야 한다.

지혜로운 사람은 기획이나 기술 분야에서 자신의 행복을 찾아야 하고 통솔력이 강한 사람은 스스로 주도하는 일을 하든가 남을 부리는 일에서 행복을 찾아야 하며, 사교적인 사람은 자신을 표현하고 말하는 가운데서 일거리를 찾고 행복을 찾아야 한다. 또 추리력이 강한 사람은 깊고 세심하게 관찰하는 일거리를 찾아야 하며, 신념이 강한 사람은 가치관을 바탕으로 뜻을 세우는 일에서 행복을 찾아야 하고, 논리적인 사람은 공평하고 합리적인 분별을 통하여 일을 해야 하는 것이다.

이렇게 사람마다 다른 가치관과 다른 행복의 요소를 가지고 있으며 다른 사고방식과 다른 관점이 존재하는 것을 잘 알고 있어야 한다. 우리는 토론을 할 때 동질감을 확인하고 좋아할 것이 아니라 이질감을 확인하고 자신의 존재를 알아야 하며 상대방의 이질감을 존중하며 함께 타협책을 찾고 행복을 공유할 줄 알아야 한다.

CQ를 연구하며

필자가 CQ라는 개념을 들고 나온 지 수개월이 지났으며 그 과정에서 많은 것을 확인 · 정립하였고 또 수정했다. 이제는 이 방법이 보다 체계적이고 한국적이며 세계적인 분석 기법으로 발전할 수 있다고 확신하게 되었으며, 그러기 위해서 분석법을 보다 정교하게 다듬는 작업을 진행하고 있다.

오운육기학에서 시작한 체질적 이론은 보다 구체적인 수치로 비교할 필요가 있으며 개개인의 능력을 비교 분석하기 위해서 심리적 능력을 분석하는 기준이 필요하다는 것을 알았다. 그리고 이것이 오운육기학에 그대로 존재하고 있다는 사실을 알았을 땐 뛸 듯이 기뻤다.

물론 지수를 계산하는 방법은 여기에 공개하지 않았다. 그것은 너무 복잡하고 세밀한 작업이어서 컴퓨터의 도움을 받아야 하는 작업이기 때문이다. 이것은 별도의 프로그램을 거쳐서 검증과정을 거치고 있으며 보다 세밀하게 분석하는 기법이 계속 개발되고 있다. 현재는 간단하게 생년월일에서 주어진 정보에 따라 해석을 하는 수준이며 장차 지역, 환경, 나이에 따라서 구분하여 연구를 진행할 것이다.

아마 이것이 분석되는 날에는 보다 정확하게 심리, 질병 등 한의학의 예방의학적 프로그램, 사회적 프로그램, 교육 프로그램, 인사 프로그램, 인적 자원 관리 프로그램으로 응용할 수 있을 것이다.

부록으로 CQ클리닉을 위한 설문지와 클리닉을 받을 수 있는 구체적인 방법을 설명하였다. 한의학의 체질 심리에 대한 이론은 CQ 이론으로 발전되었으며 이러한 발전은 한방의료기관 상담뿐 아니라 학교의, 기업의, 한방심리상담 직능 영역을 개척하는 잠재력을 내포하고 있음을 강조한다.

마지막까지 인내를 가지고 읽어 준 독자에게 감사드린다.

※ 참고자료

1) 실버스타 스텔론
http://www.hanvit99.com/technote2/read.cgi?board=changjak&y_number=170

2) 조디 포스터
http://www.movist.com/movies/movist.asp?id=802
http://people.naver.com/search/people_detail.nhn?id=1826&frompage=nx_people

3) 펄 벅
http://www.sac.or.kr/aidb/term.jsp?id=4817&pageno=119&func=&name=&genre1=&genre2=&genre3=&sortitem=name&sortmethod=desc

4) 더글러스 맥아더
http://search.naver.com/search.naver?where=nexearch&query=%B4%F5%B1%DB%B7%AF%BD%BA+%B8%C6%BE%C6%B4%F5&sm=tab_hty

5) 호리에 다카후미
http://imnews.imbc.com/mpeople/rptcolumn/1338628_3571.html
http://people.naver.com/search/people_detail.nhn?id=29879&frompage=nx_people

6) 더스틴 호프만
http://search.naver.com/search.naver?where=nexearch&query=%B4%F

7) 마릴린 먼로
http://www.movist.com/movies/movist.asp?id=5016

8) 코폴라
http://100.naver.com/100.nhn?docid=485869

9) 우디 알렌
http://movie.naver.com/movie/bi/pi/basic.nhn?code=1640
http://100.naver.com/100.nhn?docid=703027

10) 하인스 워드
http://blog.naver.com/kjyoun24?Redirect=Log&logNo=60023183919
http://people.naver.com/search/people_detail.nhn?id=7897&frompage=nx_people

11) 빌 게이츠
http://ko.wikipedia.org/wiki/%EB%B9%8C_%EA%B2%8C%EC%9D%B4%EC%B8%

12) 케빈 코스트너
http://search.naver.com/search.naver?where=nexearch&query=%C4%C9%BA%F3+%C4%DA%BD%BA%C6%AE%B3%CA&sm=tab_hty
http://blog.naver.com/jinminwonam?Redirect=Log&logNo=140021763353

13) 우피 골드버그
http://blog.naver.com/banyasim2001?Redirect=Log&logNo=30004019948A0

14) 플라시도 도밍고
http://people.naver.com/search/people_detail.nhn?id=7295&frompage=nx_people
http://100.naver.com/100.nhn?docid=47900

15) 아가사 크리스티
http://myhome.naver.com/privateeye/about%20mystery/files/christi.htm
http://100.naver.com/100.nhn?docid=153041

16) 엔리코 페르미
http://preview.britannica.co.kr/spotlights/nobel/list/B23p2114b.html

17) 헨리 포드
http://blog.naver.com/hongjig?Redirect=Log&logNo=140002214745
http://100.naver.com/100.nhn?docid=182030
http://people.naver.com/search/people_detail.nhn?id=9491&frompage=nx_people

18) 클린트 이스트우드
http://people.naver.com/search/people_detail.nhn?id=2050&frompage=nx_people
http://100.naver.com/100.nhn?docid=702019

19) 잭 니콜슨
http://blog.naver.com/fanclub200?Redirect=Log&logNo=120027620337
http://people.naver.com/search/people_detail.nhn?id=2074&frompage=nx_people

20) 해리슨 포드
http://people.naver.com/search/people_detail.nhn?id=1988&frompage=nx_people

21) 스티븐 킹
http://horrorking.hihome.com/kingis.htm

22) 칼 구스타브 융
http://people.naver.com/search/people_detail.nhn?id=29360&frompage=nx_people
http://blog.naver.com/hosan62?Redirect=Log&logNo=10003445431

23) 힐러리 클린턴
http://people.naver.com/search/people_detail.nhn?id=5973&frompage=nx_people

24) 이소룡
http://bruce.new21.org/

25) 그레이스 켈리
http://blog.daum.net/love-chain/12243784

26) 루치아노 파바로티
http://people.naver.com/search/people_detail.nhn?id=4397&frompage=nx_people

27) 엘비스 프레슬리
http://blog.naver.com/ssg4396?Redirect=Log&logNo=140036584354
http://ko.wikipedia.org/wiki/%EC%97%98%EB%B9%84%EC%8A%A4_%ED%94%84%EB%A0%88%EC%8A%AC%EB%A6%AC

28) 아서 코난도일
http://myhome.naver.com/privateeye/about%20mystery/files/doyle.htm

29) 칼 루이스
http://people.naver.com/search/people_detail.nhn?id=6341&frompage=nx_people
http://100.naver.com/100.nhn?docid=754749

30) 스티브 잡스
http://www.chosun.com/economy/news/200510/200510300256.html

31) 폴 뉴먼
http://www.nkino.com/People/people.asp?id=751
http://100.naver.com/100.nhn?docid=40512

32) 마이클 잭슨
http://kingofpop.co.kr/mj/index.htm

33) 로드 스튜워트
http://www.koreanrock.com/wiki.pl?JeffBeck

34) 살만 루시디
http://ko.wikipedia.org/wiki/%EC%82%B4%EB%A7%8C_%EB%A3%A8%EC%8B%9C%EB%94%94

35) 베르너 폰 브라운
http://www.kgyce.go.kr/sub3_1_view.htm?id=7402&code=cho3&cpage=14

36) 마리 퀴리
http://ko.wikipedia.org/wiki/%EB%A7%88%EB%A6%AC_%ED%80%B4%EB%A6%AC

37) 아인슈타인
http://ko.wikipedia.org/wiki/%EC%95%8C%EB%B2%A0%EB%A5%B4%ED%8A%B8_%EC%95%84%EC%9D%B8%EC%8A%88%ED%83%80%EC%9D%B8

38) 빌 코스비
http://www.cai.co.kr/news_events/press/release/releases_view.asp?idx=20040511&num=1

39) 슈테피 그라프
http://www.tennis.co.kr/sense/legend14.asp

40) 고갱
http://www.artmbc.com

41) 고흐
http://100.naver.com/100.nhn?docid=12370

42) 피카소
http://100.naver.com/100.nhn?docid=184437
http://people.naver.com/search/people_detail.nhn?id=8995&frompage=nx_people

43) 존 레논
http://windshoes.new21.org/music-john%20lenon.htm

44) 존 본 조비
http://www.nkino.com/Articles/Article.asp?id=6183
http://people.naver.com/search/people_detail.nhn?id=25384&frompage=nx_people

부록

부록 Ⅰ CQ, 이것이 궁금해요

부록 Ⅱ 오운육기 체질의 절기별 특성

부록 Ⅲ CQ 클리닉

부록 I

CQ, 이것이 궁금해요

Q1. 우리 아이는 머리는 좋은데, 책상 앞에 앉으면 통 집중을 못해요. 방법이 없을까요?

A1. 위와 같은 고민을 가지고 있는 부모들이 의외로 많다. 사실 힘들고 지친 상황이 오면 졸음이 쏟아진다. 하지만 자려고 누우면 쉽게 잠들지 못한다. 그래서 다시 책을 읽으려고 책상 앞에 앉으면 눈이 스르르 감기는 경우가 많다. 이렇게 밤을 보내고 나면 아침에 학교에 등교하여 학습에 집중하기 어려울 것이다.

대체로 태음기운을 가지고 있는 사람이나 소음기운을 가진 사람은 졸음을 참는 힘이 매우 약하다. 그 이유는 활동적인 성격이 아니기 때문에 오랜 시간 책을 잡고는 있지만 능률이 오르지 않는 심리적 특성이 있기 때문이다. 소양이나 태양 그리고 양명기운을 가진 사람은 적합한 시간에 일어나 환기를 시킬 줄 아는데 이들은 한자리에 오래 앉아 집중하려고 노력한다.

그러나 이렇게 집중하는 것도 한계가 있다. 얼굴이 상기되고 뒷머리가 당기며, 눈이 아른거리고 머리가 지끈거리며, 허리가 결려 가벼운 체조를 하거나 바깥바람이라도 쐬는 것이 좋을 것이다.

사실 태양기운과 소양기운이 강한 사람은 짧은 시간 집중력을 잘 발휘하는 체질이다. 그러나 장시간 집중하려 할 때 이곳저곳 마음에 걸리는 것이 많아 집중력이 떨어진다. 더욱이 이 체질의 경우 숙면을 취하기가 어렵다.

사실 수험생은 주기적으로 보는 시험 시기에 따라서 스트레스를 받게 되어 있으며 체력소모가 많은 상태이다. 그렇기 때문에 지구력이 떨어진다. 이러한 경우 두뇌의 산소나 혈액공급이 원활하지 않으며 착각이나 기억력 감퇴 등의 증상이 함께 따라온다. 그러니 열심히 공부해도 시험성적은 오르지 않고, 시험을 치른 후에 생각이 나지 않아 틀렸다는 변명을 늘어놓는다.

이러한 경우의 증상을 해결하는 방법으로 선택하는 것이 총명탕이다. 요즘에는 총명탕 재료에 수험생 공진단을 합방하는 방법으로 간편하게 환을 만들어 쓰기도 하는데 이것을 복용하면 집중력을 키울 수 있다. 특히 마음이 조급하며 심리적으로 긴장되어 있는 상황에서 집중력을 발휘하기 위해서는 심장이나 혈기를 보강시키는 효과가 있어야 한다. 또한 소화 장애가 발생하지 않고 두뇌의 순환을 도울 수 있는 약물의 선택이 필요한데 총명탕은 바로 이러한 수요를 만족시키는 처방이라고 할 수 있다.

Q2. 우리 아이, 코골이와 이갈기가 심해요. 혹시 건강에 이상이 있는 건 아닌지요?

A2. 이런 하소연을 하는 사람을 종종 본다. 그런데 이런 습관이 있는 사람이 가족 중에 있다면 남의 일이 아닐 것이다. 특히 본인이 그런 경우 더더욱 그럴 것이다. 요즘에는 이것을 해결하기 위하여 외과적인 수술을 한다고 하니 그 정신적 스트레스가 어느 정도인지 짐작이 간다.

사실 코를 심하게 고는 사람도 문제이며, 이를 심하게 가는 사람도 문제이다. 둘 중 하나만 가지고 있어도 주변 사람을 괴롭히게 되는데 두 가지를 다 가지고 있는 성인의 경우 부부생활에도 심각한 문제가 될 것이다.

필자의 지인 중에서 이런 사람이 여럿 있다. 그런데 이것은 한의학적으로 어떻게 설명할 것인가? 이런 사람들의 운기체질을 살펴보면 일정한 공통점이 있는 것을 확인할 수 있었다. 체질심리 분석에서 신념지수가 작용하는 사람과 지혜지수가 작용하는 사람의 경우 이 두 가지 습관이 발생할 가능성이 높다. 특히 신념지수와 지혜지수가 강하게 작용하는 사람의 경우 그 확률이 매우 높았다.

그리고 이중에서 신념지수가 작용하는 사람의 경우 이를 갈 가능성이 매우 높으며, 지혜지수가 작용하는 사람은 코를 골 가능성이 매우 높았다. 물론 이것에 대한 예외도 있었지만 대체로 이러한 지수를 살피는 것이 우선 되어야 할 것이다.

그런데 이렇게 알아냈으면 어떻게 해야 할지 처방이 있어야 할 것 아닌가? 대체로 이러한 사람은 두 가지 문제를 해결해 주면 증상을 현저하게 완화시킬 수 있다. 이를 갈거나 코를 심하게 고는 사람은 그 기운이 위로 올라가 있는 사람이며, 신념지수와 지혜지수가 있는 사람은 자신의 기운을 가능하면 최대로 끌어올려 소모하는 사람이다. 그래서 이 사람들은 다른 사람들에 비하여 기혈이 매우 고갈된 상태이기 때문에 깊은 잠에 빠진다.

그런데 이 사람들의 특성은 비교적 베개를 높이 베는 습관이 있다. 낮게 베면 잠을 이루기 어렵다고 하면서 높이 베는데 여기에 이를 갈고 코를 고는 습성이 나타나는 것이다. 그러니 두 가지 해결책이란 바로 신수기와 근력의 고갈을 보충시키는 약물 투여와 베개를 낮게 베는 습성을 만들어주는 것이다. 특히 베개를 벨 경우 목을 받치고 옥침을 낮추어 주면 이를 갈거나 코를 골 수 있는 자세가 나오지 않게 될 것이다.

이 방법으로 해결책을 만들었더니 대부분의 사람이 코를 골거나 이를 가는 증상을 해결할 수 있었다. 처음에는 반신반의 하며 베개를 가져가고 약을 복용하였는데 하루 이틀 지나면서 훨씬 편안하게 잠을 청했다는 말을 전해 들었다.

Q3. 귀에서 이상한 소리가 들리고, 상대방이 말하는 소리를 잘 듣지 못하는 것 같아요.

A3. 과거에는 나이가 6, 70이 넘어야 한의원을 찾아와 호소하였는데 요즘에는 20대에서부터 증상을 호소하는 환자가 늘고 있다. 병원에 가면 메니엘 증후군이라고 하여 뇌신경이나 뇌에 문제가 있는지 검사하기 위하여 CT, MRI, 뇌파 검사를 한다. 하지만 결과를 보면 뇌에 문제가 없거나 심각하지 않은 경우가 다반사이다. 이러한 증상으로 인해 많은 비용을 지출하는 분들을 위한 해결책은 없을까?

사실 필자의 임상에서 보건대 귀울림이나 난청 증상을 호소하는 분들을 살펴보면 일정한 체질심리상의 요건이 하나 있다. 그것은 논리지수가 강하게 작용하는 사람이라는 점이다. 사실 이것이 무슨 연관성이 있냐고 반문하는 분들이 많은데 필자의 체질심리 분석 상에서 귀울림이나 난청 증상을 호소하는 사람을 살펴본 바에 의하면 유독 논리지수가 공통적으로 확인되고 있었다.

이것은 논리지수가 작용하는 사람의 심리적인 특징과 관련이 있다고 하겠다. 다른 지수 보다 정신적 고민을 해결하는 능력이 선천적으로 약한 체질이다. 그러나 정작 고민을 해야 할 일이 생기면 아주 완벽한 해결책이 나와서 모든 것이 관철될 때까지 끈질기게 고민하는 경향이 있다.

그러니 이런 사람은 심리적으로 편안할 가능성이 없으며 항상 머릿속에 고민을 하나씩 가지고 살고 있는 것이다. 이러한 현상이 수십 년 동안 진행되었을 경우 심각한 이명과 난청 그리고 아예 청력을 상실한 사람도 있는 것이다.

이러한 경우 해결책은 대체로 세 가지 방향에서 모색된다. 논리지수가 강한 사람은 대체로 생각을 깊이 할 경우 고개를 숙이는 경향이 있다. 머리가 무겁기 때문이다. 그런데 어느 한쪽으로 기우려 숙이고 있다는 점에 문제가 발생한다. 그래서 우선 책을 보거나 생각을 할 경우 의자의 등받이에 기대고 앉아 시야를 상방 15도 이상 유지하라고 조언한다. 그렇게 하지 않을 경우 회복 가능성이 없다.

그리고 정신적 고뇌의 원인은 역시 긍정적인 사고와 낙천적인 성격이 부족하기 때문인데 이것은 그냥 생기는 것이 아니다. 사람은 심기와 간기가 고갈될 경우 생각이 꼬리에 꼬리를 물고 진행되는 경향이 있다. 그러면 부정적인 심기가 노출될 것이며 이것은 매사 노파심으로 작용하기 때문에 정신적인 고뇌를 하게 되는 것이다. 따라서 이것을 해결하는 방법으로 심기와 간기를 강화시키기는 한약을 처방하게 된다. 특히 이 경우 태음기가 작용하기 때문에 녹용, 녹각, 용안육, 연자육 같은 한약이 큰 힘을 발휘할 수 있다.

마지막으로 규칙적인 하체운동이다. 이러한 경우는 대부분 운동 부족이며 척추의 불균형현상이 많이 나타나고 있다. 그래서 추나요법으로 개선시켜야 할 필요성이 있지만 역시 생활 습관 때문에 쉽게 포기하고 만다. 그래서 할 수 있는 영구적인 관리 방법은 하체 운동의 습관을 좋게 만드는 것이다. 하루 1시간 이상 산책이나 균형을 잡는 운동을 통하여 골반을 강화시키고, 머리로 올라가 있는 기운의 반 이상을 하체로 끌어내릴 수 있다면 증상을 쉽게 완화시킬 수 있다.

Q4. 우리 애는 아침에 너무 늦게 일어나서 지각을 밥 먹듯이 해요. 아침에는 통 정신을 못 차리더라구요.

A4. 우리는 언제부터인가 사람을 구분하는 문화적인 콘텐츠 속에서 살고 있다. 그 중 하나가 바로 아침형 인간과 심야형 인간이다. 그 만큼 잠이 중요하다는 얘기가 될 것이다. 때문에 이것은 그 사람의 삶을 좌지우지 할 수 있는 요건이기도 한다.

만약 아침형 인간이 필요에 의해서 심야형 인간으로 살아야 한다면 지옥과 같은 삶을 경험하게 된다. 사람은 갓난아기 시절 잠을 구분하는 습관이 없기 때문에 시간에 구애받지 않고 먹고 자는 것을 반복한다. 그런데 일정한 시간이 지나면서 부모의 습관에 따르는 아이들을 발견하게 된다. 부모가 잠자는 시간에 아이가 잠자고 부모가 일하는 시간에 아이는 논다.

이것을 거역하는 아이는 부모와 충돌하고 부모의 질타를 받기 쉽다. 그래서 결국은 부모의 습관에 따르도록 훈련되는 것이다.

그리고 학습 시기가 되면 부모와 상관없이 자신만의 필요에 의해서 잠자는 시간을 조절하기 시작한다. 그리고 직업을 갖게 되면 역시 직업에 따라서 잠자는 시간을 조절한다. 하루 근무시간을 8시간으로 볼 경우 나머지 16시간 중 자는데 사용하는 시간을 대략 8시간으로 잡아야 한다면 나머지 8시간은 무언가를 위해서 할애해야 한다. 그리고 잠자는 시간인 8시간 중에 발생하는 약간의 여가가 습관에 의해서 발생하는데 이것이 잠들기 2시간 전이나 깨어나서 2시간 정도이다. 모든 사람에게 같은 것이 아니고 약간의 차이가 있기는 하지만 반드시 존재하는 시간이다.

그런데 사람에 따라서 초저녁에 잠이 오는 사람의 경우 대략 11시가 지나면 잠을 못 이루는 사람이 있다. 그리고 아예 12시가 지나서 1시나 2시에 잠을 이룰 수 있는 사람이 있다. 반면에 새벽 4시나 5시에 깨어나서 역시 잠을 이루지 못하는 사람이 있다. 이것을 어떻게 구분할 수 있으며 사람에 따라서 어떻게 예측할 수 있을까?

우선 시도 때도 없이 잠을 잘 이루는 사람이 있다면 논리지수가 강한 사람이다. 그리고 초저녁 잠이 많은 사람은 추리지수가 강한 사람이며 새벽잠이 없는 사람은 지혜지수가 강한 사람이다. 대체로 음기는 잠과 관련이 많아서 심야형 인간이 되기 어렵다. 물론 복합적인 체질 특성을 가진 사람은 예외가 될 것이다.

반대로 잠에 별로 구애받지 않는 사람은 양이 강한 사람이다. 하룻밤을 새우고도 멀쩡하게 다음날의 업무를 볼 수 있는 사람은 양기가 강하게 작용하는 사람이다.

추리지수나 논리지수가 강한 사람은 몸을 움직이지 않는 상태에서 정신적인 집중이 잘 되어야 하며 동적인 상황보다는 정적인 상황에서 차분히 앉아 생각하는 경우가 많다. 그래서 쉽게 잠을 이루고 상념에 젖기를 잘하는 것이다. 그러나 양의 기운이 높은 통솔지수나 신념지수가 강한 사람의 경우엔 정신적인 집중이나 장악력이 작용하기 때문에 깊은 잠보다는 얕은 잠에 빠지며 잠귀도 매우 밝다. 특히 신념지수가 강한 사람은 감각기관이 발달하기 때문에 다른 사람이 느끼지 못하는 변화를 찾아내는 힘이 강하다.

그렇기 때문에 양기가 강하게 작용하는 사람은 잠에 구애되지 않는 업무를 잘 할 수 있는 것이다. 그런데 사교지수가 강한 사람은 어떨까? 이것은 조금 다른 관점으로 접근해야 한다. 잠을 잘 가능성이 있는 사람은 사교지수가 강하게 작용하는 사람이다. 왜냐하면 낙천적인 성격이 있기 때문이다. 그런데 반대로 지혜지수가 강하게 작용하는 사람은 어떨까? 반대로 잠을 오랜 시간 자기 어려운 사람이라 할 수 있다.

지혜지수가 강하게 작용하는 사람은 깊은 잠을 잘 수 있으나 일정한 시간 잠을 취한 후 깨게 되면 오히려 쉽게 잠을 이루지 못하고 일어나야 한다. 그냥 누워 있기에는 좀이 쑤시고 잠도 오지 않지만 허리가 아프거나 몸이 결리는 느낌이 나타나기 때문이다. 즉 지혜지수가 강한 사람이 바로 아침형 인간이다.

정리하면 심야형 인간은 신념지수와 통솔지수가 강한 사람이고 아침형 인간은 지혜지수가 강한 사람이다. 이렇게 본다면 사람을 절대로 이분법으로 나눌 수 없다는 것을 이해할 수 있을 것이다. 심야형 인간이 아니면 아침형 인간이라는 생각은 자연스럽지 못하다. 나머지 지수가 작용하는 사람은 아침형 인간도 아니며 심야형 인간도 아니다. 그렇다면 이러한 사람은 그냥 평범한 인간인가? 꼭 그렇지는 않다.

사람이 새벽에 잠을 이루지 못하고 허리가 아픈 증상이 있으면 한의학적인 질병명으로 신허요통이라고 한다. 이러한 증상이 잘 나타나는 체질은 지혜지수가 강한 체질이다. 이 사람에게는 신수기를 강화시키는 방법을 선택하여 한약 치료를 하면 새벽에 쉽게 잠을 청할 수 있고 허리나 근골격의 증상이 쉽게 해결되는 것을 볼 수 있다.

또 얼굴에 여드름이 많이 발생하는 사람들은 신념지수나 통솔지수가 강한 사람들인데 대체로 음기를 보강시키는 한약을 처방한다. 그러면 저녁에 잠을 잘 이룰 수가 있고 덩달아 피부도 고와지는 현상을 경험한다. 이것은 그냥 이뤄지는 것이 아니라 체질적인 원인에 의해서 나타나는 현상이며 비전형적인 생활 습성으로 발전시킨 것이라 결코 건강에 이롭다고 할 수 없다. 따라서 극단적인 아침형 인간이니 심야형 인간이니 하는 구분은 건강한 생활을 영위하는데 있어서 오히려 문제를 만들 소지가 있다. 삶을 즐기는 것도 좋지만 건강을 챙겨서 균형 있는 생활을 영위하도록 도움을 받는 것이 더 중요하다.

Q5. 요즘 사회적으로 많은 사람들이 우울증으로 괴로워 하잖아요. 고흐의 경우처럼 우울증도 CQ로 설명할 수 있나요?

A5. 사실 고흐와 같이 극단적으로 추리능력이 강한 사람은 우울증을 앓을 가능성이 높으며 스스로 마음의 문을 닫을 가능성도 높다. 또한 신경증으로 고생할 가능성도 매우 높다. 그런데 이것을 해결하는 방법은 역시 보다 넓은 관점의 시야와 이성적인 접근보다는 감각적인 접근 훈련이 필요한 경우이다. 화가라는 직업이 자신의

내면과의 끊임없는 싸움을 하는 직업이기에 그러한 단점을 통찰할 기회가 없었을 것이다. 특히 표현력이 부족한 상황에서 작품을 하나씩 만들어내는 작업은 분명히 고뇌와 갈등의 연속이었을 것이며 이러한 국면에서 고흐는 화가라는 직업을 통하여 정신적인 행복을 얻지 못했던 것이다.

추리지수가 높은 사람의 경우 정신적인 행복을 얻는 가능성의 폭이 매우 좁다. 그것은 그의 시야가 좁기 때문이기도 하다. 그러나 그러한 좁은 시야 속에서 창작이나 연구 관찰을 하는 업무는 그들을 작은 행복에 빠지게 할 수 있는 것이다. 아마 이러한 타협안조차도 얻어내지 못했던 것이 고흐의 불행한 삶의 원인이 되었을 것이다.

Q6. 월경통이 너무 심해요. 방법이 없을까요?

A6. 이렇게 호소하는 학생들이 많아지고 있다. 왜 그런 것인가? 사실 예전에 비하여 월경이 시작하는 연령은 점점 낮아지고 있다. 예전에는 사춘기가 되어야 월경을 시작했고, 시작하는 시기에 월경통이나 기타 곤란증을 호소하는 사람들이 많았다.

그런데 요즘에는 초등학교 4,5학년 정도만 되어도 월경을 시작하는 경우가 많으며 빠른 경우 초등학교 3학년에도 나타난다. 이런 빠른 시작은 이에 대해 교육이 덜된 아이의 경우 심각한 우울증이나 정신적 충격을 받는 경우도 종종 있다.

그런데 왜 이렇게 심한 통증이 발생하는 것이며 이것은 어떠한 체질적인 이유가 있는 것일까? 사실 월경통이 심한 아이의 체질을 추적해보면 몇 가지로 취합되는 경향이 있다. 그것은 월경통이 내분비 장애로 발생하는 질환이라고 보면 그 이유가 자명해진다. 대체로 신념지수, 논리지수 그리고 통솔지수가 강한 사람에게 발생하는 경향이 많다.

그 이유는 신념이나, 논리, 통솔지수가 강한 사람은 월경기가 되면 자율신경계나 내분비계의 피로가 가중될 수 있으며 기능이 저하되는 경향이 발생하기 쉽기 때문이다. 물론 그 이유에 대해서는 더 연구해 보아야 하겠지만 정신적인 긴장, 자궁 주위의 울혈이나 긴장, 하복부의 혈액순환이 불리해지는 현상이 가장 먼저 나타나기 때문이다.

신념지수가 강한 사람은 좋고 나쁨에 대한 정신적인 결벽증이 있다. 이런 경우 월경이 아무리 생리적인 일이라고 해도 싫은 일을 보면 그것이 겉으로 드러나게 되어 월경통으로까지 연결될 가능성이 높아진다. 논리지수가 강한 사람은 월경이 진행되는 동안 정신적으로 피로해진 상황에서도 기운이 상승되어 있는 상황을 만들 것이며, 상대적으로 약해진 하체는 월경의 지연이나 통증으로 연계되는 가능성을 만들고 있는 것이다.

통솔지수가 강한 사람은 매사에 체력을 많이 활용하기 때문에 하체가 약하고 순환이 안 되는 상황에서 월경기를 맞는다. 때문에 월경량이 적으면서 통증을 호소하는 경향이 있다. 이상의 이유에 의해서 상습적으로 진통제에 의존하는 생활습성을 보이는 것이 월경통을 호소하는 학생들의 상황이다.

이러한 경우 선택하는 한의학적인 처방은 황금작약탕이나 소시호탕, 가미소요산 등의 엑스제제의 투약이다. 먹는 약을 싫어하는 사람에게는 복부에 부치는 약으로 AT-Band(한약성분)를 사용하면 역시 월경통을 완화시킬 수 있다. 이러한 방법은 진통제를 복용하는 것보다 훨씬 안전하게 월경통을 완화시킬 수 있고 건강에도 도움을 준다.

부록 II

오운육기 체질의 절기별 특성

소설에서 대한

두뇌가 발달하였고 관찰을 잘하며 자존심이 강하며 장남스타일

소설 ~ 동지

두뇌가 발달하며 관찰력이 강해진다. 위와 신장의 질병이 발생할 수 있다.

자월

음력 11월은 쥐의 달이므로 자월이다. 음력 11월은 1년 농사를 끝내고 겨울 휴식을 취하는 시기로 못 읽던 책들도 꺼내 읽을 수 있는 시기이므로 두뇌가 발달할 수 있으며 주변을 돌아볼 여유가 생기니 관찰력도 높아진다. 가만히 앉아서 먹으니 위가 약해지고 신장이 약해질 것이다. 쥐는 동지 달이 되면 쥐 굴에 앉아서 저장한 먹이를 먹으며 주변의 천적을 경계할 것이니 두뇌가 발달하고 관찰력이 강해지기 마련이다.

자월생은 내성적이고 침착하며 두뇌 발달이 빠르고 관찰력이 강하다. 위와 신장의 질환이 자주 발생할 것이다.

동지 ~ 대한

의리가 있고 정직하며 자존심이 강하며 장남과 같은 성격을 가진다. 위에 병이 들며 정력에 이상이 발생할 수 있고 냉이 잠복할 수 있다.

축월

음력 12월은 소의 달이므로 축월이다. 음력 12월은 연중 가장 추운 시기이다. 이 시기에 모든 나무와 풀은 침장하고 눈과 서리를 견디며 겨울을 난다. 있는 그대로를 보이는 시기이므로 의리가 있고 정직하며 자존심이 강한 기운을 가지게 된다. 소는 이 시기에 할 일이 없이 되새김질을 하면서 주인이 주는 먹이를 먹으며 지내는데 전혀 위축됨이 없다. 이것은 소가 의리가 있고 정직하고 자존심이 강해서이다.

축월 생은 매사에 솔선수범하며 의리가 깊고 정직하며 자존심도 강해서 많은 일을 도맡아서 하려는 열정을 가지고 있다. 힘든 일도 마다하지 않는 습성으로 인하여 근골격 질환과 냉이 잠복한 질환이 발생한다.

소만에서 대서

봉사, 선비기질이 많고 속이 답답하며 성급해지기 쉬움

소만 ~ 하지

남을 위해서 봉사하는 선비정신을 가지고 있으며 정직하다. 기관지, 간, 위에 질병이 발생할 수 있다.

오월

음력 5월은 말의 달이다. 그래서 오월이다. 오월은 하지가 있으며 장마가 있는 달이다. 그러나 장마 이전에는 보리와 감자를 수확할 수 있는 달이라서 빈한한 농가에도 먹을 것이 넘칠 수 있는 달이다. 이러한 달이 도래하면 비로소 사람은 염치를 알고 정직해져서 꿔다먹은 곡식을 갚을 줄 알며 이웃을 돌아보는 여유를 찾게 되니 일시나마 선비의 마음을 가질 수 있는 달이라고 할 수 있다. 그러나 일단 장마가 오면 어려움이 있으니 수확을 위해서 숨차게 일해야 하고 근육을 많이 움직여야 한다. 못 먹다가 먹게 되니 역시 위의 질환이 많아지는 것은 당연하다. 말은 5월이 되면 비로소 힘들게 일해야 하니 수확한 것을 운반하는 일을 하는데 숨차고 근육이 힘들기 마련이다. 또한 말은 먹는 것은 그대로인데 많은 일을 하니 이것이 봉사가 아닌가?

오월생은 근면 성실하며 봉사하는 마음이 강하며 정직하다. 따라서 주변에 귀감이 되며 스스로 의롭게 처신하려는 습성이 강하니 몸을 아끼지 않고 봉사한다. 힘을 많이 쓰는 일을 하는 사람은 기관지 폐 질환이 잘 발생하며, 간질환도 잘 발생한다. 과식으로 인하여 위의 질환도 유발될 수 있다.

하지 ~ 대서

감정에 기복이 심하며 활동을 함에 있어서 성급한 면이 많다. 심장과 방광의 질환을 예측할 수 있다.

미월

음력 6월은 양의 달이라서 미월이다. 양력으로 7월은 장마와 함께 무더위가 시작되는 달이다. 습기가 많은 날씨라서 몸이 무겁고 짜증스러운 날이 반복될 수 있으며 더위로 인하여 가슴이 답답하고 울화가 치밀기 쉽다. 양은 더울 때 무리가 밀착, 더욱 덥게하여 답답함을 참는 면이 있는데 이러한 현상을 보건대 감정의 기복이 심하며 활동함에 있어서 성급하기 마련이다. 병은 당연히 심장에 질병이 많이 발생할 수 있으며 습기로 인한 땀의 배출은 방광의 역할을 약화시킬 수 있으므로 방광질환을 예측할 수 있다.

미월 생은 열을 잘 받으며 감정의 기복이 심해서 매사에 짜증을 잘 낸다. 성급하게 일을 진행하는 경향이 있으며 행동에 끈기가 있다. 심화로 인하여 발생하는 심장과 방광의 질환이 예측된다.

추분에서 소설

군자와 같으며 친구 사이에서 교량 역할을 잘하나 인색함

추분 ~ 상강

군자와 같이 친구 간에 교량역할을 하나 인색하다. 폐, 하체, 방광에 질환이 발생할 수 있다.

술월

음력 9월은 개의 달인 술월이다. 음력 9월은 가을걷이가 성행하는 시기로 농가마다. 창고 가득히 곡식을 쌓아 놓을 수 있는 시기이다. 또한 농한기가 지나 내년을 생각하고 저축하는 시기이므로 물물교환이 성행하는 시기이다. 이 시기에 추수한 곡식을 창고에 쌓

아놓고 부족한 종류의 곡식과 교환하거나 매각하여 현금으로 바꾸어 놓는 시기이다. 그래서 친구 간에 이익을 나눌 수 있는 교량역할을 하는 사람이 필요하나 계산을 정확해야 하기 때문에 인색하다. 이시기도 음력 5월과 같이 호흡기 질환이 발생하기 쉬우며 추수를 하느라 하체가 부실해질 것이며 방광에 질환이 발생할 수 있다.

술월생은 친구를 잘 사귀며 공평무사하나 인색한 성격을 가지고 있다. 사업 수완이 좋고 거래를 잘하고 힘든 일을 마다하지 않는다. 폐와 하체의 질환 그리고 방광질환이 많이 발생한다.

상강 ~ 소설

매사에 인색해서 고독하며 가정만 지키려고 한다. 정력이 강하나 냉이 잠복할 수 있다.

해월

음력 10월은 돼지의 달인 해월이다. 음력 10월은 가을걷이가 끝나고 내년을 걱정하는 시기이다. 들판에 곡식은 모두 거두어 들였으나 부족한 것들에 대한 계산을 끝냈으므로 매사에 인색해질 수밖에 없다. 이는 내년까지 가족을 먹여 살릴 일을 걱정하기 때문이다. 그래서 친구와 나누지 않게 되니 고독해지고 가정에 충실해지니 정력이 강해질 것이다. 날씨가 추워지면서 냉기가 발생할 수 있는 시기가 도래하였다.

해월 생은 내성적이며 매사에 인색하고 고독하며 혼자 하는 일에 대해서 매우 강한 특성을 가진다. 가만히 앉아서 양기가 부족해지니 냉기가 잠복하는 질환이 발생한다.

춘분에서 소만

의심이 많고 이중연기를 잘하며 의리가 있어 친구를 잘 사귐

춘분 ~ 곡우

의심이 많고 자기주의이며 이중연기를 잘하는 성격으로 편식을 하고 위에 병이 잘 발생한다.

진월

음력 3월은 진월이다. 양력으로 사월이므로 봄기운이 끝나는 시점이라고 할 수 있다. 그러나 실제 사월은 봄의 시작이며 중간에 해당된다. 적어도 양력으로 5월은 되어야 따뜻한 봄이라고 할 수 있는데 4월은 일교차가 심하고 꽃샘추위가 몰아 닥쳐 편한 계절은 아니다. 나무와 풀들은 왕성하게 자라려고 노력하며 생장을 시작하는 시기이나 자신의 특성을 꽃피우지 못하는 시기로서 남을 돌아볼 여유가 없는 시절이다. 따라서 헷갈리는 날씨 때문에 의심이 많아지고 스스로 경쟁을 해야 하므로 자기주의적이다. 봄과 같이 따뜻한 날씨를 보이기는 하지만 꽃샘추위가 몰아 닥치니 아직 겨울이 아닌가. 또한 먹을 것이 부족한 시기가 되므로 편식할 수밖에 없는 시기이다. 용은 조화를 부리려고 하지만 음력 3월에 내리는 비에 승천할 수 없으며 깊은 용늪 속에서 스스로 잘났음을 견주면서 짐짓 모든 것을 이룬 것처럼 처신한다. 편식으로 인하여 위에 병이 발생할 수 있다.

진 월생은 매사에 의심이 많으며 자기를 지키기 위한 생각에 빠져 있으며 남을 배려하지 못하는 성격이 있다. 상황에 따라서 희비가 교차하는 이중연기를 잘하여 상황에 따라서 유연성 있게 대처하는 능력이 탁월하다. 편식으로 인한 위질환이 발생할 수 있다.

곡우 ~ 소만

의리가 깊어서 친구를 잘 사귀고 편식을 잘하며 심장과 위에 질환이 잘 생긴다.

사월

음력 4월은 사월이다. 이 시기에 입하절기가 있어서 여름의 초입에 들어섰다고 하지만 실제는 봄 날씨를 보이고 있으며 너무 덥지도 춥지도 않은 날씨를 보이고 있다. 비로소 사람들이 여유를 찾을 수 있는 시기이다. 이 시기는 무리를 지어 천렵을 다니기 좋은 시절이며 농사일을 본격적으로 시작하면서 품앗이를 하기 전에 친목을 도모하는 시기에 해당된다. 그러나 빈곤한 사람의 경우 겨우내 저장했던 곡식창고가 비워지는 시기라서 먹을 것이 부족해지기 쉬운 시절이다. 그래서 들판에 자라는 나물로 연명하는 시기이므로 편식을 할 수 밖에 없는 시절이다. 뱀은 이 시기에 왕성한 활동을 보이면서 따뜻한 햇살에 똬리를 틀 수 있는 여유를 가지고 암수를 찾으려 하니 사의 음화로 인해 심장이 약해질 수 있으며 편식으로 인한 위의 허약을 점칠 수 있다.

사월생은 의리가 있으며 친구를 사귀기를 좋아하며 특히 이성 친구를 사귀는데 적극적이고 여유롭게 여가를 즐기기를 좋아하는 낙천적인 성격의 소유자이다. 연모하는 마음에 마음을 잘 다치니 심질환과 위질환이 잘 발생한다.

대서에서 추분

정직하며 이중연기를 잘하며 인색하나 의협심이 있음

대서 ~ 처서

자상하고 인색하며 안밖으로 이중연기를 한다. 대장과 방광에 질병이 많이 발생할 수 있다.

신월

음력 7월은 잔나비의 달이라서 신월이다. 양력으로 8월에 해당되어 7월에 이어 무덥고 울화가 치미는 날씨가 지속되므로 인하여 기력이 약해지고 시원한 곳을 찾아가려는 노력을 많이 할 수 밖에 없는 달이다. 들판에는 곡식이 무르익는데 실제 수확할 것은 없어서 농부의 자상한 노력이 필요한 시기이다. 아울러 시원한 곳에서 휴식을 취하고 싶어 하는 시기라서 많은 사람들이 여름휴가를 떠나는 시기이다. 원숭이는 뜨거운 여름날에 나무에 앉아서 나뭇잎을 따먹으면서 더위를 피하려고 하지만 자신의 먹을거리를 훔쳐갈까 봐 망보는 것을 게을리 하지 않아야 한다. 그래서 자상하게 살피고 남에게 주기를 싫어하는 인색한 성품을 보이며 더운 곳과 시원한 곳을 모두 찾아야 할 정도로 이중성을 가지고 있는 시기이다. 고온다습한 기운이 대장과 방광을 약화시킬 수 있다.

신월생은 매사에 자상하고 세밀하며 꼼꼼한 특성을 보이나 인색한 면도 있다. 이중연기를 잘해서 그 속을 들여다보기 어렵다. 대장과 방광의 질환이 예측된다.

처서 ~ 추분

정직하고 의협심이 강하며 대장과 방광의 질병이 많이 발생한다.

유월

음력 8월은 닭의 달이라 유월이다. 양력으로 9월에 해당되어 점차 가을 기운을 만끽할 수 있는 계절이 되었다. 무더위에 지친 심기를 갈아 앉히고 들판에 가득한 곡식을 수확하는 기쁨을 느끼기 시작하는 시기이다. 이 시기에 역시 정직하고 의리와 협동심을 요하는 일들이 많아진다. 먹을 것이 많아지니 섭취보다는 배설의 문제가 대두된다. 당연히 대장과 방광에 병이 많아질 것이다. 닭은 음력 8월이 되어야 비로소 쪼아 먹기 쉬운 알곡을 맛볼 수 있다. 그런데 방광이 없는 닭은 배설할 때 오줌도 항문을 통해서 배설하니 인간으로 치면 대장과 방광의 역할이며 이것에 이상이 발생할 수 있는 시기이다.

유월생은 매사에 정직하며 의리와 협동심이 강한 성격을 가졌다. 집중적이고 집요한 탐욕을 가지고 있으며 이를 위하여 다양한 노력을 한다. 대장과 방광의 질환이 자주 발생한다.

대한에서 춘분

예민하고 과감하며 신경질적이고 근면 성실하다.

대한 ~ 우수

의심이 많고 세밀하며 과감한 성격으로 신경과민 질환이 발생 가능성 높다.

인월

정월달은 입춘이 들어있는 달이기는 하지만 매서운 추위가 엄습하는 시절이다. 이 시기를 인월이라고 하는데 호랑이의 성격을 관찰해 보자. 이 시기의 호랑이는 눈에 덮여 먹을 것이 없는 산중에서 굶주림과 추위에 지쳐 있다. 작은 움직임에도 사냥감으로 의심을 하고, 세밀하게 관찰하며 사냥감이 포착되면 과감한 사냥 능력을 발휘하나 실패하면 매우 신경질적인 성격을 표출할 수 있다.

그래서 인월생은 세밀한 관찰력으로, 매사에 의구심과 탐구심을 가지며, 과감한 실천력을 가지고 있고, 때론 성급하고 경솔하며, 성취에 대한 강박관념을 가지는 등 신경과민 질환에 걸릴 가능성이 높다.

우수 ~ 춘분

근면 성실하고 편식을 하며 간에 질병이 발생할 가능성이 높다.

묘월

음력 2월은 묘월이다. 춘분이 들어 있는 달이므로 봄기운이 시작하는 시기이다. 그러나 매서운 칼바람이 몰아치기 쉬운 시절이며 일교차가 심해 낮에는 비교적 따뜻한 기온으로 몸을 나른하게 처지게 하는 계절이다. 이 시기에 농부는 열심히 농사 준비를 하며 먹거리가 부족하여 나물에 의존하므로 편식을 할 수 밖에 없는 시절이다. 충분히 따뜻하지 않은 시절이어서 간과 관련된 근육이 펴지지 않는 병이 발생할 가능성이 높다. 토끼는 이 시절이 되면 파릇파릇하게 나와 있는 새싹을 먹기 위해서 매우 열심히 성실하게 뛰어다녀야 죽지 않고 살 수 있다.

묘월생은 부지런하고 성실하게 노력하는 성격을 가지고 있으며, 민첩하고 성급한 성격을 잘 표출하며, 편식을 하려는 습성이 있다. 또한 가만히 앉아 있는 사람에게는 근육이 잘 펴지지 않는 질환이 발생할 가능성이 높을 정도로 간기능의 이상으로 인한 질환이 발생할 수 있다.

부록III

CQ 클리닉

연승한의원 CQ진단 프로그램

CQ 클리닉이란 ?

CQ 진단을 통하여 건강상의 문제점을 찾아내고 이를 해결하기 위하여 시술하는 클리닉을 CQ 클리닉이라 한다. CQ 클리닉은 대체로 다음과 같은 단계로 나뉘어 시술된다.

1. CQ 설문지 조사

   상담 이전에 설문지를 작성하여 필요한 정보를 분석하여 진단의 정확성을 높이기 위하여 선택하는 필수적인 코스이다.

2. CQ 상담 및 진단

   설문지 작성에 따른 분석을 통하여 질병의 예측 및 질병의 증상을 분석하여 향후 치료를 위하여 선택할 수 있는 치료법을 설명하고 선택한다.

3. CQ 식이요법

오운육기 체질 분석을 통한 식이요법의 필요성을 인지하고 식품원료 및 조리법을 안내한다.

4. CQ 체질침법

오운육기 체질 분석을 통하여 체질적으로 선택할 수 있는 침혈을 선택하고 시술하여 목적하는 증상을 치료하는 침법을 구사한다.

5. CQ 한약처방

오운육기 체질 분석을 통하여 체질적으로 발생하는 증상을 해결하고, 치료효과를 제고하는 처방법을 구사한다.

6. CQ 음악요법

정서적인 안정이나 치료효과를 높이기 위하여 체질별로 합당한 음악을 선택하여 듣고 그 진동을 느끼도록 하여 치료를 돕는 요법이다.

7. CQ 도인술요법

오운육기 체질 분석을 통하여 체질적으로 적합한 경락을 선택하여 도인술로 병사를 몰아내고 치료하는 요법을 구사한다.

8. CQ 외치요법

오운육기 체질 분석을 통하여 체질적으로 적합한 경혈과 자극부위를 선택하여 약물을 피부에 첩부하는 외치요법을 구사한다.

9. CQ 심리요법

오운육기 체질 분석을 통하여 교육문제, 성적, 정서적 갈등, 가족간의 불협화음, 부부간의 성생활 문제, 교우간의 갈등, 직업적인 고민 등의 문제를 심리분석을 통하여 체질심리에 따르는 적합한 심리요법을 전개한다.

상담 방법

CQ 클리닉을 이용하기 위해서는 한의원에 직접 방문하시는 것이 가장 확실한 방법이나, 전화상담(02-561-7576) 또는 인터넷(http://www.cqclinic.com)을 이용한 온라인 상담도 가능하다. 상담은 다음과 같은 유형으로 진행된다.

개인진단 : 개인상담은 당사자의 생년월일을 간호사에게 알림과 동시에 접수가 되며 이에 대한 상담안내를 받을 수 있다. 진단과 상담 시간은 10분정도 소요된다.

가족진단 : CQ진단의 강점은 인간관계 특히 가족관계를 중요시 한다. 직계 가족의 생년월일을 알려줌과 동시에 접수가 되며 진단과 상담 시간은 30분 정도 소요된다.

기타진단 : 직업적인 상담에서 필요한 프로그램으로서 상사나 동료, 동업자에 대한 생년월일 자료를 알려줌과 동시에 접수가 되며 진단과 상담 시간은 30분 정도 소요된다.

CQ 클리닉 보고서와 설문 양식

CQ 보고서

귀하는 다음 일시에 태어났습니다.

출생년	출생월	출생일	출생지
1978	5	10	
	정사	임신	

귀하의 운의 분포는 다음과 같습니다.

출생운			입태운		
대운	객운	주운	대운	객운	주운
화	토	화	목	토	토

귀하의 천성지수(天性指數)는 다음과 같습니다.

객기지수	추리	66	생각이 깊고 꼼꼼하며 말로 표현하기 전에 깊이 생각하는 태도를 보여 소심하고 내성적인 특성을 보인다.
주기지수	사교	28	명랑하고 말을 잘하며 암기력이 좋고 유머감각이 있으나 체력이 약하면 집중력이 부족하고 주의가 산만하다.

귀하의 지성지수(地性指數)는 다음과 같습니다.

객기지수	추리	28	학습시 꼼꼼하고 세심한 관찰력을 바탕으로 수리 및 추리 영역에 경쟁력이 있다.
주기지수	논리	13	체력이 약하면 생각이 많아지고 몸이 무겁고 정신이 혼미해지며, 사고가 느려지고 잠이 많아진다.

천성지수

하늘로부터 부여 받은 성품을 천성이라고 한다. 선천적인 성품이라는 개념으로 성품의 절대적인 특성을 의미한다. 천성은 태어나면서 가지고 나오는 성격으로 나이를 먹어가면서 점차 원만하게 변화하나 인생의 모든 시기에서 성격을 형성하는데 중요한 역할을 한다. 한 가지 내지 두 가지 지수로 나타낸다.

지성(地性)지수

사람이 성장하면서 점차 자신에게 잠재하였던 모든 성품이 들어나면서 형성되는 성품으로 사춘기 이후 청년에 이르는 시기의 정신적 발달을 바탕으로 한 성품을 지성이라고 한다. 둘 내지 네 가지 지수로 나타낸다. 이중 지수가 가장 높은 부분이 가장 큰 영향력을 발휘하고 두 번째 높은 지수가 보완하는 관계를 형성한다. 천성과 지성을 합하여 부모에게 물려받은 선천적인 성품이라고 이해할 수 있다. 천성과 지성은 부모의 천성에서 찾을 수 있다. 이것은 부모의 성격을 유전적으로 내려 받는다는 중대한 근거이다.

인성(人性)의 분석

사람이 생업에 종사하면서 삶의 세파에 적응하면서 형성되는 원만한 성격을 인성이라고 한다. 인성은 후천적인 성격이라고 표현할 수 있으며 선천적인 성품에 의해서 만들어지는 성품으로 천성과 인성이 가지는 단점을 보완하는 성품으로 이해할 수 있다. 인성은 6가지 지수를 모두 표현하며 이중 가장 높은 지수의 1/2을 넘는 부분만이 심리적, 정신적, 직업적, 교육적 특성으로 영향을 준다.

귀하의 인성지수(人性指數)는 다음과 같습니다.

구분	지수 성향	인성 지수	성격특성	장점분야
통솔 지수		28		통솔, 직관, 빠른 예지력, 시야 넓음, 의심, 지도력, 인색, 경영, 경륜 CEO, 직관과 연계된 예술, 자존심
사교 지수	천성(주)	39	천성적으로 명랑하고 암기력이 좋으며 언어 표현력이 좋으나 인성에 영향을 미치지 못한다.	사교, 친화, 인기, 언어, 암기, 담력, 시야 넓음, 분위기주도, 교육, 입과 몸으로 하는 예술, 오락, 음악, 연기, 상업, 강의
신념 지수	후천	62	기대에는 미치지 못하나 추리지수가 높은 관계로 신념이나 의리가 있으며 몸을 움직여서 발전하는 경향이 있다.	신념, 절도, 의리, 위계, 예의, 의지, 지사, 의협심, 용감, 투기, 도박, 컨설팅, 근면, 정직
추리 지수	천성(객) 지성(객)	104	세심하고 소심한 경향이 있으며 깊이 연구하고 관찰하는 힘이 강하다.	추리, 예측, 연구, 관찰, 의심, 소심, 시야 좁음, 세심, 생각, 현실, 노파심, 자연과학, 선비, 봉사, 공상
논리 지수	지성(주)	63	논리적이고 합리적인 사고를 하며 끈질기고 느긋한 경향이 있다.	논리, 사고, 연모, 공정, 공무, 사무, 논설, 자존심, 군자, 연구, 컨설팅, 조언, 시야 좁음, 인색, 봉사
지혜 지수		24		지혜, 기획, 기술, 실천, 모사, 탐욕, 친구, 정직, 인색, 시야 넓음, 조바심, 이기주의, 컨설팅, 기술과 연계된 예술

총괄 평가

구분	평가
경쟁 분야	추리와 논리지수가 높은 관계로 생각이 깊고 느긋하며 깊은 사고를 바탕으로 결정짓는 일에 비교적 높은 경쟁력을 가진다. 신념지수가 작용할 가능성이 있으므로 많은 반복훈련을 요구하는 일에도 경쟁력을 가질 수 있으므로 운동에 관심을 가지는 것도 좋다. 이과계통에 경쟁력있다.
취약 분야	통솔, 지혜, 사교에 대해서는 대부분 취약하므로 후천적으로 강화시키는 노력이 필요하다. 특히 사교에 대한 부분은 적극적인 개발이 필요하므로 말하기, 음악적인 접근, 미술적인 접근을 통한 노력으로 보완하는 것을 검토해야 한다.
취약 질병	폐호흡기 계통의 질환에 취약성이 있으며 비위계통이나 대장계통의 질환에 취약하다.
몸에 좋은 음식	따뜻하고 소화가 잘되는 음식을 선택해야 한다. 끓이고 탕으로 조리한 음식으로 지방과 단백질의 섭취가 필요하며 닭고기, 뱀장어, 개고기 등이 몸에 좋은 편이다.
주의할 음식	찬음식이나 냉음료를 주의해야 한다. 돼지고기, 발효 숙성한 음식, 절임 음식 등은 주의해야 한다. 튀기고 지지고 볶는 음식을 금해야 한다.
기 타	모친을 닮은 성격임. 자신의 관심사가 아닌 분야에 대해서는 냉담하나 관심분야에 대해서는 너무 꼼꼼하고 시야가 좁은 것이 단점이자 장점이 된다. 집중력은 뛰어나나 사교력은 적극적으로 보완해야 할 체질이다.

주의

본 자료는 오운육기학에 근거한 심성론 체계로 본 체질적 근거 자료입니다. 한의학적인 근거 자료로 정신 및 육체 건강을 관리하기 위한 목적 외로 확대 해석하여 활용할 경우 정확도가 떨어지므로 삼가시기 바랍니다.

CQ 설문지

Point

본 설문지는 귀하의 체질 지수를 파악하여 발달심리학적 연구와 한의학적 연구와 연계하여 효과적인 교육, 환경, 사회, 심리학적인 대안을 밝히는데 목적이 있습니다. 가능하면 사실에 가까운 정보를 주시면 많은 도움이 될 것입니다.

1. 귀하의 양력생일을 기록하십시오.

   년 월 일

2. 귀하의 음력생일을 기록하십시오.(양력생일이 확실하면 기록하지 않아도 됩니다.)

   년 월 일

3. 귀하의 생일은 주민등록번호와 같습니까? (모르면 기록하지 않아도 됩니다.)

   1. 같다 2. 다르다

4. 귀하의 출생지는 어디에 해당됩니까? 해당란에 O표하십시오.

거주지 특성	해당지역 표시
터미널, 지하철역, 공항, 고속버스 터미널, 도시외곽 관문 주변 거주지	
강변 거주지, 호숫가 거주지, 기타 안개가 많이 끼는 지역	
굴, 지하 혹은 반지하, 농경지 주변, 저지대 침수지역	
도심거주지, 도심아파트, 도심오피스텔, 도심 집단 거주지역, 도심 주택가	
도심을 끼지 않은 산주변, 산동네, 숲이 우거지고 산이 높은 지역	
북향집, 고층 아파트촌의 저층, 일조량이 부족한 거주지	

5. 귀하의 현재 거주지는 어디에 해당됩니까? 해당란에 O표 하십시오.

거주지 특성	해당지역 표시
터미널, 지하철역, 공항, 고속버스 터미널, 도시외곽 관문 주변 거주지	
강변 거주지, 호숫가 거주지, 기타 안개가 많이 끼는 지역	
굴, 지하 혹은 반지하, 농경지 주변, 저지대 침수지역	
도심거주지, 도심아파트, 도심오피스텔, 도심 집단 거주지역, 도심 주택가	
도심을 끼지 않은 산주변, 산동네, 숲이 우거지고 산이 높은 지역	
북향집, 고층 아파트촌의 저층, 일조량이 부족한 거주지	

6. 귀하의 아버지의 직업은 어디에 해당됩니까? 해당란에 O표 하십시오.

직업 특성	해당직업 표시
기술직, 기능직, 기획, 생산직, 악기를 다루는 예술인, 컴퓨터 전문가	
기술자문, 전략자문, 쏘는 것을 주 종목으로 하는 체육인, 의료인, 농업, 건축업, 일반노무자, 보좌관, 비서, 주부	
과학 연구직, 감시, 감독, 경비, 정보분석 및 예측, 발명가, 투병생활자	
사무직, 필기를 많이 하는 직업, 교수, 논설가, 언론인, 소설 및 필기를 위주로하는 예술인, 학생	
교사, 교육을 주 업무로 하는 직업, 연예인, 앵커맨, 상업, 서비스업, 입으로 표현하는 예술인, 무직	
경찰직, 군인, 격투기, 구기종목 체육인, 법조인, 증권투자가, 도박사, 청소부, 정치인	
경영직, 통솔직, 지휘관, 운전기사, 조종사, 기관사, 감독, 조직의 보스, 자영업사장	

7. 귀하의 어머니의 직업은 어디에 해당됩니까? 해당란에 O표 하십시오.

직업 특성	해당직업 표시
기술직, 기능직, 기획, 생산직, 악기를 다루는 예술인, 그림, 컴퓨터 전문가, 기술자문, 전략자문, 쏘는 것을 주 종목으로 하는 체육인, 의료인, 농업, 건축업, 일반노무자, 보좌관, 비서, 주부	
과학 연구직, 감시, 감독, 경비, 정보분석 및 예측, 발명가, 투병생활자	
사무직, 필기를 많이 하는 직업, 교수, 논설가, 언론인, 소설 및 필기를 위주로하는 예술인, 학생	
교사, 교육을 주 업무로 하는 직업, 연예인, 앵커맨, 상업, 서비스업, 입으로 표현하는 예술인, 무직	
경찰직, 군인, 격투기, 구기종목 체육인, 법조인, 증권투자가, 도박사, 청소부, 정치인	
경영직, 통솔직, 지휘관, 운전기사, 조종사, 기관사, 감독, 조직의 보스, 자영업사장	

8. 귀하의 취미는 무엇입니까? 해당란에 O표 하십시오.

레저 및 취미	해당취미 표시
윈드서핑, 행글라이딩, 요트, 스카이다이빙, 오토바이 자전거 트래킹, 공예, 서바이벌게임	
바둑, 장기, 서양장기, 퍼즐맞추기, 단독산행, 분재, 독서, 산책, 명상, 기차여행, 비행기여행, 요리, 테마여행	
노래방, 댄스, 춤, 코미디관람, 단체여행, 단체등산	
도박, 게임, 격투기, 경마, 주식, 경륜, 성지순례	
악기연주, 카레이싱, 파도타기, 급류타기, 승마, MT, 수영, 그림, 수석	

9. 귀하가 좋아하는 영화나 독서는 어떤 분야입니까? 해당란에 O표 하십시오.

연극 영화 독서 특성	해당사항 표시
전쟁을 소재, 기업경영 전쟁을 소재, 기술적 성취를 소재, 쏘는 것을 소재, 성애를 소재	
수학적 감각을 소재로 한 영화, 미래를 예측하는 소재, 미시구조를 탐구하는 소재, 인간심리를 소재	
과거 역사적 사실을 소재, 자연현상을 소재, 동물의 세계를 소재, 다큐멘트를 소재, 철학과 법률논리를 소재	
코미디를 소재, 연예를 소재, 예술적 경지를 소재, 교육을 소재, 오락을 소재, 아동을 소재	
도박, 격투기를 소재, 순정 순애보를 소재, 스포츠를 소재, 윤리를 소재, 위계질서를 소재, 정신교육목적	
타는 것을 소재, 공포를 소재, 괴기를 소재, 성공을 소재, 기업경영을 소재, 리더십을 소재	

10. 귀하가 가장 좋아하는 과목은 무엇입니까? 해당란에 O표 하십시오.

과목 특성	해당과목 표시
기술, 공학, 기획, 소프트웨어, 악기연주, 조각, 가정, 모형기기	
수학, 회계, 조직학, 나노공학	
물리, 생물, 지학, 화학, 기타 자연과학, 논리, 법률, 문학	
영어, 외국어, 웅변, 성악, 미술, 레크레이션	
윤리, 역사, 철학, 사회, 주식, 체육, 카지노	
경영, 지휘 및 통솔, 운전, 조종, 감독, 관리	

11. 귀하의 성적이 가장 좋은 과목은 무엇입니까? 해당란에 O표 하십시오.

과목 특성	해당과목 표시
기술, 공학, 기획, 소프트웨어, 악기연주, 조각, 가정, 모형기기	
수학, 회계, 조직학, 나노공학	
물리, 생물, 지학, 화학, 기타 자연과학, 논리, 법률, 문학	
영어, 외국어, 웅변, 성악, 미술, 레크레이션	
윤리, 역사, 철학, 사회, 주식, 체육, 카지노	
경영, 지휘 및 통솔, 운전, 조종, 감독, 관리	

12. 귀하가 가장 좋아하는 음식은 어디에 해당됩니까? 해당란에 O표 하십시오.

음식	해당음식 표시
발아, 훈제 음식	
튀긴 음식, 볶은 음식	
찜, 삶은 탕류	
발효식품, 숙성식품, 젓갈류	
견과류, 건조식품	
회, 해물류	

13. 귀하가 가장 좋아하는 게임은 무엇입니까? 해당란에 O표 하십시오.

게임의 종류	해당게임 표시
전쟁 전투게임, 스타크래프트, 삼국지게임 등	
예측게임, 고돌이, 바둑, 장기, 판돈이 걸려있지 않은 게임 등	
끝말이어가기, 수수께끼, 삼행시 짓기 등	
서바이벌 게임, 레크레이션 게임 등	
카지노, 경마 등 거액의 판돈을 걸고 하는 게임 등	
시뮬레이션 게임(자동차, 오토바이, 비행기) 등	

14. 귀하의 장래 희망은 무엇입니까? 해당란에 O표 하십시오.

희망 직업	해당희망 표시
기술직, 기능직, 기획, 생산직, 악기를 다루는 예술인, 그림, 컴퓨터 전문가, 기술자문, 전략자문, 쏘는 것을 주 종목으로 하는 체육인, 의료인, 농업, 건축업, 일반노무자, 보좌관, 비서, 주부	
과학 연구직, 감시, 감독, 경비, 정보분석 및 예측, 발명가, 투병생활자	
사무직, 필기를 많이 하는 직업, 교수, 논설가, 언론인, 소설 및 필기를 위주로하는 예술인, 학생	
교사, 교육을 주 업무로 하는 직업, 연예인, 앵커맨, 상업, 서비스업, 입으로 표현하는 예술인, 무직	
경찰직, 군인, 격투기, 구기종목 체육인, 법조인, 증권투자가, 도박사, 청소부, 정치인	
경영직, 통솔직, 지휘관, 운전기사, 조종사, 기관사, 감독, 조직의 보스, 자영업사장	

15. 귀하의 가장 친한 친구는 어떤 능력이 뛰어납니까? 해당란에 O표 하십시오.

친구의 능력 특성	해당능력 표시
기술적인 성취 능력, 기획 및 계획 능력	
수학계산, 예측, 추리 능력, 세밀한 관찰 능력	
논리, 논쟁, 합리적인 대안 제시 능력	
노래를 잘함, 즐겁게 웃기는 능력, 자기 표현을 잘하는 능력	
운동신경이 뛰어남, 위치감각이 뛰어남, 냄새를 잘 맡음	
느낌이나 감각적인 판단력, 통솔력이 있음, 리더십이 강함	

16. 귀하가 가장 좋아하는 선생님은 어떤 분입니까? 해당란에 O표 하십시오.

선생님의 능력 특성	해당능력 표시
선생님의 능력 특성	
기술적인 성취 능력, 기획 및 계획 능력	
수학계산, 예측, 추리 능력, 세밀한 관찰 능력	
논리, 논쟁, 합리적인 대안 제시 능력	
노래를 잘함, 즐겁게 웃기는 능력, 자기 표현을 잘하는 능력	
운동신경이 뛰어남, 위치감각이 뛰어남, 냄새를 잘 맡음	
느낌이나 감각적인 판단력, 통솔력이 있음, 리더십이 강함	

17. 귀하의 어머니의 생년월일을 기록하고 양력인지 음력인지 표시하십시오.

년 월 일 (양력, 음력)

18. 귀하의 아버지의 생년월일을 기록하고 양력인지 음력인지 표시하십시오.

년 월 일 (양력, 음력)

19. 귀하는 아버지와 어머니 중 누구와 더 친하다고 생각하십니까?

1. 아버지　　2. 어머니　3. 두 분 모두

20. 귀하의 이름은 무엇입니까?

(자료의 회신을 원하실 경우 주소와 함께 기록하십시오.)